力哥说理财

手把手教你玩转基金

邢力◎著

浙江大学出版社
ZHEJIANG UNIVERSITY PRESS

未来二十年，买啥更赚钱?

今天中国老百姓最重要的资产是什么?

明天中国老百姓最重要的资产又将是什么?

第一个问题的答案,用脚趾头想想也知道——房子。中国老百姓的家庭资产中平均有 70% 是房子。

但是 10 年后会不会还是房子呢?

如果未来 10 年中国不出现楼市整体崩盘的情况,力哥觉得到时中国老百姓最重要的资产依然是房子。

但 20 年后呢?

力哥个人认为最有可能的答案是公募基金。

抛开让人纠结的房子,从金融资产的配置角度看,未来公募基金一定会成为财富管理行业的老大。

不信? 我们一个个来分析。

老百姓可以买的金融资产主要有九大类:储蓄,银行理财产品,股票,债券,公募基金,私募基金,信托,保险和企业年金等长期强制性养老资产,以 P2P、众筹、比特币等为代表的新兴互联网金融创新产品。

历史数据告诉我们，从 2007 年到 2017 年的 10 年间，中国老百姓的整体财富呈现出爆炸式增长态势，增速几乎和 M2（广义货币）持平！由于中国老百姓财富总量在迅速膨胀，所有类别的这些金融资产规模从绝对值上看也都在快速增长，但从占比上看，却呈现出鲜明的变化。

储蓄

10 年前，中国居民的金融资产中，超过 3/4 是银行储蓄，但如今占比大幅缩水到了 52%。

最关键的分水岭是 2013 年，这一年以余额宝的诞生为标志，中国的互联网金融业迎来大繁荣，大量年轻人将银行存款搬家到了余额宝，导致虽然安全但利息完全跑不过通胀的银行存款持续缩水。力哥的上一本理财图书《力哥说理财：玩转互联网金融》就是从余额宝的发家史说起的。

到了 2018 年的今天，余额宝的规模已逼近 2 万亿元，成为全球最大的公募基金。以余额宝为代表的新崛起的互联网金融势力，未来势必将进一步瓜分银行储蓄的蛋糕。力哥预估，20 年后，银行储蓄占中国家庭金融资产比例会降低到 25% 以下，银行吸储难度将不断加大。

银行理财产品

2007 年，银行理财产品因结构复杂，还是一个非常小众化的产品，尤其是在 2008 年金融危机爆发后，大量高风险的银行理财产品出现巨额亏损，引发了极大的社会争议。随后银监会对银行理财产品加强监管，导致银行理财产品的整体风险大幅下降，于是其逐渐演变成为一些理财意识初步觉醒的风险厌恶型投资者在储蓄之外最好的选择。

而随着互联网金融的崛起，银行存款加速流失，如果说早先的银行理财产品只是银行并不普遍的变相高息揽储的手段，那最近几年银行理财产品规模的迅速扩大，就是银行为了留住储户的钱，而被迫采取的大鸣大放的变相高息揽储手段。

力哥预估，未来银行储蓄占比下滑的那部分蛋糕，有一部分储蓄会流向银行理财产品；还有一部分连银行理财产品的收益率也看不上，这些钱将彻底离开银行体系。

股票

2007 年中国股市经历了迄今为止最大的一轮牛市，此后 10 年，股票在家庭金融资产中的占比再也没有超越 2007 年"全民炒股"时的高峰，持续多年的熊市让股票占比不断缩水。2014—2015 年的牛市虽然一度让股票的占比有所回升，但因为受互联网金融的强力冲击，加上这轮牛市太短命，并没有形成长时间的吸金效应，所以占比增长有限。2016 年股市重回熊市，股票占比再次下滑。

力哥个人判断，未来 20 年，中国老百姓股票资产的占比会继续下滑，并被公募基金所超越。原因很简单：这是全世界发达国家共同的历史经验。

投资就是投未来，当越来越多的年轻人认识到基金投资比股票投资更适合自己时，他们会越来越多地把资金投入基金而非股票中，中国家庭金融资产的占比因此会发生微妙的变化。

债券

债券的情况比较特别，因为记账式债券投资门槛较高，一般采取购买债券基金来间接投资债券的方式，它被算入基金一类；凭证式或电子式国债和银行存款基本属于同一性质，一般也归于一类；而可转债则往往和股票放在一起讨论，所以此处不做单独分析。

信托和私募基金

这两类资产都是单一产品 100 万元起才能投资，并要求家庭金融资产达 500 万元，所以它们和普通老百姓关系不大，和富裕阶层关系密切。过去几年此类资产规模的增速远超其他所有大众化投资品类，这说明一个问题——过去 10 年中国的贫富差距在不断扩大。

不出意外的话，信托和私募基金在未来的市场占比应该还会继续增长，但毕竟高高在上的投资门槛摆在那里，能服务的终究是一小部分人群，所以依然无法成为最主流的投资工具。

储蓄型保险

过去 10 年，中国储蓄型保险占家庭金融资产的比例略有下滑，这是好事。

保险本来就是以保障作用为主，投资理财的功能是附加的，但为了追逐经济利益，过去很长的时间内，中国的保险公司却本末倒置，拼命推广有高利润空间的储蓄型保险，却忽视了消费型保险的发展，这个趋势在以众安为代表的互联网保险公司崛起后，也发生了很大改变。

　　注意，消费型保险是消费，不是资产，只有储蓄型保险才是未来会返还收益的资产。如果中国的保险公司无法推出更具有吸引力的高性价比储蓄型保险，未来 20 年，储蓄型保险在中国老百姓家庭资产中的占比必将继续下滑。

互联网金融

　　力哥在《力哥说理财：玩转互联网金融》一书中详解过互联网金融的产物，这里就不再赘述。总之，道路是曲折的，前途是光明的。互联网金融产品在家庭资产配置中的地位一定会不断提高。

公募基金

　　2013 年之前，公募基金的占比变化和股票有点像，2007 年的大牛市也是公募基金的最高峰。

　　随后熊市来临，股票型基金跌得稀里哗啦，无数人割肉赎回，放弃定投，基金规模迅速缩水。但 2013 年余额宝的崛起，重新带火了公募基金这个投资品类。

　　力哥判断，20 年后，公募基金的占比肯定会远超银行理财产品之外的所有金融投资品类。如果中国政府今后也像美国政府那样强推401K计划①,那公募基金占比肯定会超过银行理财产品，成为中国老百姓理财工具中的"老大哥"。

　　在《力哥说理财：玩转互联网金融》一书的最后，力哥指出：

---

① 　401K 计划始于 20 世纪 80 年代初，是一种由雇员、雇主共同缴费建立起来的基金式的养老保险制度。——编者注

"互联网金融将改变你一生的理财方式和财富命运"，毕竟时代大潮滚滚向前，理财领域的技术进步和产品创新越来越快，没人能和社会趋势作对。

虽然力哥非常看好互联网金融的未来，但更看好公募基金的未来。毕竟对普通老百姓来说，公募基金是唯一一种能以很低的门槛构建起非常完整的家庭理财需求的投资工具。

这就是为什么力哥决定在系列理财图书的第三本中，专门来聊聊基金的赚钱之道。

和力哥此前理财系列图书的风格一样，这本《力哥说理财：手把手教你玩转基金》中，我也将从"基金是什么"开始，从零起点出发，牵着你的手，稳扎稳打，逐渐走入基金投资的大门，带你领略基金投资的无限魅力。

本书分为三大部分。

第一部分是基础干货篇，把"小白基民"最需要掌握的关于基金的核心知识和盘托出，帮你构建起关于基金投资的整体知识框架。要注意的是，在《力哥说理财：玩转互联网金融》一书中，力哥已对余额宝为代表的货币基金做了详细拆解，因此本书将不再单独讲述货币基金这个基金品类。

第二部分是进阶实战篇，把市场上各类相对复杂的特殊基金进行逐一拆解，助你完成从基金"小白"到基金达人的重要跨越。

第三部分是基金定投篇，可以说是本书的精华部分，既有关于基金定投的基础理念介绍和实例分析，也有目前市场上流行的智能定投工具的详细拆解，更有力哥原创的七步定投策略的全方位攻略。

相信看完这本书，定能帮你掌握受用一生的基金赚钱智慧！

01 基础干货篇

第1章 不懂基金黑历史，千万不要买基金！

第2章 基金品种挑花眼，分不清楚怎么办？

第 3 章 债券型基金：平稳开车的老司机

第 4 章 混合型基金赚多亏少的奥秘

第 5 章 股票型基金投资攻略

02 进阶实战篇

第9章　中国特色的分级基金

第 10 章　从保市基金到避险基金

第 11 章　打新基金稳赚不赔吗?

第12章 被忽视的生命周期基金

第13章 看上去很美的定增基金

第14章 高级的量化基金

第15章　资产全球配置第一步：QDII 基金

第16章　基金中的独行侠：REITs 基金

第17章　香港互认基金：境外投资新通道

第18章 基金中的基金更靠谱吗?

第19章 力哥私房菜:原创基金全球配置大法

第20章 场外基金开户和买卖实操攻略

第21章 场内基金开户买卖实操攻略

01

基础干货篇

For a
better life

「力哥说理财」

第1章
不懂基金黑历史，千万不要买基金！

在迈进基金生财大门之前，我们有必要了解下基金究竟是什么，知己知彼，方能在投资的路上百战不殆。

基金到底是什么？

我们常把股票和基金放在一起讨论，事实上，股票和基金的确是人类历史上集合大量资金用于特定用途的最重要的两项伟大发明。与股票相比，基金的历史要短得多。

基金的英文名叫 fund，广义上说，是指为了某种目的而设立的一个资金池，比如我打算明年出去旅游，预算是 5000 元，于是就从年终奖中拿出 5000 元存着，作为明年的旅游基金。当然，这只是低层次的基金，你的钱还在自己兜里，高层次的基金是把你的钱交给别人去打理，这样一来，基金就变成了金融信托的一种具体表现形式，比如今天我们说的信托产品就是一种基金；反过来说，基金也是一种信托，因为信任你，所以才把自己的钱托付给你，设立一只基金。

像支付宝的口号叫"支付宝，知托付"，就含有这个意思。

举个最简单的例子，10个农民在他们村子的某块地里分别播下一粒种子。半年后，经过悉心照料，其中一位农民的谷穗长得最大、颗粒最饱满，于是这位农民就成了种植专家。第二年开始，其他9位农民就不种地了，他们信得过专家，这称为信用。他们把自己的种子托付给专家代种，这就是信用委托，简称信托。到了第二年年底，专家把收获的谷物分给其他9位农民，当然他也不是活雷锋，会留出一部分谷物作为自己的提成。把这个故事转换到理财的语境中，这9个农民就是基民，而这个专家就是基金经理。

从广义上说，基金是一个非常庞大的家族，比如公积金是为了帮助大家买房而设立的；社保基金是为了医疗养老这些社会保障支出而设立的；李连杰的壹基金和李亚鹏的嫣然天使基金则是为了做公益慈善而设立的。私募股权投资（private equity）基金、风险投资（venture capital）基金等都属于基金。

而我们日常生活中所说的狭义上的基金，一般特指公募证券投资基金，简称公募基金。它在不同的国家叫法还不一样，美国叫共同基金，英国叫单位信托投资基金，日本叫证券投资信托基金，但指的都是这种基金。

"接地气"的公募基金

相比动辄上百万门槛的私募基金，公募基金就显得亲民多了。它就是那种可以公开在电视上、报纸上做广告的，门槛非常低的，所有老百姓都可以去买的基金。简单地说，就是你把钱交给这些基金公司，由这些基金公司设立一些具有特定投资方向的基金，并交由特定的基金经理去管理，代替你去买股票、债券、黄金、票据。换句话说，就是你觉得自己炒股水平不行，于是把钱交给基金公司代你炒股，基金公司从中赚点劳务费。

公募基金起源于19世纪的欧洲，在20世纪初传到美国。二战后，美国的共同基金获得了空前的发展。到了今天，可以说美国家家户户都是基民，因为他们的养老金都和共同基金紧密挂钩。而欧洲、日本等其他发达国家的老百姓，日常生活也都离不开公募基金。我们可能会关心，中国的情况又是怎样的呢？

不得不说的黑历史

公募基金于 20 世纪 90 年代进入中国，其实说起来，才不过 20 多年。1991 年 7 月，中国证券市场上首只基金产品珠信基金被批准设立，当时募集了 6930 万元。此后 6 年里，全国共设立了 75 只基金，实际募集资金 57 亿元，业界称之为"老基金"。然而由于当时投资品种匮乏，管理经营混乱，政府也缺乏金融监管经验，更加没有明确的法律指导，所以老基金后来出现了严重的亏损和弄虚作假的现象。

为了改善这个局面，1997 年 11 月国务院公布实施《证券投资基金管理暂行办法》，对基金做了许多明确规定，例如基金怎么设立、通过什么方式和渠道募资、基金由谁管理、钱由谁保管、投资有哪些规定的范围、投资人有哪些权利和义务等，由此开启了"新基金"的时代。随着 1998 年 3 月基金金泰（500001）和基金开元（184688）这两只新基金面世，此后又有多家基金公司获准开张和发行基金产品，老基金统统改造成了新基金，基金规模也从此前的几十亿元快速增长到了几百亿元。这几年是中国封闭式基金最辉煌的时期，但整个行业依然存在各种乱象。

2000 年，上海证交所监察部的一位监管人员对基金操作手法进行跟踪调查后，写了一份研究报告，对当时国内 10 家基金公司，也就是今天老基民称为"老十家"的基金公司（包括南方、华夏、嘉实、华安等）旗下的 22 只基金，从 1999 年 8 月到 2000 年 4 月的操作行为进行了详细、客观的记载，结果发现其中存在大量违规、违法操作。2000 年 10 月，著名的《财经》杂志以"基金黑幕"为题将之公布于众，一石激起千层浪，整个股市为之震动，证监会后来的调查也证实了基金黑幕的确存在。

开放式基金的新时代

2001 年 9 月以后，开放式基金开始进入投资者视野，华安基金旗下的华安创新基金成为中国第一只开放式基金。

但是当时的基金主要投资于股市，而股市往往是"看天"吃饭的。从 2002 年到 2005 年，由于股市持续处于熊市，中国公募基金的整体业绩非常糟糕，亏损连连，很多新基金根本卖不出去。2004 年，中国正式颁布了《中华人民共和国证券投资基金法》，中国公募基金才真正走上了有法可依的发展正轨，而公募基金的规模也在 2006—2007 年到来的那轮空前绝后的大牛市里达到了高峰。因为强烈的赚钱效应，基金规模从此前的两三千亿元迅速扩张到了三四万亿元。到这时，基金才第一次成为寻常百姓的理财帮手。

互联网基因带来的新面貌

由于中国股市熊长牛短，2008 年之后连年的大熊市中，中国公募基金规模没能继续扩大。直到 2013 年 6 月余额宝横空出世，马云运用互联网思维对一只货币基金进行了基因改造，瞬间激活了销量，当年余额宝的规模就暴涨到5000 亿元，成为中国规模最大的公募基金，余额宝也成为基金界当之无愧的"网红"，还带火了"互联网金融"这个新名词。

不仅如此，在余额宝的带动下，公募基金的投资门槛也一降再降。以前是1000 元起卖，现在许多基金的投资门槛都降到了 100 元、1 元甚至 1 分钱。

截至 2017 年 6 月底，余额宝的规模接近 1.43 万亿元，而中国公募基金的总规模刚刚突破 10 万亿元。这是什么概念呢？ 2016 年中国首富王健林的资产是 2000 多亿元，大概是余额宝规模的 14%，而中国 2016 年 GDP 则是 70 多万亿元。1997 年，中国公募基金规模不到 60 亿元，20 年后的今天增加了 1600 多倍；

20 年前，中国只有 75 只基金，今天则有 4000 多只基金，数量增加了 50 多倍。

得益于公募基金的发展，我们拥有了 4000 多只品种非常丰富的公募基金，从高风险到中等风险再到低风险，一应俱全；从股票型到债券型，从存款到各类票据，从黄金到石油，从人民币到各种外币，从房产到更复杂的期货期权等金融衍生品，投资范围无所不包。各种投资者都能找到适合自己的产品，并建立自己的资产配置，再加上基金投资门槛极低，因此基金投资优势明显。没错！它就是今天我们普通老百姓理财最重要的工具，没有之一。

知己知彼，百战不殆

力哥为什么要在开篇，先说这么一大段看起来和你投资赚钱无关的基金发展史呢？

读史使人明智，只有了解了基金的本质和过往的发展史，尤其是那些"黑历史"，才能让我们对基金这个投资品种有更深刻而全面的理解。虽然看起来中国公募基金发展了 20 多年，今天已经相当规范了，但这个行业因为和钱走得太近，暗地里依然存在各种见不得人的违法违规问题，比如屡禁不绝的老鼠仓，个别基金经理用基民的钱买股票之前，自己先买好这只股票，拿我们基民的血汗钱给自己"抬轿子"，把他自己的钱袋子喂得饱饱的。

投资者需要擦亮双眼，才能挑到称心如意的好基金，然而我国的基金市场有 4000 多只基金，在给我们提供了丰富的投资选择的同时，也让理财"小白"感到茫然。这些基金怎么看，风险高不高，到底该买哪只基金，力哥都将在这本书里为你逐一解答。

第2章
基金品种挑花眼，分不清楚怎么办？

上一章说到，今天中国有 4000 多只基金，那我们该如何给这么多基金分类呢？

封闭式基金还是开放式基金？一招见分晓

首先，根据基金能否随时在一级市场或者场外市场申购赎回来划分，可以将基金分为开放式基金和封闭式基金。

在一级市场或者场外市场能够随时申购赎回的就是开放式基金，也就是你在各银行的网银、蚂蚁财富、雪球蛋卷基金、天天基金网或者基金公司官网等渠道可以直接买到的基金。你一买，基金的规模就变大；你一卖，基金的规模就缩水，这类基金就叫开放式基金。我们现在买的基金，几乎都是开放式基金。

封闭式基金，自然就是不能在一级市场或者场外市场随时买卖的基金，需要你去证券公司开户，下载专门的证券交易软件才能买卖，就像股票一样。这类基金的规模是固定的，成立之后就封闭起来了，你无法再申购和赎回，如果想交易，那就只能把手上的基金份额在场内市场转手卖给其他投资者，或者从其他投资者手里买来基金份额。

这里要解释两个专业名词，在场外市场买基金，也就是在蚂蚁财富、天天基金网等平台买，叫申购，卖基金叫赎回；在场内市场就不这么叫了，直接说买入卖出就可以了。这个区别非常重要，在后面的章节中，力哥说的申购和买入，与此处是完全不同的两个意思。

封闭式基金的没落

我国最早的基金都是封闭式基金。它的好处是基金规模固定，基金经理就可以游刃有余地买卖股票，建立仓位，既不用担心突然有很多人申购，导致很多钱没地方可以投资，只能胡乱投资或者放在手里看着它贬值；也不用担心突然有很多人赎回，手里现金不够，刚买的股票不得不忍痛割爱，亏损离场，打乱原来的投资节奏。

这个对于基金经理而言，方便他操盘，是优点；但对投资者来说，却是缺点。他们一定得开个证券公司账户，到证券交易软件里去买卖基金，而且还必须得在股市开盘的时间，也就是每周一到周五上午 9 点半到 11 点半，下午 1 点到 3 点之间才行。用现在的话说，封闭式基金的用户体验很差，不符合互联网思维。

所以，在西方 100 多年的基金发展史中，过去一直都是封闭式基金唱主角，但是到 20 世纪 80 年代信息技术大发展以后，就逐渐让位于开放式基金了。中国也一样，2001 年第一只开放式基金华安创新基金发行后，第一代封闭式基金很快就被打得溃不成军，2002 年以后，就再也没有发行过新的封闭式基金了。

当然，封闭式基金也不是永远都封闭，它会在基金设立之时就约定一个封闭期，我国当时发行的这一批封闭式基金的封闭期都是 15 年。封闭期结束后，要不就基金清盘，也就是盘点一下还有多少钱，按比例还给投资者，要不就改个名字，从封闭式基金改为开放式基金。目前绝大多数封闭式基金都采取了"封转开"的模式。2017 年 8 月 14 日，随着最后一只封闭式基金——基金银丰到期后，传统的封闭式基金就彻底退出了中国证券市场的舞台。

传统意义上的封闭式基金虽然已经谢幕了，但那些继承了封闭式基金优点的创新封闭式基金依然活跃在舞台上，包括分级基金的子基金、定期开放式基金等。理解了封闭式基金的原理和优缺点后，后面说到这些基金知识时你就更容易理解了。

开放式基金的四大门派

开放式基金根据投资对象的不同，可以分为股票型基金、混合型基金、债券型基金和货币市场基金这四大类。

顾名思义，把 80% 以上的资金都拿去买股票的叫股票型基金，简称股基。把 80% 以上的资金都拿去买债券的叫债券型基金，简称债基，其中一点股票都不碰的债券基金又叫纯债基金。一部分资金买股票一部分资金买债券，但比例都不超过 80% 的叫混合型基金。在混合型基金中,规定股票占比不得低于 50% 的,叫偏股型基金;债券占比不得低于 50% 的, 叫偏债型基金; 股票和债券的配比都不能超过 50% 的,叫平衡型基金; 对股票和债券占比的上限和下限没有做硬性约定的,叫灵活配置型基金。股票市场和一年期以上的长期债券市场都被称为资本市场, 和它对应的是只能交易一年期以下的短期债券和各类票据的货币市场。

上面这几类基金都是以股票和债券为主要投资标的、在资本市场里玩耍的小伙伴。如果惧怕资本市场的高风险, 不买股票也不买长期债券, 而是买货币市场中的各类票据, 包括购买短期债券、中央银行票据（央票）、银行汇票、债券回购、银行存款等的基金, 就叫货币市场基金, 简称货币基金或货基。这四类基金投资风险最高的是股票型基金, 混合型基金次之, 债券型基金再次之, 货币基金最低。

当然, 在这四类基金门派的基础上, 又演化出了许多新的基金品种, 比如指数基金、ETF、LOF、分级基金、QDII 基金、REITs 基金、定增基金、量化基金等。乍一看名目繁多, 根本分不清谁是谁, 但这些花式基金本质上大多可以认祖归宗, 归入上述四大类别中。

不见基金，先闻其"名"

我们如何才能一眼看出某只基金到底属于什么类别呢? 很简单, 大部分基金看名字就能看出来。

一只基金的完整名字是由这么几部分组成的：

第一部分是基金公司的名字，表示这只基金是由谁发行的，比如如果力哥基金管理公司发行一只基金的话，名字一定是叫力哥××××基金。中国今天有100多家公募基金公司，其中规模最大的是天弘、华夏、易方达、南方、工银瑞信、建信、博时、嘉实、招商、广发、汇添富、鹏华、富国、华宝兴业等，这些基金公司属于一线梯队。在同等条件下，建议大家优先买这些一线大公司的基金。

第二部分就五花八门了，一般是来概括这只基金的特点或偏好的，比如互联网主题、行业轮动、轻资产、健康环保、经济转型、中小盘、创业成长等，说明基金主要关注某个行业或者方向；也有的会使用一些比较"高大上"的词汇，比如盛世成长、卓越品牌、全球视野、核心优势等，看不出什么特点，让人感觉好像很厉害的样子；还有一些比较文艺的词，比如中国梦、四季红、钻石品质等，这一类噱头成分比较多。我们投资基金时，千万不要一听名字动心了，就觉得这是一只好基金，比如力哥发行一只基金名字叫"力哥包赚不赔吃嘛嘛香最牛基金"，是不是真的能保证你赚钱呢？不确定性太大，吹牛谁不会？但一切还得靠业绩说话。

基金名字的第三部分就比较关键了，一般里面会有货币、债券、纯债、可转债、混合、灵活配置、股票、指数、增强指数、量化、海外、美元、ETF、LOF、QDII等字眼，它是基金的身份证，它限制了基金经理只能在基金名字所规定的范围内投资。如果名字里有货币，就一定是一只货币基金；名字里有指数，就一定是一只指数基金；名字里有美元或QDII，那一定是投资海外市场的。

了解了这些基金的基础知识以后，力哥将分门别类，从低风险到高风险逐一详细介绍各类基金的特点和挑选技巧。其中风险最低的入门级基金是货币基金（简称货基），比如大家耳熟能详的余额宝。

第 3 章
债券型基金：平稳开车的老司机

永恒不变的投资三支柱

投资理财市场包罗万象，但对于我们老百姓来说，永恒不变的投资三大支柱是股票、债券和房产，对应的基金化产物是股票型基金、债券型基金和 REITs 基金。房产在此处不过多介绍，在金融市场中，股票和债券是最重要的两个工具。

金融，就是资金融通的意思。A 急需筹钱做生意，但手里没钱，就跑去向 B 借钱，正好 B 手里的钱暂时用不到，不如先给 A 拿去用，也好钱生钱，这么一来，金融市场就运作起来了。但钱有两种融通方法，一种是 B 把钱借给 A，成为 A 的债主，A 生意做得好不好与 B 无关，就算生意失败 A 也得想办法还钱。欠债还钱，天经地义，不但要还 B 本钱，事先白纸黑字约定的利息也得一分不少。如果 B 是个保守型投资者，惧怕风险，或者 A 是个激进型创业者，对自己的生意很有信心，不怕还不出钱，就可以以债券的形式来融资。

另一种是 B 直接把 A 的这盘生意买下来，成为 A 的公司股东，给 A 的钱不需要还，也不要利息，而是大家有福同享，有难同当。如果 B 看走眼，A 的生意失败了，算 B 倒霉，但如果 A 的生意做大了，B 作为股东，公司赚到的利润就必须以分红的形式给 B 分一杯羹。如果 B 是个激进型投资者，想冒高风险谋求高回报，或者 A 是个保守型创业者，对自己的生意不是那么有信心，担心失败后欠一屁股债还不清，就可以以股票的形式来融资。

在我们理财的道路上，股票和债券不可偏废，完全不碰股基或完全不碰债基都是不成熟的表现。

由于债券投资比股票投资更简单，管理债基也比管理股基更容易，再加上债基的风险和预期收益都远不如股基，所以债基的申购费、赎回费和管理费也相对比较低，但债基的收益再低，长期看也依然高于货基和银行储蓄。2017 年的中国有 400 多只货基，债基的数量则是它的 2 倍，达到 800 多只。

细数几类债券基金

从可投资债券的期限来分类，债基可以分为短债基金、中短债基金和普通的长期债券型基金。从能否投资股票上看，又可以分成四大类：

一是最多可以拿不超过 20% 的资金买二级市场股票的债券基金，这类债基一般称为二级债基。

二是不能买二级市场股票，但可以在一级市场打新股的债基，叫一级债基。关于打新股的相关知识和技巧，力哥在后面会介绍，你现在只需要知道，一级债基的风险比二级债基低得多。但不同的一级债基风险也不一样，有的基金合同规定新股打到之后，一旦可以上市交易，必须马上卖掉，烫手山芋拿不得；也有的规定要在一个月内、三个月内或半年内卖掉，允许持有股票的时间越长，这只债基的风险就相对越大。

三是绝对不允许碰股票的债基，叫纯债基金。

四是专门投资可转债市场的转债基金。这是债基家族中的一个另类，风险高于纯债基金和一级债基，但和二级债基相比，到底谁的风险高，真不好说。

投资就要投纯的

上面说到的这四类债基中，力哥最喜欢也最推荐的是纯债基金。

力哥有一句理财名言，叫投资就要投纯的，因为只有纯粹的投资对象，你才知道你到底把钱拿去买了什么，这东西的潜在风险和收益到底有多高。只有你心里门清，在资产配置的足球场上，你才知道应该如何排兵布阵——这只基金是当后卫的料，这只是当前锋的料。你心里有底，就不会焦虑不安。

但如果你买的理财产品混合了多种风险和收益都不相同的投资品种，而且各个投资品种之间的配比也没个定数，那就会令人困惑，这货到底是放后防线好还是前锋线好呢？

一级债基和二级债基都存在这个问题，力哥如果要投资股票，完全可以直接去买股票型基金博取高回报，而债券基金原本应该是非常稳健的后防中坚，是不能轻易出现亏损的；但如果我买的债基把 20% 的钱拿去买了股票，一旦碰到 2015 年这种百年不遇的股灾，这只债基一样会亏不少钱。

在投资理财的世界里，最大的风险不是亏损的风险。如果我在买之前就知道某项投资风险极高，提前做好资产配置，就算真亏了 50% 也有思想准备，虽然不爽但还能接受；真正可怕的是原本以为这只基金绝不会亏钱，因此重仓投资，结果突然亏了 15%，这是许多人完全不能接受的。这个世界最可怕的风险是你原来压根没有意识到自己正在承受的风险，就像在没有任何思想准备的情况下，出门突然就被车撞了。

正是为了规避这种不可知的风险，我才推荐风险更加可控的纯债基金。

要注意，投资纯债基金千万不能望文生义，名字里没有纯债两个字的也可能是纯债基金，名字里有纯债两个字的也可能还投资了高风险的可转债，力哥认为这类基金也不是真正意义上的纯债基金。

理财市场永不沉没的航空母舰

从 2005 年到 2016 年，整整 12 年，中国的纯债基金平均收益率年年都是正的，没有任何一个自然年度出现过亏损，哪怕是在债券市场处于熊市的 2009 年、2011 年、2013 年和 2016 年，也都能获得平均 1% 左右的投资回报。也就是说，虽然纯债基金的合同里不会承诺保本，但长期历史数据告诉我们，如果你持有 3 ～ 5 个月的纯债基金，那盈亏谁都说不准，比如你正好在 2016 年 10 月买了一只纯债基金，紧接着就遭遇到了 11—12 月的债灾，那么可能你持有半年也还是亏本的，但只要持有期限超过一年，就相当于买了一只保本基金，最差的市场表现也是保本；反过来说，如果遇上债券市场的大牛市，比如 2006 年、2007 年、2014 年、2015 年这些债券大年，许多纯债基金的年收益率都超过了 10%。

过去 12 年，所有纯债基金平均年化收益率在 6% 左右，注意，这里说的还是平均收益，如果你挑选了一只优秀的纯债基金，过去 12 年平均年化收益率或许还能达到 8%。如果你有幸挑选了最优秀的纯债基金，收益还会更高。对比一下同期银行定期储蓄利率、国债利率和货币基金的收益率，在冒那么低的风险的前提下，能获得这样的收益水平，那绝对是"棒棒哒"。

所以力哥把纯债基金称为理财市场永不沉没的航空母舰，资产配置后防线上永不过气的中坚力量。

情有独钟的那只纯债基金在哪里？

那我们该如何挑选纯债基金呢？

首先，纯债基金收益高低一方面要看市场大环境，现在是债券牛市还是熊市，现在是加息周期还是降息周期；另外还得看基金经理的水平，而现在已不是基金经理一个人单打独斗的时代了，基金公司的整体投研实力比较重要，这时候大基金公司就占有一定的优势，比如汇添富、天弘、华安、工银、鹏华、广发、南方、银华、长盛、华夏等。

不过，投资有风险，力哥不是神，除了货币型基金这种几乎不会产生亏损风险的投资品种，其他任何产品，包括纯债基金，我都不会给出明确的产品推荐。一是因为这些产品都有亏损的可能；二是花无百日红，过去一段时间表现优异的基金不代表未来会永远优异下去。

但话又说回来，虽然过往业绩不代表未来表现，但过往业绩一向比较稳健优秀的基金，未来表现继续保持稳健优秀的概率肯定会更大一些，从概率学上说是这个道理。

所以另一个挑选方法就是找到那些发行时间比较久、长期表现比较稳健优秀的纯债基金。操作起来也很简单：第一步，打开天天基金网的"基金排行"功能，在"开放基金排行"一栏中选择"债券型"。债券型基金在我写这本书时已经有900多只了，未来肯定还会进一步增长（见图3.1）。

图 3.1　债券基金排行（来源：天天基金网）

第二步，在"分类"中选择"长期纯债"。为了把没有经历过足够多历史考验的菜鸟基金排除掉，我们再点击"近3年"这个标签，让所有基金按近3年收益率降序排列，这样成立不足3年的基金就自动被剔除了，取排名前30位的，这样候选基金就只剩下了30只，见图3.2（因版面限制，该图只节选了前5位）。

图 3.2　筛选出的 5 只候选债基（来源：天天基金网）

接下去就要辛苦一点，逐个点击这30只基金的名称，在该基金的详细资料页面，找到其具体投资范围，把其中允许投资可转债的基金剔除掉，再把其中名气不够响的小公司的基金剔除掉，再把基金规模超过 20 亿元的剔除掉，再把同一家大型基金公司旗下排在第二名及以后的兄弟基金剔除掉，只留下排名最高的某家基金公司旗下的王牌纯债基金，这么一来，就把包围圈进一步缩小到了 10 只基金。

最后这 10 只基金，看一下它们的费率，找出其中综合费率最低的 5 只。在这 5 只基金中，再选择成立时间相对更长的、基金经理年纪相对更大的、管理时间相对更长的 3 只纯债基金，作为你的债基配置。

怎么买最划算？手续费里有门道

许多债券基金名字后面都会跟着 A，B，C 这些字母小跟班，这是什么意思呢？

如果只分为 A，B 两类的，那 A 类就是要收申赎费用的；B 类则在表面上不另外收申赎费用，而是和管理费、托管费等这些隐藏收费一样，把这部分手续费折算到每天公布的基金净值中，预先扣除这部分成本，美其名曰销售服务费，一般每年收取 0.2% ～ 0.6%。

而分成 A，B，C 三类的债基，A 类和 B 类都有申赎费用，区别是 A 类是前端收费，就是你买基金时直接扣掉申购费；B 类属于后端收费，就是等你将来赎回时再向你收取申购费，相当于先吃饭后买单。为了鼓励你尽可能长时间持有基金，好让它们多收你管理费，所以往往持有时间越长，后端收费所收取的申购费就越低，持有很长一段时间，比如 5 年，就可以免收申购费了；而 C 类则是不收取申购赎回费而收取销售服务费，和上面那种只有 A，B 两类的债基中的 B 类是一个意思。

哪种收费方式更划算呢？

那得看你的投资需求。如果你有一笔钱只是暂时放在基金里试试水，说不定没几个月就要拿出来，那选择不收申购赎回费的模式最划算；但如果你打定主意将这笔投资放在这只债基里至少一年不动，那反而选择一次性收取申购费的模式更划算。

在过去，力哥会强力推荐后端收费模式，因为这种模式用费率杠杆鼓励投资者长期投资，而历史数据证明，长期投资纯债基金不但风险极低，而且收益也还不错，所以为什么不长期持有呢？反而是很多理财"小白"刚刚入门，心浮气躁，吃着碗里的看着锅里的，三天两头换基金，很可能得不偿失，还白白浪费了手续费。但余额宝的兄弟品牌蚂蚁财富诞生后，一下子把所有基金的申购费率都压低到了1折。债券基金的标准申购费是0.8%，而你在蚂蚁财富上买债基的申购费只要0.08%，面对这么低的前端收费标准，后端收费已经完全没有竞争力了。

更有魅力的定开债

如果纯债基金是你的"真爱"，你希望一两年甚至三五年长期持有，不想多折腾，除了买这些普通的长期纯债基金，你还有更好的选择，那就是定期开放式债基，简称定开债。

定开债一方面吸收了开放式基金可以在场外直接申赎的优点，另一方面继承了封闭式基金可以封闭运作、方便基金经理投资管理以谋求更高回报的优点，因为债券的回报率一般和投资期限成正比。传统的开放式债基，投资者随时可以申购赎回，容易打乱基金经理的投资布局，尤其是为了应付不期而至的巨额赎回压力，基金经理就不敢拿太多的资金去买期限比较长的高息债，这么一来，流动性是有了，但收益率也降下来了。

而定期开放债基设置了最短半年、最长三年的封闭运作期，在封闭期内，不允许投资者申赎，基金经理在这段时间内就可以完全不用考虑申赎压力，可以尽全力去投资，封闭结束后，会有少则两三天、多则一个月的开放期供投资者集中申购赎回。就像力哥创办的理财社群"荔枝汇"一样，每半年集中招募一次新会员，平时则封闭化运作，既方便我们管理，又有利于会员学习成长。这种机制促使定期开放债基能够比普通债基更容易获得高收益。另外，2016 年 8 月 1 日以后，普通债券基金的杠杆率不得超过 140%，而定期开放债基依然保持了最高 200% 的杠杆率。

这是什么意思呢？比如说我买了 A 债券后，在到期前，我就把 A 债券先质押给银行，找银行借一笔钱出来，再去买 B 债券，等 A 债券到期了再向银行回购回来，只要投资债券的收益高于向银行借钱的利息，就有得赚。所以有些风格激进的债券基金的杠杆率可以高达 200%，也就是说假如这只基金只有 10 亿元规模，却可以通过向银行借钱买 20 亿元规模的债券。

但是请记住，杠杆是把双刃剑，赚钱时可以让你加码赚钱，可一旦亏钱了也会让你加码亏钱。在债券熊市中，高杠杆可能反而会造成更大的亏损。

如何挑选优秀的定开债呢？很简单，就像上面力哥介绍的筛选长期纯债基金的方法一样，你也可以点击"定期开放债券"进行筛选（见图 3.3）。

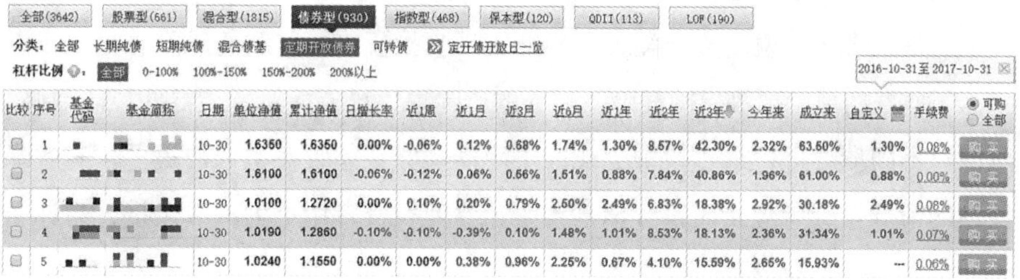

图 3.3　挑选优秀定开债基（来源：天天基金网）

有三点要注意：第一，还是要选定期开放债基中的纯债基金，千万不要碰股票；第二，别选杠杆率太高的债基，建议最高不超过 160%；第三，半年有点短，两三年又有点长，建议选择封闭期为一年的定期开放债基，然后看准下一次开放时间再去买。

自己买债券更好吗?

有人可能会问,与买债券基金相比,为什么不直接买债券呢? 对于刚刚入门的理财"小白"来说,我真心不建议你去直接投资债券。

一是债券市场分为交易所市场和银行间市场这两大类市场,债券的交易所市场就像股票的二级市场一样,虽然投资起点比较亲民,但可交易的债券品种比较少,而且市场流动性比较差,也就是你买了以后,不一定想卖就能马上卖掉;银行间市场的债券品种虽然比较多,流动性也比较好,但投资起点非常高,不是我们普通老百姓的资金量能够投资的,而且你还要具备银行间债券交易资格,所以这个市场实际上主要是银行、基金公司、证券公司、保险公司这些机构投资者玩耍的地方。

二是如果我们投资的是非流通债券,只有到期才能兑现,平时想卖还不能卖,这样的投资就缺乏流动性,而通过债券基金间接投资债券,只要你买的不是定期开放式债基,随时都可以卖掉,流动性大幅提高。

三是力哥之前说的资产配置的不变真理。投资单一股票的风险总是比投资一篮子股票的风险要高,投资单一债券的风险也比投资一篮子债券的风险要高。所以对不同债券进行组合投资,能在不降低债券整体收益率的前提下,有效降低你的债券投资风险,而投资债基就是让专业投资者用更大的资金量,为你组建一个债券的投资组合。

四是许多人可能觉得股票投资很复杂,债券投资应该相对简单,事实并非如此。如今债券市场的品种越来越多,比如可转换债券、可交换债券,还有信用债、次级债、垃圾债;发债主体也越来越多元化,比如金融债、国债、地方债、企业债、公司债、国际债;债券的信用等级和风险管理也越来越复杂,还要判断未来的利率走势等宏观经济指标。

另外,和股票一样,债券投资也有很多策略,比如息差套利策略、免疫策略、骑乘收益曲线策略、债券互换策略等,还要计算修正后的久期收益率。

眼下你只要知道，我们普通老百姓想要投资股市，买股票型基金要比直接买股票更合适；想要投资债市，买债券型基金要比直接买债券更合适。只有一种情况除外，那就是买凭证式国债，因为它不能上市交易，就像定期储蓄一样，简单易懂，童叟无欺。对于那些玩不转复杂新潮的投资品种，而对投资安全性有极高要求的老年人来说，国债是定期储蓄非常好的替代品。

前面说过，在所有债基分类中，我最推荐纯债基金，所以纯债基金实际上是国债更好的替代品。根据理财教科书的说法，纯债基金的风险特征比较适合低风险承受能力的投资者和稳健型投资者，也就是在安全稳妥的前提下，获得从长期看能跑赢或至少跑平 CPI 的收益率。

不过我个人认为，任何风险承受能力和风险偏好的投资者都适合纯债基金，哪怕你是年轻人，哪怕你是激进型投资者，也应该多少配置一点纯债基金。区别只是在于激进型投资者可以把更多比例的资金拿去股市搏击，只留下 10% 的资金配置在债基上；而保守型投资者则相反，可以给予纯债基金相对高一些的配置比例，比如 20% ～ 40%；对于已经退休的老人，养老金不算高，经常会入不敷出，而纯债基金的分红往往比较稳定，每次分红，他们都可以选择现金分红方式，把收益拿出来用于补贴日常开销。

警惕误区！别被分红忽悠了

提到分红这个问题，很有必要专门拿出来说一说。

很多人都知道分红的意思，比如到年底了，公司一算账，发现今年赚了200 万元，拿出其中 100 万元作为明年公司扩大经营的资本，其余 100 万元就给所有股东按比例分了，比如你持有公司 10% 的股份，那你就能分到 10 万元，这 10 万元就是分红所得。

基金分红也是一个道理，虽然我们不是基金公司的股东，但我们是这只基金的持有人，基金经理是为我们打工的，所以当这只基金赚了很多钱的时候，就可以通过分红的方式把收益兑现，比如你一年前买了 10000 元某只基金，当时净值 1 元，你买了 10000 份，一年后发现这只基金净值涨到了 2 元，赚翻了，于是基金公司决定每份基金分红 1 元，这就意味着你可以拿到 10000 元分红。

但基金分红和股票分红的性质不一样，因为上市公司如果不分红，钱就会留在上市公司自己的口袋里，我们股民赚不到。但基金里的钱本来就是我们的，我们随时可以赎回，不管分不分红，对我们的切身利益其实没什么影响。

在上面这个例子中，在不分红的情况下，我持有 10000 份基金，每份净值 2 元，所以我的基金市值是 20000 元，不算赎回费的话，我随时可以把这 20000 元拿出来。而如果每股分红 1 元，我虽然拿到了 10000 元收益，但基金净值也从 2 元降到了 1 元，我的基金市值又回到了 10000 元，加起来，我还是有 20000 元。所以基金分红只不过是基金公司主动帮你把原本就属于你的钱从你的左口袋挪到了右口袋而已。

所以，如果你在几年内都不需要用这笔资金，那就应该尽可能选择不怎么分红的债基。如果分红了，有两种方式可以选择，一是现金分红，二是红利再投资。你应该选择红利再投资，让这钱继续在基金里面利滚利，发挥复利投资效应。

但如果你是退休老人，希望基金每年能稳定分红补贴日常生活，那就应该选择那些每年都会稳定分红的债券基金，而你选择的分红方式则应该是现金分红。

这个道理，不仅适用于债基，也适用于所有基金。

所以，千万不要以为经常分红的基金就是好基金，一毛不拔的基金就是坏基金。基金分红并不是衡量基金业绩的关键指标，最关键的指标是基金的累计净值。

我们平时说这只基金净值 1 元或者 2 元，指的是单位净值，是把历次分红收益剔除掉以后，方便我们计算基金当下收益的净值。但任何一只基金都还隐藏了一个累计净值，这是把过去所有分红全部算上以后的真实数值。在天天基金网首页点击"基金净值"就能看到，任何一只基金都有单位净值和累计净值这两个净值，对于从未分红过的年轻基金来说，这两个净值是一样的，但对于经常分红的老基金来说，这两个净值可能会有天壤之别（见图3.4）。

关注	比较	序号	基金代码	基金简称	2017-10-31 单位净值	累计净值	2017-10-30 单位净值	累计净值	日增长值	日增长率	申购状态	赎回状态	手续费	可购/全部
☆	☐	1			1.5135	1.5135	1.4739	1.4739	0.0396	2.69%	开放	开放	0.15%	购买
☆	☐	2			1.2750	1.4650	1.2540	1.4440	0.0210	1.67%	暂停	暂停	0.15%	购买
☆	☐	3			1.1180	1.1180	1.1000	1.1000	0.0180	1.64%	开放	开放	0.15%	购买
☆	☐	4			1.0911	1.0911	1.0746	1.0746	0.0165	1.54%	暂停	暂停	0.15%	购买
☆	☐	5			0.8330	0.8330	0.8210	0.8210	0.0120	1.46%	开放	开放	0.12%	购买

图 3.4　基金单位净值/累计净值一览（来源：天天基金网）

比如说在 2017 年 4 月，兴全趋势投资混合型基金的单位净值只有 1.02 元左右，但累计净值却高达 8.8 元左右，后者是前者的 8 倍多，也就是说如果你从 2005 年这只基金成立开始就一直持有它的基金到现在，你的真实回报高达 762%，但这在单位净值上根本看不出来。所以单位净值往往具有迷惑性，看累计净值才能真正看清楚这只基金的底色。

记住，分不分红和基金好坏没有必然联系，基金净值高低也和基金好坏没有必然联系，不是净值低的基金就便宜，净值高的基金就贵。我们在挑选基金时，根本不需要考虑这些因素。

沦为鸡肋的债券指数基金

在本节的最后，力哥还想提前说一下债券指数基金的问题。

在后面的章节里，你会发现力哥最推荐的是指数基金，但仅限于股票指数基金，债券市场同样有债券指数基金，但力哥不推荐。

指数基金最大的特点是被动投资，成本低，指数涨就赚钱，指数跌就亏钱。股票指数的波动大，在力哥独创的七步定投策略中，通过很简单的方法就能明显跑赢股票市场。但债券指数波动小，很难获得超额收益。所以债基比股基更依赖基金经理主动的操盘技巧和投资策略来谋求更高的回报，尤其是在债券市场的大熊市中，单纯持有债券指数基金的回报可能远远不如优秀的主动型债券基金。也正是由于这个原因，目前市场上股票型指数基金的数量越来越多，累计将近 1000 只，越来越多的普通老百姓乃至专业投资者都成了股票型指数基金的坚定簇拥者，包括我本人。而债券指数基金的发展极为缓慢，至今只有 20 多只，所以市场现状也已经告诉我们答案了。

第4章
混合型基金赚多亏少的奥秘

上一章中，我们了解了债券型基金的投资知识，接下来我们一起来认识潜在风险和收益都相对更高的混合型基金。

混合型基金知多少？

混合型基金就是把股票和债券混合在一起投资的一种基金。根据股票和债券投资比例的不同，又可以进一步细分为偏股混合型基金、平衡混合型基金、偏债混合型基金和灵活配置混合型基金。

在过去很长一段时间内，股票型基金的股票最低配置比例是60%，但是2014年8月8日新修订并实施的《公开募集证券投资基金运作管理办法》把股票型基金的股票最低配置比例提高到了80%，过渡期为1年，也就是在1年内，所有股票配置比例不到80%的股票型基金必须把股票配置比例提高到80%。然而1年后的2015年7月，史无前例的股灾来袭，股票疯狂下跌，为了减少损失，在2015年8月8日大限之前，许多股票型基金就把名字改成了混合型基金，这样就可以大幅减仓股票，减少亏损。尤其是在8月7日那一天，有69只股票型基金集体改成偏股混合型基金。2016年以后，股市彻底走熊，所以这两年新发行的股票型基金已远远少于混合型基金，这类偏股混合型基金可以近似看成过去的股票型基金，力哥将其放到后面股票型基金章节里再说。

而偏债混合型基金和二级债基又比较接近，也就是可以拿出不超过20%的比例投资二级市场股票的债券型基金，这是我非常不推荐的一类产品，所以这里也不做讨论。

风险对冲是什么？

力哥想重点和大家聊的是平衡型基金和灵活配置型基金，因为只有这两类基金才真正体现出了混合型基金的优点，那就是风险对冲。

迄今为止，被广大经济学家和理财师所认可的最经典的投资理论是美国经济学家哈里·马科维茨在 1952 年创立的现代资产组合理论，马科维茨也因此获得了 1990 年的诺贝尔经济学奖。

马科维茨发现，抛开流动性不说，投资者在做出一项投资决策时，最关心的是两个问题：收益有多高，风险有多大。而我们知道，预期的潜在收益越高，意味着预期的潜在风险也一定越高。那有没有什么办法可以提高投资的风险收益比或者说性价比呢？也就是在预期收益相同的情况下，怎么才能把预期风险降下来呢？

马科维茨通过大量数理分析推导发现，投资的风险分成两种：比如你买了A 股票，你就要承担 A 股票的风险，可能牛市来了，B，C，D，E 股票都在涨，就你手里的 A 股票不涨，这叫作个别风险，也叫非系统性风险，在股市里俗称选股风险；相反，不管你买 A 股票，还是把 A，B，C，D，E 股票都买了，都逃不过股灾暴跌的风险，这种风险更可怕，叫作系统性风险，在股市里俗称为大盘风险。

买房子也一样，比如 2017 年全国 70 个大中城市中有 65 个房价都在暴涨，只有沈阳、长春等少数几个在下跌，这种房价下跌就是个别风险，不具有普遍性，不能代表全国的房地产市场。但如果中国经济崩溃，楼市整体崩盘，不管你买北上广还是沈阳、长春的房子，都难逃房价下跌的命运，这就叫系统性风险。

化解风险的利器：投资资产组合

那这两种风险要怎么化解呢？马科维茨给出的答案是构建一套最优的投资

资产组合。

想要规避个别风险，就别只买一只股票，而是买一篮子股票，这样就算某一只股票遭遇突发的"黑天鹅事件"，出现暴跌，也不会对整体投资组合产生太大的影响。力哥之所以推荐大家买股票型基金而非股票，买债券型基金而非债券，就是这个道理。

而要想规避系统性风险，就不能只买一篮子股票，而是要买不同类别的资产，从而组建一个更加复杂多元的投资组合。我们常说的"不要把鸡蛋放在一个篮子里"就是这套多元资产组合理论最通俗的比喻。

我们可投资的资产类别有很多，比如房子、黄金、石油、外汇、P2P、比特币、艺术品等，但最主要的两类金融资产还是股票和债券。股票属于权益类投资，债券则属于固定收益类投资。从理论上说，这两者正好可以风险对冲。股市走牛的时候，市场上的钱就容易集中往股市里跑，没人搭理低收益的债券，债市就容易表现低迷；反过来，股市走熊的时候，投资者都亏怕了，市场上的钱就容易集中往更安全的债市里跑，所以债市就容易走牛。比如说 2008 年股市大跌的时候，债券收益却好得不得了。紧接着 2009 年，A 股绝地大反弹，而债市却歇菜了。所以根据资产组合理论，当一只基金同时买入股票和债券的时候，整体的风险收益比或者说性价比，就比你单独买股票或单独买债券时都要高。因为假如股票跌了，债券就很可能涨了；假如债券跌了，股票就很可能涨了，两者的一部分风险就被对冲掉了。

投资中的平行四边形法则

在中学物理课上我们都学过，假如有 1 牛顿的力把我向右拉，同时有 1 牛顿的力把我向左拉，那最后的结果就是我原地不动，因为两个力形成了力的平衡。假如你把向右的力看成是买股票的风险，把向左的力看成是买债券的风险，当两者的相关系数正好是−1 时，也就是当股票涨 10%、债券正好跌 10%的时候，它们之间是完全的负相关关系，那我同时买 1 单位股票和 1 单位债券的风险不就正好中和掉了风险吗？

但这只是理论上的说法，现实世界中，不存在两种资产的相关系数正好是−1，其中的算法很复杂，我们只要知道，股票和债券的关系不是正相关，而是负相关，也就是其中一个涨了，另一个大概率会跌；一个跌了，另一个大概率会涨。

这就像一个力往右，另一个力往左上方拉，最后这两个力的合成就是这两个力所围成的平行四边形里的那根从原点出发的对角线，这根对角线的长度就是股票和债券的风险对冲合成后的实际投资风险，只要这两个力之间的角度大于 120 度，那这根对角线的长度一定小于任何一个力的长度，也就是说同时买股票和债券的总体风险一定小于单独买股票或单独买债券的风险，这就是力学上的平行四边形法则。

在投资市场中，类似于股票和债券这种一辈子"相爱相杀"的逆相关的 CP（Coupling，情侣档）还有很多，比如股票和房子，银行储蓄和债券，美元和黄金，美元和石油，美元和日元，美元和比特币……在这些 CP 之间，理论上都存在比较强的负相关性，也就是说一个涨了，另一个跌的可能性就比较大。

但这都只是理论上的说法，实际上美元和黄金石油也经常会出现同涨同跌的情况，股票和债券同涨同跌的情况就更多了，比如 2011 年和 2013 年，都出现了股债双杀的局面，就是股市不赚钱，债市也不赚钱，而 2014—2015 年，股市和债市又一起走牛了。所以，投资没有绝对的事，短期来看，现代资产组合理论也可能会失灵；但长期来看，它的确能帮我们以相对更低的风险谋求相对更高的回报。

混合型基金不能说的秘密

前面说的是平衡型基金的优点，而灵活配置型基金还有一个更大的优点，就是仓位变动非常自由。

2015 年股灾期间，之所以有那么多股票型基金改成混合型基金，是因为基金经理认为股市接下去要跌，但因为操盘的是一只股票型基金，最低也只能把股票的仓位降到 80%，要大把亏钱，感觉自己太对不起投资者了。反过来也一样，如果眼下股市低迷，满地都是没人要的便宜货，适合大量买入，但因为操盘的是一只债券型基金，不能买股票，就只有眼馋的份。而灵活配置型基金的基金经理就没有这样的困扰了，想买啥就买啥，想多买就多买，想少买就少买，想不买就不买。

但正所谓成也萧何，败也萧何，这个世界是对立统一的，灵活配置型基金的优点恰恰也是它的致命缺点。之前力哥说过，投资就要投纯的，因为只有纯粹的投资对象，你才知道它到底把钱拿去买了什么，这东西的潜在风险和收益到底有多高，你就知道该如何做资产配置，这好比把货币基金放在守门员的关键岗位上，纯债基金就属于后防中坚，股票型基金则是进攻利器。

但灵活配置型基金的仓位可以随意变动，投资者就很难确定这只基金眼下的预期风险和收益到底有多高。要知道公募基金每个季度公布一次报告，也就是说已经到了 5、6 月了，投资者才刚刚知道今年 3 月底的时候，基金经理到底买了多少股票、多少债券，投资者永远是后知后觉的。到底应该把资产放在前锋线上还是后防线上，投资者心里没底，就会焦虑不安。

如果在股市熊转牛的时候，基金经理误判市场，把 90% 的钱都拿去买债券，就会满仓踏空！或者股市牛转熊的时候，基金经理又误判市场，把 90% 的钱都拿去买股票，就会满仓套牢！那怎么办？

这就是混合型基金不能说的秘密。

所以，与其买混合型基金，不如根据自身的风险偏好，按一定比例分别买入股基和债基，一样可以做到风险对冲。

第5章
股票型基金投资攻略

公募基金四大品种的最后一种，就是投资风险最高的股票型基金。

股票型基金能买吗？

力哥要再次强调，股票型基金的投资风险是所有基金中最高的，适合风险承受能力比较强的人，动不动就可能会亏损20%甚至50%。但相应的，股市走牛的时候也可能按50%、100%甚至200%的比例疯狂赚钱。货币基金和纯债基金适合所有投资者，但在买股票型基金之前，你一定要想清楚，自己到底能不能承受那么大的潜在亏损。想清楚了，知道自己能承受的底线在哪里，再决定要不要进入这个高风险投资领域。

今天股票型基金的股票仓位不能低于80%，所以在熊市里股票型基金的日子比较难过，大量股票型基金改成了偏股混合型基金，这两类基金的挑选技巧力哥就放一起说一说。

无论是债券型基金还是股票型基金，根据投资理念不同，都可以分成主动型和被动型，其中被动型的基金就是我们常说的指数基金。债券指数基金规模很小，力哥也不推荐，但股票指数基金却规模浩大，力哥非常推荐。我们平时说到指数基金时，一般就默认为股票型的指数基金。

主动型的股票基金和被动型的指数基金的挑选方法有很大的差异，这一节里我们主要围绕主动型的股票基金向大家介绍挑选技巧。

股基挑选技巧一：拼"爹"

第一大技巧，就是拼"爹"。对于一只基金来说，这个"爹"就是背后的基金公司。

一个基金公司旗下的多只基金往往会共用一个投资研究和管理团队，甚至一位基金经理往往会同时身兼数只基金的基金经理职务。今天已经不是孤胆英雄单打独斗就可以闯出一片天下的时代了，需要优势互补，分工协作，团队作战。大公司投资研究团队的强大实力是基金产品最大的质量保证，就好像一说某人是清华、北大毕业的，许多人就会觉得他是个人才，学习能力肯定比较强。更重要的是，任何一家上市公司的前十大流通股股东名单都是需要公示的，我们经常会发现，许多股票的十大流通名单里往往会出现同一家基金公司旗下多只基金的名字，这叫群狼战术。兄弟几个合伙把股价炒上去，比一只基金单打独斗更容易赚钱。小基金公司就算有一两个明星基金产品在一段时间内非常拉风，但长期看往往很难维持这种强劲的势头。我们常说，打仗拼的不只是军队的战斗力，更是背后整个国家的综合国力。同理，基金背后的基金公司本身规模大不大，整体投资研究实力强不强，对一只基金的长期表现会产生很大的影响。

因此在挑选主动型基金时，力哥建议尽量选大型知名基金公司的产品，不要选小型不知名基金公司的产品。截至2017年6月，中国有121家公募基金公司，总共发行了6000多只基金，其中基金管理规模超过1000亿元的行业第一梯队有21家，它们是天弘、工银瑞信、易方达、博时、招商、南方、嘉实、华夏、建信、中银、汇添富、鹏华、广发、富国、银华、华安、华宝兴业、兴全、兴业、上投摩根和大成，其中被中国最知名的本土基金评级机构天相投顾评为5星公司的只有南方、嘉实、汇添富、富国、银华、华安、兴全这7家，我们在挑选主动型基金的时候，这些基金公司旗下的产品可以优先考虑。

股基挑选技巧二：拼人

拼人，也就是拼基金经理本身的水平。

我们之所以愿意买主动型基金，目的就是希望通过基金经理的主动操盘，战胜市场，获得比市场平均回报率更高的收益。尤其是希望在市场萎靡的熊市中，面对恶劣的环境，虽然大部分投资者都在亏钱，但由于我挑选的这个基金经理水平高超，一样可以在逆境下帮我赚钱。

具体来说，有两个考察维度。

第一个考察维度是基金经理的基本背景，包括年龄、学历和从业履历。投资行业水很深，姜还是老的辣，年轻人就算将学校里教的理论知识学得再好，量化模型做得再出色，没经历过大风大浪，没深刻领悟到人性的软弱、自私、脆弱、短视、贪婪、恐惧，不了解中国政治、经济、文化和社会的复杂性，是很难成长为一名优秀的基金经理的。所以那些由90后生猛小鲜肉担任基金经理的基金，不管你敢不敢买，反正力哥是不敢买的。我认为30岁是基金经理的年龄底线，最好年龄在35岁以上，也就是再怎么年轻有为，也得是力哥这样的"85前"老骨头。

至于学历，基金经理一般都是经济学、金融学、管理学、数学、理科等专业的硕士或博士，中国现在硕士、博士一抓一大把，这已经是行业标配了，差异不大。

另外，基金经理在基金行业的从业履历越长越好，管理这只基金的时间越长越好。比如说有两只基金其他方面比较下来都差不多，有点难以取舍，但A基金的基金经理管理这只基金已经六七年了，而B基金的基金经理去年刚换过，新上位的基金经理接手还不到一年，那就应该果断选择A基金。这样，基金的投资风格前后一致，业绩不容易出现太大的意外波动，买这样的基金，心里更有底气。这些信息，天天基金网上都能查到，如图5.1所示。

第二个考察维度，是基金经理的操盘风格。

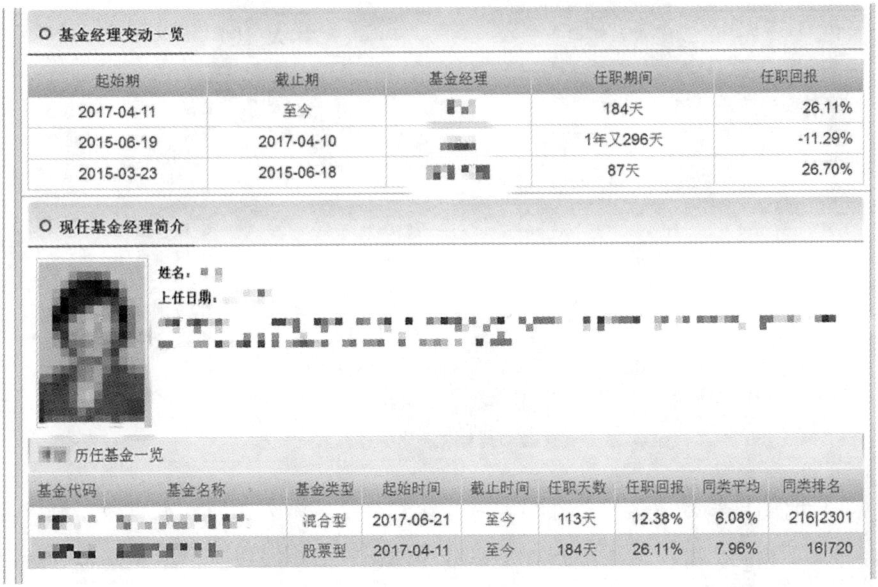

图 5.1　基金经理变动一览（来源：天天基金网）

股票投资的策略有很多，不同基金经理也有不同的投资风格偏好。

一种是持仓时间长短的不同偏好。有些基金经理喜欢做短线，高抛低吸；有些则喜欢长线持有，走价值投资路线。总体来看，中国股市的投机性非常强，也就是说参与者都比较浮躁，总想抓热点，追消息，炒短线，由于巨大的业绩压力，基金经理往往也很难免俗。但凡事不能做得太过了，如果交易太过频繁，交易成本就会变得非常高，长期看可能会得不偿失，但在持续大熊市的环境下，长期持有可能也不怎么赚钱，所以还得找到平衡点。

那如何看一个基金经理是喜欢做长线还是做短线呢？很简单，基金公司每个季度都必须公布一份报告，里面会披露基金最新的十大持仓股，这个报告在各大基金公司官网都能下载。更方便的办法是直接在天天基金网上查看（见图 5.2），在主页上输入你想了解的基金代码或名称，点击进入基金档案页面，就能看到最新的十大持仓股数据，想看过往的数据，点击边上的"更多"就可以了。

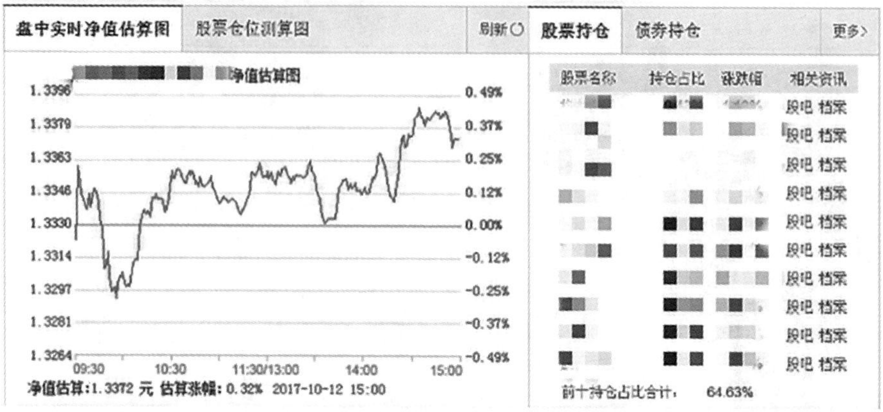

图 5.2　基金持仓股一览（来源：天天基金网）

　　一般你只要看到这只基金的十大持仓股总是"城头变幻大王旗"，每次报告都大不相同，就应该了解到这个基金经理喜欢做短线投资，这种基金一般建议不要碰。还有一个更简便的方法就是在天天基金网的基金档案页面中找到基金换手率这个指标（见图 5.3），一般每半年发布一次。半年里的换手率低于50%，也就是规模 10 亿元的基金，半年里做了不到 5 亿元的买卖，在中国的基金业里就算换手率低的了；换手率在 50% ～ 200% 属于正常；换手率超过 200%

基金投资风格	基金换手率	业绩评价	更多〉

报告期	基金换手率
2017-06-30	63.65%
2016-12-31	107.57%
2016-06-30	32.79%
2015-12-31	178.63%

基金换手率用于衡量基金投资组合变化的频率。

图 5.3　基金换手率（来源：天天基金网）

甚至超过 500% 的，就要当心了。

　　另一种是对行业或主题的不同投资偏好。证券公司有一种职业叫作行业分析师，专注研究某一个行业，对这个行业里的上市公司非常了解。基金经理往往也会有自己最熟悉、最擅长投资的行业或主题，比如新能源、医药、军工、环保、消费升级等。我们同样可以在天天基金网上查到相关信息（见图 5.4）。如果这个基金经理擅长或看好的行业主题与你的看法不谋而合，就可以重点考虑。

基金数据 > 基金经理大全 > 全部基金经理						
按字母查找：**全部** A B C D E F G H I J K L M N O P Q R S T W X Y Z				按基金公司查基金经理 ▼	输入基金经理姓名或简拼	查询
序号	姓名	所属公司	现任基金	累计从业时间	现任基金资产总规模	现任基金最佳回报
1			共18只 更多>	3年又273天	84.36亿元	104.86%
2			共2只	2年又167天	19.05亿元	9.28%
3			共5只 更多>	1年又152天	4.75亿元	25.96%
4			共15只 更多>	6年又211天	879.52亿元	26.70%
5			共3只 更多>	49天	5.33亿元	4.48%

图 5.4　基金经理的查询（只节选前 5 位的数据）（来源：天天基金网）

基金评级机构：第三只眼睛看基金

　　还有一种最常见的总结风格偏好的工具就是晨星投资风格箱。在细说这个工具之前，我先说说它的来源，也就是晨星这一类的基金评级机构。

　　前面提到的天相是中国本土最知名的基金评级机构，另外还有像银河、海通、招商这类证券公司以及万德资讯、济安金信这种金融信息服务供应商，都会发布自己的基金评级报告。

　　而放眼全球，当今世界最知名的三大基金评级机构是晨星（Morningstar）、理柏（Lipper）和惠誉（Fitch）。这些评级机构都是中立的、第三方的，专门为投资者提供相关投资数据和评估建议。在这么多评级机构中，全球投资者公认最权威的是晨星公司（晨星中国的官方网址是 cn.morningstar.com）。而晨星投资风格箱就是晨星公司在 1992 年发明的判断基金投资风格的工具，它为基金投资者提供了一个直观简便的分析工具，帮助投资者进行基金组合的优化配置，今天已经被基金行业普遍应用，我们除了能在晨星中国的官网上查到所有股票型和混合型基金的风格箱，在天天基金网上，我们也可以发现这些信息同样一目了然，就在基金换手率数据的旁边（见图 5.5）。

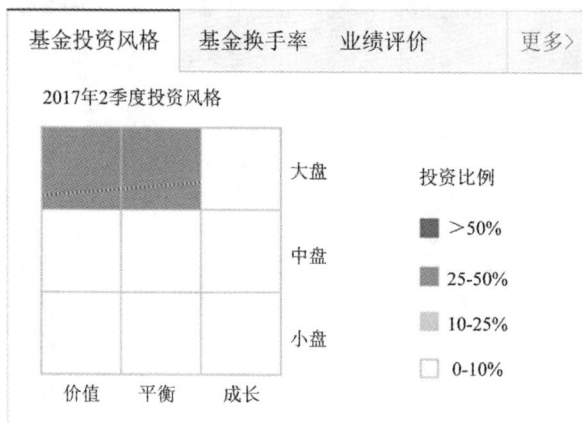

图 5.5　投资风格箱（来源：天天基金网）

一目了然的晨星投资风格箱

投资风格箱的设计原理很简单，把影响基金业绩表现最重要的两项因素单列出来（见图 5.6）：一个是按基金所持有的股票市值分成大盘风格、中盘风格和小盘风格，这三个选项构成了箱体的纵坐标；一个是按基金所持有的股票特性分成价值型、成长型和介于两者之间的平衡型，这三个选项构成了箱体的横坐标。把横坐标和纵坐标组合在一起，就形成了这个九宫格。任何一个股票型和混合型基金的风格，都位于九宫格中的某个格子里。有时候有些基金的分割不是那么明确，比如 50% 买了大盘股，30% 买了中盘股，还有 20% 买了小盘股，那大盘和中盘的格子都会亮起来，代表这只基金是大中盘风格。

晨星股票投资风格箱

			大盘
			中盘
			小盘

风格：—
规模：—

价值型 平衡型 成长型

8.27	21.71	47.24	大盘
0.00	5.54	6.04	中盘
0.00	0.00	0.00	小盘

价值 平衡 成长

- ● >50%
- ● 25-50%
- ◎ 10-25%
- ○ 0-10%

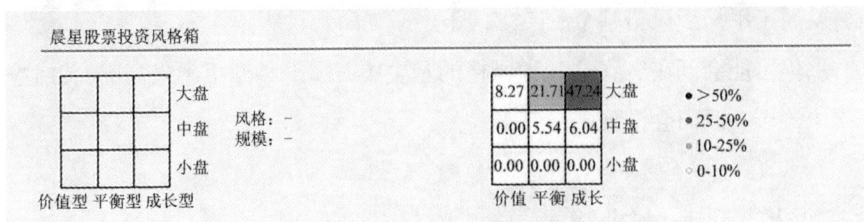

图 5.6　晨星投资风格箱（来源：晨星网）

　　大中小盘股票的市值规模划分标准并没有一个明确的理论说法，因为各国股市情况不同，就算是中国股市，随着中国经济和企业的不断壮大，这个标准也在不断提高，至于市场的实际划分标准，力哥在后面的指数基金里再详细说。

　　价值型股票和成长型股票的区别，通俗来说，就是白马股和黑马股的区别。股市中有很多术语源自赌博，比如把资金叫作筹码，把业绩优秀的大盘股叫作蓝筹股，因为在早期赌场中，蓝色筹码代表的金额最大。而白马、黑马的叫法则源自赌马。在赛马场上，一匹原本没什么人看好的马突然拿了冠军，让人大跌眼镜，就称为黑马；而平时表现优秀、发挥稳定的夺冠大热门则被称为白马。在股市里，白马股和黑马股也是这个意思，前者指的是业绩稳定、分红能力强，所有人都看得出当下就很有价值的好股票，所以叫价值型股票，重点投资这类股票的叫价值型风格基金。但这类股票因为是人尽皆知的好股票，规模往往都比较大了，业绩再想突飞猛进就比较困难，所以短时间内赚大钱的概率比较小。想要快速赚大钱，就要赌那些眼下虽然业绩一般、很少分红、甚至还可能亏损、但成长空间巨大、未来"钱景"无限的股票。这种股票一旦看对了，就能赚比较多的钱，但相应的投资风险也更高，这种叫成长型股票，重点投资这类股票的叫成长型风格基金。比如说万科在 20 年前是标准的成长股，但今天显然是价值股了，而阿里巴巴、腾讯在十多年前也都是成长股，但现在都是巨无霸了，变成了价值股。

　　如果基金投资的股票有不少价值型的，又有不少成长型的，看不出鲜明特征，就属于平衡型风格基金。

那你可能会问了，在这几种风格的基金中，哪一种回报率最高呢？在这里先卖个关子，后面会讲到。

股基挑选技巧三：拼业绩

拼"爹"、拼人之后的第三个挑选主动型基金的技巧，就是拼业绩。

说到底，我们买基金是为了赚钱，不管基金经理是硕士还是博士，喜欢大盘股还是小盘股，业绩好、能赚钱才是硬道理。所以拼业绩也是我们挑选主动型基金时最重要的考量因素。

许多基金公司在宣传自家基金时，最大的广告卖点就是这只基金的过往业绩优异，因为股票型基金属于高风险投资，赚钱这事没人敢打包票，而且所有基金宣传单的最下面都会有一行小字声明"过往业绩不代表未来表现"。之所以一定要加这句话，是因为证监会规定，基金宣传材料里不能模拟基金未来投资业绩，也就是不许说"经过模拟测算，我们预期这只基金未来一年能获得多少回报"，但只要加上这行小字作为风险揭示和免责声明，过去已经发生的实际回报率还是可以用来宣传的。这样一来，投资者就会自然产生一种联想：既然这只基金过去业绩那么优秀，那未来业绩应该也不会差吧。

但如果你是资深老基民，可能就会说：套路，都是套路。谁说过往业绩好未来业绩就一定会继续好呢？不一定的。

但这话只说对了一半。如果因为基金回报率没有100%打包票的事，就盲目怀疑一切，那我们又该如何挑选基金呢？总不见得眼睛一闭，抓阄决定吧。基金过往业绩的确不能代表其未来表现，但过往多年业绩都非常出色的基金，未来继续表现得比其他基金更好的概率是不是更高呢？

打个比方，小明同学平时考试都排在班级中游，突然有一次考了全班第一，那小明就是一匹大黑马。如果下次考试小明又回到了班级中游，说明上次考试的超常发挥属于偶然性事件，不具参考性；但如果下次考试小明同学还是考了全班前十名，说明小明同学的学习水平真的提高了；如果接连几次考试都维持在这个水平，小明就不再是黑马而是白马，也就是人人皆知的优等生了。那我们就可以理性预期，小明下次考试考全班前十的概率非常大。

再打个比方，每次世界杯开赛前都会有所谓的夺冠大热门，每次大热门无非就这么几个：五星巴西，四星德国，四星意大利，二星阿根廷，再加上拿过冠军的法国、英格兰和西班牙，因为过往成绩能起到最重要的参考作用。如果中国队像 2002 年那样再次挤进世界杯，谁敢赌中国队夺冠呢？

当心！喜新厌旧要吃亏

拼业绩最重要的考量因素有两个：一是成立的时间是否足够久；二是业绩是否能一直保持稳定。

对于第一个考量因素——时间，很多理财"小白"在买基金时都会走入一个巨大的误区，认为买基金和买衣服、买房子一样，全新的总比二手的好，就算结婚找对象，肯定也优先选择初婚的，但这个思维绝对不能用在投资上，投资领域的二手货往往比一手货更有投资价值。

另外许多人喜欢买新基金也是因为基金公司和代销银行很少会宣传老基金，市面上很多优秀的老基金就好像沉在海底的宝藏，基金公司不宣传，力哥也不介绍，可能你永远都不知道。而新基金上市时为了打响第一炮，基金公司会使出吃奶的力气做宣传，银行代销新基金的佣金更高，自然也会更卖力地推销新基金，所以你收到的都是关于新基金的信息，自然就容易"中招"。

力哥建议挑选主动型基金时，至少要挑选成立 3 年以上的，最好是 5 年以上的基金，如果其他所有评价指标都一样，A 基金成立了 10 年，经历过两轮牛熊转换，B 基金才成立 6 年，只经历过一轮牛熊转换，那一定选 A 基金。

第二个考量因素——基金的业绩是否长时间保持稳定，就很容易理解了。

比如韩国队在 2002 年世界杯上靠着裁判拉偏架，干倒了意大利和西班牙，闯进了半决赛，但这能证明韩国队已经是能和英、法、德、意比肩的一线强队了吗？当然不能。放到挑选基金的语境中，那就是我们挑选的基金不能每年业绩排名都上蹿下跳。前年第 15 名，去年第 7 名，今年第 22 名，这个能接受；但前年第 75 名，去年第 3 名，今年第 159 名，这样的基金就绝对不能碰。一般来说，过去 5 年中，每年的业绩回报都能始终稳定在同类基金排名前 20% 的基金，更值得我们拥有。

同样，在天天基金网上能找到基金的长期业绩排名。我们就以成立于 2004 年、迄今已有 13 年历史的中国基金发展史上极具传奇色彩的华夏大盘精选混合型基金为例。在基金档案中找到年度涨幅或者同类排名走势这一栏，会发现这只基金在 2006 年到 2011 年的 6 年间，业绩排名几乎年年都是全行业第一，但 2012 年以后，其业绩迅速下滑，按照百分比排名计算，在 100 只基金中，它的排名分别是第 41 位、44 位、91 位、70 位和 62 位，已是泯然众人。归根到底，这是因为 2012 年 5 月，中国最神奇的基金经理、曾被誉为"公募一哥"的王亚伟从华夏基金公司离职，华夏大盘的基金经理换人了。

不过话又说回来，虽然人人都想买到业绩最好的基金，但高收益往往也暗藏着高风险，我们挑选基金时不能光看高收益带来的无限风光，也要把自己承受的风险因素考虑进去。这就需要更高级的挑选技巧，涉及几个听上去比较专业的概念，下面力哥就来一一介绍。

更高级的挑选技巧一：β 系数

第一个概念叫 β 系数，指的是某一只基金和这只基金的业绩评价基准之间的相关性。这是什么意思呢？之前力哥在讲混合型基金时提到过平行四边形法则，即股票和债券之间有比较明显的负相关性，一个涨了另一个就容易跌；反过来说，同涨同跌的就叫作有正相关性，而一只基金和它的业绩评价基准之间一定是正相关的。

为什么每一只基金都要设立一个业绩评价基准呢？就是因为不同基金的风险不一样，我们不能拿余额宝的安全性去要求华夏大盘，也不能拿华夏大盘的潜在收益去要求余额宝。这种 PK 就是“关公战秦琼”，没有意义。所以就需要根据每只基金自身的特性，度身定制一个 KPI（Key Performance Indicator，关键绩效指标），每年考核一次，KPI 达标了，就相当于考试及格了。超过及格线越多，说明你的业绩表现越优秀；反过来，就说明你的业绩表现越糟糕。

比如说，货币基金过去的业绩评价基准是活期存款利率，那所有货基当然都能够轻松跑赢，后来就改成了 7 日通知存款利率，这个利息就要比活期利率高一点，但一样也可以轻松跑赢，所以后来一些货基索性拿半年期甚至一年期定期存款利率作为基准；而股票型基金的业绩评价基准一般都是股市大盘的走势；对指数基金来说，你跟踪哪个指数，哪个指数就是你的基准。比如所有沪深 300 指数基金的评价基准就是沪深 300 指数（见图 5.7）。而主动型的股票基金和混合型基金就比较复杂了，比如有的大盘风格的基金的业绩评价基准是 80% 的沪深 300 指数加 20% 的上证国债指数，有的医药行业类基金的业绩评价

基本概况　　其他基金基本概况查询：[redacted]

基金全称	[redacted]	基金简称	[redacted]
基金代码	[redacted]	基金类型	股票指数
发行日期	[redacted]	成立日期/规模	[redacted]
资产规模	[redacted]	份额规模	[redacted]
基金管理人	[redacted]	基金托管人	[redacted]
基金经理人	[redacted]	成立来分红	[redacted]
管理费率	[redacted]	托管费率	[redacted]
销售服务费率	---（每年）	最高认购费率	[redacted]
最高申购费率	~~1.20%（前端）~~ [redacted]	最高赎回费率	[redacted]
业绩比较基准	沪深300指数	跟踪标的	沪深300指数

基金管理费和托管费直接从基金产品中扣除，具体计算方法及费率结构请参见基金《招募说明书》

图 5.7　基金业绩比较基准（来源：天天基金网）

基准是 80% 的中证医药卫生指数加 20% 的中证国债指数，每只基金都不一样。这些信息同样可以在天天基金网基金档案中的基本概况里找到。

假如 β 系数正好是 1，说明基金的真实业绩表现和业绩比较基准重合，你涨 10%，我也涨 10%；你跌 10%，我也跌 10%。如果 β 系数是 0.9，说明基金业绩没有业绩比较基准的波动那么大，你涨 10%，我只涨 9%；你跌 10%，我也只跌 9%。如果 β 系数是 1.5，就意味着你涨 10%，我涨 15%；你跌 10%，我跌 15%。这很好理解吧？

在前面力哥说到过马科维茨的资产组合理论，投资的风险分为两种：一种叫系统性风险，在股市里叫大盘风险；一种叫非系统性风险或个别风险，在股市里叫个股风险。β 系数就是对一只基金所承受的系统性风险的量化表达。通俗地说，就是这只基金的收益弹性有多大，β 系数越高，市场一波动，基金的涨跌就越凶猛，涨的时候赚得多，跌的时候也亏得猛。一般来说，一只股票或基金的 β 系数在 0.5 ~ 1.5。

那我们挑选基金时，高 β 的还是低 β 的更好？这就需要看你的投资风格和策略了。

股市中有一种策略叫高 β 策略或者叫高波策略，专门挑选 β 系数比较高的股票去投资，这种策略比较适合激进型投资者和大牛市的环境，力哥在后面基金定投的章节会再详细进行讲解，想让你的基金定投获得比普通定投更高的收益，就应该选择高 β 的基金。

股市里还有一种策略叫低 β 策略或者叫低波策略，波动小意味着投资比较稳健，更适合稳健型投资者，在熊市中，低 β 的基金也要比高 β 的基金更抗跌。

更高级的挑选技巧二：α 系数

说完 β 系数，再来说 α 系数，它代表的是一只基金的绝对回报或者叫超额收益。一只基金的真实收益减去同时期的市场无风险收益，就是这只基金的风险收益。β 系数算出的是这只基金要承担的系统性风险，这个是板上钉钉、没有任何讨价还价余地的，要高回报，就必须承担相应的高风险。但有些基金就是能在总体风险比较低的情况下，获得相对比较高的总体回报，也就是它的性价比很高，它获得的风险定价之外的超额收益就是 α 系数。

比如说一只 β 系数为 1.2 的股票型基金，如果去年业绩比较基准也就是大盘涨了 10%，按道理说，这只基金获得的市场平均风险收益应该是 12%，因为如果去年大盘跌了 10%，它也要相应下跌 12%，这很公平，但实际上这只基金去年却涨了 15%，多出来的 3% 就是超额收益，也就是说其 α 系数是 3%；反过来，如果这只基金去年只涨了 9%，比预期回报低了 3%，说明它产生了超额损失，α 系数是－3%。

一只基金的真实收益就是由承担系统性风险的 β 系数加上承担单只基金个别风险的 α 收益得到的。α 收益就是靠基金经理择时或其选股的高超水平获得的。α 系数越高，就说明基金经理越牛，越能战胜市场。

α 系数和 β 系数都来自资本资产定价模型（Capital Asset Pricing Model，CAPM）这套理论，该理论是由威廉·夏普等几位经济学家在马科维茨的资产组合理论基础上，于 1964 年创立的。CAPM 理论也和资产组合理论一样，是今天投资理财市场中被最广泛应用的核心理论。

当然，这些理论很复杂，力哥在此只是介绍了一些基础知识，我们普通投资者也只需要了解这些基础知识。

其他更高级的挑选技巧：R 平方、夏普指数、标准差等

除了 α 系数和 β 系数，另外还有一个概念叫 R 平方，是用来表明 α 系数和 β 系数算得准不准、可信度有多高的辅助性概念。大家也没必要亲自去计算 R 平方的数值，只要记住 R 平方越高，说明 α 系数和 β 系数越可信，R

平方等于 100 就代表 100% 靠谱，如果 R 平方是 0，那么这个 α 系数和 β 系数就不用看了。

此外，CAPM 理论中还有几个被广泛运用的考虑到风险因素后的基金评价指标。

其中最有名的一个指标叫夏普指数或者叫夏普比率。这个夏普不是做电视的那个夏普，而是以创立 CAPM 理论的威廉·夏普命名的。夏普和马科维茨一起获得了 1990 年的诺贝尔经济学奖。夏普指数的计算方法是用基金平均回报率减去市场无风险回报率，然后再除以标准差。今天，夏普指数已经成为评价基金优劣的最重要的标准化指标。夏普指数越高，基金的收益风险比或者说性价比就越高，就越值得拥有。

说到这里，力哥顺便再介绍下标准差。其实我们初中数学课上就学过这个概念，只不过许多人可能已经还给老师了。标准差反映的是基金的波动程度，力哥平常管它叫"抽风指数"。它和 β 系数的区别在于：β 系数是一只基金所承受的系统性风险，而标准差则包含了系统性风险和非系统性风险在内的全部风险。

与夏普指数相对应的还有一个特雷诺指数，同样是以它的创始人——美国经济学家杰克·特雷诺的名字命名的。他认为有效的资产组合能够基本消除单一基金的非系统性风险，如果我们投资的是一篮子的能够风险对冲的基金，那么只要考虑系统性风险就可以了。所以特雷诺指数和夏普指数的算法唯一的区别就是分母从标准差变成了 β 系数。

另外还有一个詹森指数，也来源于 CAPM 理论，因为算法比较复杂，力哥就不介绍了。总体来看，还是夏普指数最常用。常用基金评价指标见图 5.8。

α 系数、β 系数、R 平方、夏普指数、标准差这些专业的基金数据，都可以在晨星网上找到。

一般来说，我们应该尽量挑选 α 系数、R 平方、夏普指数都比较高的"三高"基金。

▶风险评估					2017-09-30	
	三年	三年评价	五年	五年评价	十年	十年评价
平均回报（%）	3.82	-	3.13	-	-	-
标准差（%）	23.45	低	20.58	低	-	-
晨星风险系数	15.22	低	13.28	低	-	-
夏普比率	1.08	高	0.86	高	-	-

▶风险统计		2017-09-30
	+/-基准指数	+/-同类平均
阿尔法系数（%）	14.72	12.91
贝塔系数	0.68	0.70
R平方	64.38	73.58

图 5.8　常用基金评价指标（来源：晨星网）

"亲，给五星好评"的基金真的好吗?

看到前面介绍的这些"高大上"的指标，是不是已经晕了？当然，还有一种更简单的基金挑选技巧，就是数"星星"。

晨星创了一套星级评价体系，所有成立 3 年的同类基金都会按照"晨星风险调整后收益"这个指标，由大到小排序。排名前 10% 的基金被评为 5 星，接下来的 22.5% 被评为 4 星，中间的 35% 被评为 3 星，随后的 22.5% 被评为 2 星，最后 10% 被评为 1 星。最常用的是 3 年评级和 5 年评级这两种，力哥更建议大家参考 5 年评级，当然你也可以看 10 年评级，但是由于成立 10 年以上的基金数量比较少，选择面会比较窄。晨星 5 星基金见图 5.9。

要注意的是，力哥介绍的这些更高级的基金挑选技巧，都是考量了风险因

代码	基金名称	基金分类	晨星评级（三年）	晨星评级（五年）	净值日期	单位净值（元）	净值日变动（元）	今年以来回报(%)
		股票型基金	★★★★★	★★★★★	2017-10-11	3.2283	0.0048	25.18
		激进配置型基金	★★★★★	★★★★★	2017-10-11	2.9240	0.0090	32.37
		激进配置型基金	★★★★★	☆☆☆☆☆	2017-10-11	3.0590	0.0250	41.03
		激进配置型基金	★★★★★	☆☆☆☆☆	2017-10-11	2.3410	0.0280	44.60
		激进配置型基金	★★★★★	★★★★☆	2017-10-11	1.1230	-0.0020	12.82

图 5.9　晨星 5 星基金（只节选前 5 位的数据）（来源：晨星网）

子后的高性价比选择，不代表 5 星基金的收益一定比 4 星基金高，更不代表 5 星基金就不会亏钱。运用这些高级技巧挑选的目的，是为了提高我们选出优秀基金的概率。

筛选出的哪种基金最赚钱?

用已经被市场广泛接受的 CAPM 理论挑选基金是不是真的屡试不爽呢? 非也。

过去 20 多年中，大量数据研究发现，股市实际的运作与 CAPM 的描述并不完全一致，CAPM 只强调 β 系数，却忽视了另外两个决定投资回报的重要变量：市值和估值。

1992 年，经济学家尤金·法玛用 1941—1990 年长达半个世纪的美股数据证明：除了衡量波动风险的 β 值之外，股票的市值和估值同样会影响回报。更准确地说，小市值股票的回报高于大市值股票，低估值的价值股的回报高于高估值的成长股。

后来用 β 系数、市值和估值来预测股票回报的模型就被称为法玛三因子模型，法玛教授也因此获得了 2013 年的诺贝尔经济学奖。

法玛三因子模型对股市投资回报率的影响到底有多大呢? 还是用数据说话。

从 1926 年 7 月到 2013 年 8 月，美股小盘价值股的年化回报率高达 14.98%；其次是大盘价值股，年化回报率为 11.93%；再次是大盘成长股，年化回报率是 9.4%；最差的是小盘成长股，年化回报率只有 8.65%。

可别小看这只有几个百分点的差异，在长期复利效应的作用下，结果会有天壤之别。假如你在 1926 年给小盘成长股基金投资 1 美元，到 2013 年将变成 1383 美元，看起来很不错嘛，但如果你把这 1 美元投给小盘价值股基金，却能变成 192154 美元，是前者的 139 倍!

晨星投资风格箱中的 9 种基金，哪一种潜在回报最高呢? 现在你知道答案了吧。

股基挑选技巧四：拼规模

对股票型基金来说，规模不能太大，也不能太小。太大的话，基金经理不好操作，容易出现基金风格漂移。比如说你看好中小盘股票，买了一只投资中小盘股票的基金，结果这只基金的规模不断膨胀，最后超过了100亿元，基金经理于是就很难挑选中小盘股票。因为小股票盘子太小，你一买它就容易涨，所以只能被迫去买大盘股。这不就是挂羊头卖狗肉了吗？所以如果想买投资中小盘的基金，一般规模在10亿~20亿元比较合适；想买投资大盘股的基金，规模在30亿~100亿元比较合适；超过100亿元的巨无霸基金建议不要碰。

反过来说，规模太小的基金也有问题，就是容易遭遇流动性风险甚至清盘风险。比如说有些迷你基金，规模不到2亿元，甚至只有三五千万元，这种基金无论如何也不要碰。对于场外基金来说，稍微出现点投资者的集中赎回潮，基金经理的投资布局会完全被打乱，就会对基金业绩产生很大的负面影响；对场内基金来说，规模太小的基金缺乏足够的成交量，到时候你想买买不进，想卖卖不掉就傻眼了。

另外，原来的《基金会管理办法》还规定基金资产连续60个工作日低于5000万元就要被强制清盘，虽然2013年实施的《中华人民共和国证券投资基金法》把这条规定给删了，不再强制规定基金清盘红线，但基金公司不傻，如果一只基金的规模长期维持在2000万元，假如每年收取的基金管理费是1.5%，也就是30万元，这点钱连给基金经理发薪水都不够，还不如清盘算了。所以这类迷你基金也千万碰不得。

总之，在牛市里，投资者群情激奋，争先恐后"买买买"，特别容易产生巨无霸基金，这时候要特别回避这类基金；反过来，熊市里，市场人气低迷，新基金发行乏人问津，特别容易产生迷你基金，也要注意回避。

股基挑选技巧五：拼成本

主动型的股票基金最后一个挑选技巧就是拼成本，这其实也是我们做任何投资时都必须重点考虑的因素。在其他条件相同的情况下，成本越低的基金越值得投资。

潜在回报率越高，投资也就越复杂，所以股票型基金收取的管理费一般都会比货基或债基更高，大致在 1% ~ 2%，以 1.5% 居多，一般建议考虑管理费小于或等于 1.5% 的股票型基金。

另外，申购费和赎回费也是一笔不小的成本。股票型基金的标准申购费率一般都是 1.5%，但现在天天基金网、蚂蚁财富、雪球的蛋卷基金等市场上主流的第三方基金销售平台都把申购费降到了 1 折，也就是 0.15%，但赎回费不会打折，一般最高是 0.5%。有些基金还有长期持有激励政策，比如说持有不到 1 年赎回的，收取 0.5% 的赎回费；持有达到 1 年但不到 2 年的，赎回费减半征收；持有超过 2 年的，免收赎回费。同等条件下，我们就应该优先选择这类按阶梯征收赎回费的基金。

最后总结一下挑选主动型的股票基金的五大技巧：拼"爹"、拼人、拼业绩、拼规模、拼成本。"五位一体"，相信你一定能挑选出最适合你的"中国好基金"。

第6章
普通人不知道的基金黑幕

我之前曾多次提到过，我最推荐的不是主动型基金，而是指数基金。最重要的原因在于，买主动型基金，说到底是买基金经理的眼光，是拼人，而在巨大的利益诱惑面前，人性往往是最不可靠的。

铁打的基金，流水的掌门人

前面提到了华夏大盘精选的例子，这个例子说明了主动型基金的业绩存在巨大的不确定性，连如日中天的王牌基金也有日薄西山的一天。每年排在 TOP 10 的最牛基金都是"城头变幻大王旗"，风水年年轮流转，哪能常风光。"公募一哥"王亚伟为什么会离开华夏基金自己开私募基金呢？因为在公募基金当基金经理赚钱远不如自己开私募基金来得快。

所以过去这些年，公募基金行业存在严重的人才流失现象：一流的基金经理大多不满足于公募基金开出的百万年薪，都转行去做私募基金了，一年赚个几千万元司空见惯；而那些水平一般，知道自己出去单干很可能还不如在公募基金里混日子的二三流基金经理，往往更倾向于长期留在这里。这就是经济学上所说的"劣币驱逐良币"现象。

问题还不止于此。过去这些年，公募基金的规模一直在快速膨胀，对专业基金管理人才的需求非常大，但优秀的基金经理既需要一定的天赋，更需要长时间的市场磨炼，没办法速成。可市场竞争那么激烈，基金公司又要赚钱，所以往往只能赶鸭子上架，90后毛头小子也被赶上了基金经理的位置。这就是中国当前公募基金行业的整体状况。虽然肯定还有一些一流基金经理操盘的一流基金存在，但从总体上看，比例恐怕不会很高。

上面这些还是能讨论的,但有些基金经理做的事不仅不适合在书中讨论,甚至还触犯了法律。

老鼠过街,人人喊打

2013 年以来,中国掀起了一波持续高压反腐的巨大浪潮,也是从这一年开始,中国证监会也启动了持续的重手"打老鼠"的行动。

什么叫作"打老鼠"?其实指的是打击基金经理的"老鼠仓"行为。全世界的证券基金从业人员都不可以自己开户炒股,因为基金经理是业内人士,和普通投资者相比,具有巨大的信息优势,如果他们一边在帮成百上千的基民炒股,一边又偷偷用个人账户炒股票,并利用这种信息不对称性赚客户的钱,股市不就成了私人的提款机了吗?

比如基金经理看好某只股票,在它还没涨起来之前,用自己的账户先大量买入,潜伏起来,随后用自己操盘的基金大举买入这只股票,股价自然就涨上去了,然后先把自己账户里的股票抛掉赚钱,让基民的血汗钱顶在杠头上。这种损公肥私的行为,就像偷吃公家粮食的老鼠一样,可恶又可恨,所以叫"老鼠仓"。

中国公募基金行业的"老鼠仓"现象由来已久,甚至一度成了全行业只做不说的公开的秘密。而且由于长期监管缺位,不仅是基金经理可能涉嫌操作"老鼠仓",连基金助理甚至行业研究员以及证券公司和保险公司的相关利益人也可能会搞"老鼠仓"。正所谓"常在河边走,哪有不湿鞋",这么多年来,无论是一线大牌基金公司还是不知名的小基金公司,手脚干净的恐怕不多。

2007 年,上投摩根的唐建成为中国历史上第一位因为"老鼠仓"问题被证监会处罚的基金经理。而 2013 年"打鼠行动"全面启动以来,证监会先后查处了几十起"老鼠仓"事件。从 2014 年开始,公募基金经理掀起了一轮离职潮,潜台词很明显:现在政府监管那么严,不能再做"老鼠仓"赚钱了,我还留在公募基金干什么呢？

为了让大家更生动地理解基金经理都是怎么做"老鼠仓"的，举两个例子说明一下。

第一个例子的主人公叫郑拓。这人在 2007 年加盟交银施罗德后一直担任交银稳健基金的基金经理，这只基金当时还获得了晨星两年期和三年期 5 星基金评级。

2008 年，郑拓和老婆协议离婚，第二年就开始用他老婆的妹妹和嫂子的账户做"老鼠仓"。他十分狡猾，先用假离婚来撇清两人的亲属和财务关系，再用老婆娘家人的账户来做"老鼠仓"。

最后证监会查出来，郑拓靠"老鼠仓"赚了 1200 多万元，他最终被判处有期徒刑 3 年，他老婆和他小姨子作为从犯也一起被判刑了。

第二个人叫马乐。在 2011—2013 年担任博时精选基金经理期间，马乐大搞老鼠仓，成交金额达 10 亿多元，获利近亿元。而他玩"老鼠仓"的技巧比郑拓更高超。

马乐当时买了十几张不记名的手机 SIM 卡，用电话下单，每隔几个月就把电话卡扔掉，而且他操作的股票账户完全和自己没有一点关系，可能是某个山沟沟里的老农为了赚 10 元钱，就把身份证借给他开户了。而且马乐和别人签署合作合同用的也是假名。为了不留下蛛丝马迹，他平时连 QQ 甚至微信都不用。

而最后东窗事发不是因为证监会侦查水平高，而是因为博时基金的公司内斗中他站错队了，得罪人了，被公司内部的人给检举揭发了。

最搞笑的是，"马乐案"当时是中国有史以来"老鼠仓"交易金额最大、获利最多的一起案件，深圳市中院的一审判决居然是"判三缓五"。深圳市检察院认为判得太轻了，向广东省高级人民法院提出抗诉，结果二审驳回抗诉，维持原判。结果广东省检察院也不认可，提请最高人民检察院抗诉，最后，最高人民检察院向最高人民法院提起抗诉。要知道，这是改革开放以来，最高人民检察院第一次在经济犯罪领域向最高人民法院提起抗诉。最后，最高人民法院院终审判处马乐有期徒刑三年。

但在力哥看来，三年牢狱之灾的惩罚还是太轻了。

第 7 章
股票指数知多少

指数基金的优点就是不用拼人品，不需要承担人的不确定性风险，能够避开主动型基金的缺点。指数到底是什么意思呢？

指数：整体水平风向标

指数，英文叫 index，发明指数的目的就是为了有一个最直观的指标可以衡量集体的水平。举个例子，全年级有 5 个班，哪个班学习成绩最好呢？不能说最高分在哪个班，哪个班成绩就是最好的，最低分在哪个班，哪个班成绩就是最差的。因为就算老师教得再好，也难保不会有拖后腿的。所以我们一般会用班级的总分除以班级的总人数得到一个全班的平均分，拿这个平均分去比较班级成绩的好坏，这个平均分就代表了这个班级全体成员的整体水平。假如某个班这学期刚换了一个班主任，到底这个班主任水平强不强，只要看下次考试全班平均成绩和之前比是更好了还是更差了，就一目了然了。

在金融市场中，这个平均成绩就是指数。力哥之前说过，不仅股票市场有指数，债券市场也有指数，所有金融市场都可以进行指数化，比如美元指数、黄金指数、大宗商品指数、银行理财产品指数、shibor 指数、国债逆回购指数、网贷发展指数、比特币指数等，甚至力哥之前说的 CPI 也是一种指数，俗称物价指数。

但对我们投资理财来说，最重要的指数无疑还是股票指数，全称为股票价格指数，它是用来描述股票市场总体价格水平变化的指标。如果你把一个班级里的 50 个学生看成是 50 只股票，他们这次考试的成绩就是每只股票的价格，那全班的平均成绩就是股票指数了。

给股票市场量身定做指数

通常我们会把某一天的股票总体价格水平确定为这个指数的基准水平，这一天就叫作基准日，再给这一天的股票总体价格定一个基准点数，比如说 100 点，那么这一天这些股票的总体价格水平就是 100 点，以后我们说股市是涨了还是跌了，就是跟这一天来做比较。比如第二天这个指数里的股票有 60 个涨了，20 个跌了，平均算下来，总体上涨了 10%，那第二天的指数就从 100 点变为了110 点。

正因为我们只要了解了股票指数的变化，就能快速了解某个股票市场的整体涨跌情况，所以我们通常说某某股市涨了或跌了，指的就是这个股市里最重要的指数涨了或跌了。比如只要美国股市中最具代表性的标准普尔 500 指数涨了，我们就说美股涨了。其他主要国家和地区最具代表性的指数还有：日经225 指数、德国 DAX30 指数、法国 CAC40 指数、英国富时 100 指数、香港恒生指数、台湾加权指数、新加坡海峡时报指数、印度孟买 SENSEX30 指数等等。在后续介绍资产全球配置和力哥原创的七步定投策略时，我会再详细讲解这些海外股市指数的特点。

在学跑步之前，得先学会走路。所以我们还是先了解一下中国有哪些股票指数。

国内指数面面观：全市场综合指数

国内最有名的自然是上证指数，我们常听见的"股市涨到 5000 点""大盘跌破 3000 点"说的就是这个上证指数，也叫上证综指，它衡量的是在上海证券交易所挂牌上市的全部股票的价格，也就是上交所这个大班级里，全体同学的总体水平。

不过中国股市并不只有一个交易所，上海有一个交易所，深圳也有一个交易所。由于当年创立这两个交易所时的定位是将上交所作为主板市场，作为老大哥，重要的大型公司，尤其是国有企业都在上海上市；而民营企业，尤其是规模比较小的就去深交所上市。这导致了直到今天，上交所上市股票的市值还是远远大于深交所，所以股民们还是习惯把上证指数作为股市大盘涨跌的最重要的指标。

当然，有上证综指自然就有深证综指，它衡量的就是在深圳交易所这个大班级里同学们的总体水平。

但是这两个指数作为指数基金的投资标的并不合适，因为它们有两个非常明显的缺点。

一是它们都以股票的总市值为标准进行加权平均。这是什么意思呢？这就要说到平均数这个概念的两种算法。一种最常见的叫算术平均数，比如一个班级有 50 个学生，把所有人的成绩全部加起来除以 50，得出来的数字就是算术平均数。但在股市中，因为每只股票的发行量或者股本是不一样的，有些小盘股只需要发行 5000 万股就够了，有些超级大盘股可能要发行 50 亿股，从股价上看，可能两只股票价格都是 10 元，但总市值却差了近 100 倍。为了把这个因素考虑进去，让发行量更大的股票在指数中占有更大的权重，就需要对这个平均数进行加权处理，这就叫加权平均数。比如 2007 年巨无霸中国石油上市后，这一只股票就占了上证指数 25% 的权重。也就是说，中国石油拉一个涨停，上证指数就能大涨 2.5%，所以中国石油每天的走势图和上证指数的走势图基本是吻合的。这种指数编制方法虽然考虑到了大盘股和小盘股的权重差异问题，但也可能由人为造成指数失真。

在 2015 年的股灾中，政府是怎么救市的呢？很简单，大举买入大盘蓝筹股，因为这些股票的规模大，权重高，能迅速把上证指数给托起来。你会发现，上证指数乍一看没有下跌，但却是靠中国石油等少数大盘蓝筹股大幅上涨给撑起来的，而市场中超过 90% 的中小盘股票都跌得稀里哗啦，这就叫指数失真，俗称"只赚指数不赚钱",这显然不是我们投资指数基金希望看到的结果。

另一个原因是这类综合指数是为了展示整个市场的总体水平,好的坏的全放进来。可我们买基金不能挑到篮里就是菜,明明这把菜里有几棵菜已经烂了,何必要把烂了的也买回来呢?所以这类全市场的综合指数并不适合做指数基金的参考。

国内指数面面观:开小灶的成分指数

学校为了让整体成绩更好看,往往到了初三、高三这种冲刺阶段会搞阶层分化,把优等生选拔出来,组成一个提高班,这个提高班里的学生比起上证指数这种普通班的学生来说,整体水平就高得多,更适合作为我们指数基金的投资参考,这种把优等生选拔出来组成的提高班就是成分指数。

要注意的是,成分指数在计算各个股票权重时,一般只考虑流通股,不考虑非流通股。这又是什么意思呢?

这就要说到中国股市的发展史了。1990 年,中国股市在建立以后的很长一段时间内,主要目的不是让普通老百姓获得财产性收入,也就是说不是为老百姓的投资理财服务的,而是为了给深陷改革泥潭的国企融资,帮国企脱困,这种出发点就导致了中国股市先天畸形。把发行上市的股票分为可以流通买卖的社会公众股和不能流通买卖的国有股和法人股,这叫作股权分置。前者是我们这些散户可以买卖的,但占比很小;后者占比很大,但不许买卖,只许装在国家的口袋里。这么一大块不能买卖的股票对股市涨跌其实没有影响,但它们却在上证指数中占据了极大的比例。那这个指数可不就失真、畸形了吗?

所以后来编制成分指数的时候考虑到了这个问题,只计算流通股而剔除了非流通股,这样指数涨跌才能更真实地反映市场走势。

所谓股改,就是那些持有国有股和法人股的大股东,想让自己手里的股票也能流通起来,也就是卖掉它们,但这么多股票如果都允许被卖掉,市场就会供大于求，会对股价造成打压，伤害那些流通股的股东，也就是我们这些小股民的利益，那怎么办呢？大股东就和小股东商量，说我按比例送你一点股票，来弥补我的股票可以流通以后，可能对你的利益造成的潜在损失。

你拿了我的好处，就允许我的股票也流通吧，这就叫作支付对价。但就算支付了对价，这么多股票也不能一口气全流通起来，所以就设置了一个漫长的非流通股解禁周期，持股超过总股本5%的叫大非流通股股东,简称大非,低于5%的叫小非流通股股东，简称小非，合起来就叫作"大小非解禁"。

12年后的今天，当年的大小非都解禁得差不多了，中国股市已经进入了全流通时代。

深交所成分指数：深成指和深证100指数

深交所发布的最著名的成分指数就是深证成分股指数，简称深证成指，进一步简称深成指。

这个指数相当重要，我们听股市新闻的时候，往往都会听到，今天上证指数报收××点，深成指报收××点。为什么这里报深成指，而不是报深证综指呢？因为深交所当初的定位就是发行中小盘股票，但和大盘股相比，中小盘股票里面"差生"太多了，深交所自己都觉得报深证综指太没面子了，所以深成指就成了代表深证市场最重要的指数。

最开始深成指只选了40个成分股，包括美的、格力、万科A、五粮液、云南白药等知名企业。随着在深交所上市的公司越来越多，这40个股票已经不能代表深证市场的整体水平，于是2015年5月20日，深成指修订了指数编制方法，将成分股从过去的40只扩大到了500只。当年的深成指还是一个大盘风格的指数，而今天的深成指已经变成了集合了大中小盘股，但整体风格偏小盘的指数了。

除了深成指，深证市场中还有一个很有名的成分指数叫深证100指数，由深证市场里100个流通市值最大、成交最活跃的股票组成。在深成指没有扩容前，深成指的40个成分股都包含在深证100指数里，所以这两个指数的走势高度重合。但如今情况不同了，深成指主要代表深证的中小盘，深证100指数依然代表着深证的大盘股。

上交所成分指数：上证50指数和上证180指数

上交所也有自己的成分指数，最有名的是上证50指数和上证180指数。

这两个指数都是大盘指数。成分股入围标准里最重要的一条就是市值排名要靠前，所以别看这两个指数的成分股数量不多，但对市场整体的影响却非常大。其中上证180指数是最能代表上交所核心优质上市公司的指数，它的流通市值占整个上交所流通市值的一半左右，而且行业分布相对比较均衡。

把挑选范围再缩小一点，只挑上交所里市值最大的50只股票，它们就形成了上证50指数。如果说上证180指数中除了大盘蓝筹股外还有一些二线蓝筹股的话，那上证50指数里清一色全是大盘蓝筹股，所以也被称为蓝筹中的蓝筹股。

和其他常规的成分指数一样，上证50指数的成分股也是每半年更新一次，每次更新都会把业绩不达标的股票剔除，再把达标的选进来。这就像提高班里的末位淘汰制一样，防止一次摸底考后成绩优秀者进了提高班后就开始不思进取了。假如全年级一共有300个学生，只有50个能进提高班，下次考试时设置10名左右的缓冲区，如果你的成绩跌到50～60名，就给你发警告；跌到60名开外，就直接把你踢出提高班。同时，普通班里的尖子生如果考到全年级前40名，也可以直接进提高班。

在2017年5月最新发布的上证50指数成分股中，有高达26只金融股，另外还有中国石油、中国石化、中国神华这些能源类的巨无霸央企。所以买上证50，实际上就是在买金融股加"两桶油"，尤其是金融股。如果金融股集体暴涨，上证 50 指数也会暴涨；上证 50 指数暴跌，金融股肯定也在集体暴跌。

打通"任督二脉"的中证指数

那有没有打通上交所和深交所的股票池来挑选成分股的指数呢？

有。

2005 年，沪深两家交易所终于摒弃前嫌，共同出资成立了中证指数有限公司，专门从事指数开发，现在市面上比较流行的指数基本上都是由它开发的。

中证公司成立后推出的第一个指数就是大名鼎鼎的沪深 300 指数，它也是中国第一个跨越沪深两市的指数。和之前那些指数相比，沪深 300 指数所选取的 300 只股票占据了沪深两市 6 成左右的市值，它能比上证指数更全面更真实地反映出 A 股市场的整体走势。由于沪深 300 指数的成分股大致上就是上证 180 指数和深证 100 指数的成分股的叠加，所以沪深 300 指数也属于大中盘股指数。

那你可能会问了，有没有最具代表性的小盘股指数呢？

有，那就是中证 500 指数。

中证 500 指数的选股标准很有意思。首先，它把沪深 300 指数的所有成分股排除，这样就保证了它和沪深 300 指数完全无关；然后再把剩下的股票里市值排名前 300 名的股票剔除，这样就能基本保证所有大中盘股都被排除在外了；接着按照日均成交额由高到低排名，把交易最不活跃的 20% 剔除；最后留下的股票按市值由高到低排列，选出排名前 500 位的股票。

经过这四步后筛选出来的 500 只股票，可以说都是小盘股中的精华，正好和沪深 300 指数所选出的大盘股中的精华形成了完美的风险对冲。大盘股发力的时候，沪深 300 指数会大涨；小盘股发力的时候，中证 500 指数就会大涨。所以，如果我们买一点沪深 300 指数基金，再买点中证 500 指数基金，就可以完美覆盖沪深股市几乎所有的板块和优质股票了。

除了沪深 300 指数和中证 500 指数，中证公司还开发了大盘、中盘、小盘、大中盘、中小盘、大中小盘等一个规模庞大的指数体系，比如跟踪大盘股走势的中证 100 指数和跟踪中盘股走势的中证 200 指数，合起来正好组成了沪深 300 指数；而跟踪小盘股走势的中证 500 指数和跟踪中盘股走势的中证 200 指数合起来，就形成了跟踪中小盘股走势的中证 700 指数；再把中证 100 指数加进去，就成了跟踪大中小盘整体走势的中证 800 指数；别急，还没完，把中证 800 指数的成分股剔除掉，剩下的规模偏小但流动性很好的 1000 只股票又构成了中证 1000 指数，它的成分股平均市值甚至比中小板指数和创业板指数还要小，能比中证 500 指数更敏锐地反映小市值股票的整体状况，能和沪深 300 指数以及中证 500 指数形成更全面的互补。

摸着石头过河：中小板和创业板

在沪深主板市场以外，深证市场下面还有两个独立的子板块，就是我刚刚说的中小板和创业板。你可能会觉得纳闷，因为我说过，深证市场当年创立时的定位就是中国股市的中小板，怎么现在下面又出现了一个中小板呢？

这就要说两句中国股市的发展史了。1949 年以后，股票市场就从中国消失了，直到 1990 年才重新出现，由于当时政府经验不足，还牵涉"姓资姓社"的争议，所以中国股市的发展真的是摸着石头过河，走一步看一步。于是就有了中国特色的 AB 股制度，A 股给国内投资者用人民币买卖，B 股给老外用美元或港币买卖，虽然后来 B 股也对国内投资者开放了，但随着中国对外开放的全面深入，B 股最后还是无可奈何地成了鸡肋。先创办了上交所，又创办了深交所也是一个道理，最开始大家都不懂，边做边修正。

到了 20 世纪 90 年代后期，IT 革命浪潮引发了美国纳斯达克科技股的持续暴涨，而成立于 1971 年的纳斯达克是独立于美国主板市场的，也就是独立于有 200 多年历史的纽约证券交易所之外的专门为小企业提供上市融资服务的市场，所以纳斯达克也可以被视为美国股市的创业板。

中国的监管层当时看到纳斯达克的蓬勃发展也很心动，觉得我们也应该有自己的创业板。可惜计划赶不上变化，在中国的创业板筹划就快完成的时候，美国科技股泡沫破灭，对美国乃至全球经济都造成了重大打击。于是打造中国版纳斯达克的雄伟计划只能搁置，但之前的准备工作都已经完成了，一直拖着也不是办法。所以 2004 年，深交所决定先搞一个中小板试水。直到 5 年后的 2009 年，创业板才真正诞生。

这两个板块的股票是所有 A 股上市公司中估值最高的，虽然不乏黑马股，但烂股票挖的坑更多。跟踪这两个市场整体走势的中小板指数和创业板指数的波动也非常剧烈，尤其是后者。2010 年，创业板指数发布时的基点是 1000 点，两年间一路跌到 500 多点，几乎被腰斩，但紧接着 2013 年又疯狂涨到 1500 多点，一年增加了近 2 倍。而到了 2015 年的大牛市时，创业板指数更是一路飙到 4000 点。所以，如果不是心理承受能力很强的激进型投资者，不要轻易碰创业板。

市场上的其他指数

除了上证系列、深证系列和中证系列指数，其实市场上还有一些次要的指数。比如说，深交所还开发过国证系列指数和巨潮系列指数，其中最有名的是巨潮 100 指数。另外，申万宏源证券公司也开发过一系列指数，名字都叫申万××指数。当然，国外的指数公司也先后进入了中国市场，比如摩根士丹利资本国际公司，英文缩写为 MSCI，编制了中国系列指数；比如英国富时集团编制了富时中国系列指数，其中最有名的是富时中国 A50 指数；再比如道琼斯公司编制了道琼斯中国系列指数，其中最有名的是道琼斯中国 88 指数；还有标准普尔公司开发的标普中国系列指数，其中最有名的是标普中国 500 指数。

这四家公司就是当今世界的四大指数公司。

五花八门的奇葩指数

除了力哥前面介绍的这些根据成分股的市值大小来做划分的规模指数，市场上实际上还存在着各种各样的奇葩指数，大体可以分成以下三类：

第一类叫行业指数。顾名思义，这个指数里的所有股票都是同一个行业的，比如金融指数、地产指数、医药指数、军工指数等。有时这些大的行业还可以进一步细分，比如金融可以再细分为银行指数、券商指数、科技金融指数等；医药可以进一步细分为生物医药指数、医疗器械指数、中药指数等。还有把几个相关度很高的行业打包在一起的指数，比如 TMT 行业，就是科技、媒体、通信这三个行业的总称。

不同的基金经理可能会对不同的行业或主题有不同的投资偏好，对被动型的指数基金也一样。只不过我们不需要基金经理来帮我们选择他看好的行业股票，我们自己看好什么行业，直接买这个行业的指数基金就可以了。

第二类叫风格指数。还记得晨星投资风格箱吗？就是那个九宫格。它形成了 9 种不同风格的指数基金，不同指数关注不同股。比如中小板 300 成长指数，就只关注小盘成长股，上证 180 价值指数就只关注大盘价值股。

第三类叫主题指数，它就五花八门了。比如说上证龙头企业指数，就是把各行业中的龙头股挑出来；上证红利指数就是把分红特别多的股票挑出来；上证 180 公司治理指数，就是从上证 180 指数的成分股中，把公司治理得特别棒的股票挑出来；上证社会责任指数，就是把那些社会责任履行得比较好的股票挑出来。另外，这两年股市里"一带一路"概念股不是很火吗？于是就有了新丝路指数。不是都说中国已经进入老龄化社会，未来养老的市场需求特别旺盛吗？于是就有了养老指数。不是都说中国要进一步挖掘改革红利吗？于是就有了国企改革指数。不是都说人工智能未来会取代人类吗？于是就有了人工智能指数。

这么多令人眼花缭乱的指数，如果想搞清楚它们的来龙去脉、编制方法、历史走势和成分股名单，我们要到哪里去查呢？

很简单，如果上交所发布的指数，就去上交所官网查，网址是 www.sse.com.cn；深交所发布的指数就去深交所官网查，网址是 www.szse.cn；中证公司开发的指数也去中证公司的官网查，网址是 www.csindex.com.cn。

第 8 章
指数基金大家族

在上一章里，我们搞明白了指数的来龙去脉，现在就可以进入指数基金的世界了。

指数基金诞生记

指数基金，顾名思义，就是根据某一个指数的成分股来配置股票的基金。世界上第一只货币基金诞生于 1971 年；4 年后的 1975 年，世界上第一只指数基金也在美国诞生了，它是由先锋集团发行的先锋 500 指数基金。

为什么 20 世纪 70 年代的美国那么容易出现金融创新呢？

这和当时的时代背景有关。因为越战的拖累和石油危机的爆发，当时美国经济出现了二战以后最严重的滞胀，也就是 GDP 增长停滞，而 CPI 却在飞速上涨。老百姓的钱包在缩水，金融投资从业者的日子也不好过。市场环境那么差，不管基金经理采取激进策略还是保守策略，业绩都不理想，于是一种想法应运而生，那就是创造出一种前所未有的完全跟随指数涨跌的基金。然而 1975 年发行的先锋 500 指数基金，直到 1976 年 8 月 31 日也才募集了 1140 万美元，比预计的 1.5 亿美元规模差了很多，没办法，只能硬着头皮正式成立了。

直到 80 年代，指数基金在美国依然不受待见，对基金经理来说，如果买指数基金更赚钱，那还要我干什么？因此基金经理对指数基金必然会有抵触情绪。对基民来说，过去几十年他们都习惯于追捧各种金牌基金经理，现在出现的指数基金是什么？这玩意儿靠谱吗？

但到了 20 世纪 90 年代，美股进入到史无前例的持续大牛市，所有人都傻眼了，80% 以上的主动型基金从长期看都跑不赢指数基金，指数基金这才在美国大红大紫起来，后来越来越多的全球投资者都成了指数基金的忠实拥护者。

中国第一只指数基金成立于 2002 年，和中国第一只开放式基金以及第一只货币基金一样，也是华安基金出品，叫华安上证 180 指数基金。到今天，中国各类指数基金合计超过 600 只，而且数量还在不断增长中。

优秀指数基金的"第一印象"

什么样的指数基金才算得上是优秀的指数基金呢？

指数基金的原理就是让基金业绩尽可能复制指数的走势。所以一个指数基金是否优秀，最重要的考量标准不是看它业绩好不好，而是看它对指数的跟踪误差大不大。跟踪误差越小，指数基金越优秀；反之，就越糟糕。比如中国现在有好几十只跟踪沪深 300 的指数基金，该选哪个呢？最重要的挑选原则就是挑选跟踪误差最小的那个。

哪里可以查到指数基金的跟踪误差呢？还是可以借助天天基金网（见图8.1），所有的指数基金都会写明它的跟踪标的指数和跟踪误差，一般指数基金的日跟踪误差都在 0.5% 以内，优秀的基金可以把误差缩小到 0.1% 甚至 0.05%

净值估算2017-10-16 15:00	单位净值（2017-10-13）	累计净值
1.1394 ↓ -0.0021 -0.18%	1.1415 0.24%	2.6478
近1月：1.68%	近3月：6.19%	近6月：10.50%
近1年：17.20%	近3年：59.58%	成立来：206.84%

基金类型：股票指数 | 高风险	基金规模：■ ■ 亿元（2017-06-30）	基金经理：■ 等
成立日：■■■■■	管理人：■■■■	基金评级：暂无评级

跟踪标的：沪深300指数 \| 跟踪误差：0.07%

图 8.1　指数基金跟踪误差（来源：天天基金网）

以内；而年度跟踪误差一般都能控制在 1.5% 以内，如果能控制在 1% 以内就更好了。不过投资海外市场的 QDII 指数基金因为牵涉汇率问题，买卖流程耗时更长些，所以误差会高一些，但一般也不超过 3%。

所以，如果指数跌了 10%，而你手里的指数基金才跌了 7%，千万不要庆幸你亏少了，这说明你买了一只非常垃圾的指数基金，因为它的跟踪误差太大，将来指数涨 10% 的时候，它可能只会涨 6%。但有一种特殊情况例外，那就是你买的不是完全被动型的指数基金，而是主动增强型的指数基金。

增强型的指数基金是不是真的强？

普通的指数基金，基金经理只需要按照指数成分股的占比，依葫芦画瓢买回来就行了。但有些投资者既希望通过跟踪指数获得市场平均收益，又希望基金在指数化投资的基础上再精选个股，在一定程度上增强投资回报，让收益跑赢指数的涨幅。于是就出现了增强型指数基金，允许基金经理在一定的范围内对投资的股票进行调整。

听上去这似乎是一种两头讨巧的好办法，但结果是不是一定能如人所愿呢？

答案当然是否定的。把市面上现有的增强型指数基金和它的业绩基准做比较后，我们发现有些能跑赢，有些却跑输了，并没有出现一边倒的局面。那我们在选择指数基金时到底是应该选完全被动型的还是主动增强型的呢？

首先，指数基金最大的优点是什么？是便宜。

在前面的章节里，力哥说过，管理费最贵的是股票型基金。因为基金经理帮你主动选股，收成好坏全要仰仗基金经理，人家就有理由收更高的管理费，一般一年收 1.5% 甚至 2% 的管理费。但指数基金就不需要基金公司派那么多人手去研究股票，只要向指数公司付个指数使用费，然后复制粘贴就可以了。基金经理干活变得容易，管理费自然低得多，一般只有 0.5% 左右。长此以往，积少成多，就成了摆在指数基金和股票型基金之间巨大的收益天堑。

那增强型指数基金的管理费呢？比普通的指数基金高一点，比股票型基金低一点，大概1%左右，长此以往，还是会因为成本差异和普通的指数基金之间拉开距离。

更重要的是，指数基金一般不需要频繁买卖股票，只有指数的成分股发生变动时才需要调整仓位，股票型基金却不是这样，力哥之前还说过，半年内换手率低于50%的基金就算是价值投资了。中国有大量股票型基金半年的换手率超过500%，这其中得白白浪费多少交易佣金和印花税呢？中国目前券商佣金收费大概在每笔万分之三左右，国家目前征收的印花税率是单边千分之一，也就是说买股票不要交税，卖股票要交税，如果一只基金半年换手率为500%，也就是一年换手率为1000%，所有股票都被买入并卖出过10次，一年的佣金就是0.6%，印花税就是1%，合计1.6%。

而介于两者之间的增强型指数基金的交易成本肯定也会高于普通指数基金，所以力哥不喜欢这类不纯粹的指数基金。

其次，我们为什么选择指数基金，而不选择那些希望通过基金经理主动操盘去战胜市场与指数的股票型基金呢？

因为跑赢市场并不是一件很容易的事，指数基金的设计初衷就是帮助普通投资者取得市场平均收益。因为我们不贪婪，放弃了战胜市场的念头，获得市场平均收益就满意了，所以我们才会选择指数基金。如果你不是这么想的，那就应该去买主动操盘的股票型基金，何必要买这种一半主动一半被动的四不像呢？就像力哥之前多次说过的，投资就要投纯的。

神奇的"巴菲特赌局"

股神巴菲特也非常钟爱指数基金，在过去20多年间，他一直不厌其烦地向普通投资者推荐指数基金。在2017年5月召开的伯克希尔·哈撒韦公司的股东大会上，当有人问到已经87岁的股神身后事会怎么处理时，他居然说会建议太太在他死后去买标普 500 指数基金。然而过去几十年，巴菲特自己的伯克希尔·哈撒韦的股价涨幅远远超过了标普 500 指数的涨幅，为什么他不建议妻子买自家的股票呢？

并不是巴菲特不信任自己未来的接班人，而是他深刻理解人性的弱点。投资赚钱最困难的地方在于知易行难。很多道理所有人都懂，比如"不要追涨杀跌，而应该低买高卖""别人恐惧你贪婪，别人贪婪你恐惧"。听到这些道理的时候你可能会觉得有道理，但拿着自己的真金白银投入到股市里的时候就全忘光了，往往别人贪婪你更贪婪，别人恐惧你更恐惧，结果自然赚不到钱。巴菲特多次说过，普通投资者长期来看跑不过大盘的原因，无非就是盲目追涨杀跌，根据小道消息和技术分析来预测趋势，以及频繁买卖股票白白损失了大部分手续费。不仅普通投资者是这样，主动型基金的基金经理同样有这些人性的弱点。这就是为什么长期看，大部分主动型基金总是跑不过指数基金的根本原因，因为大部分人都战胜不了人性的弱点，如果大部分人都能战胜的话，那也不叫人性的弱点了。

巴菲特不但公开为指数基金站台，而且在 2005 年，为了证明自己的观点，他还公开设了一场赌局，下注 50 万美元，说任何一名基金经理都可以选择至少 5 只主动型基金，假如 10 年后，这 5 只基金的整体表现优于标普 500 指数基金，他赔挑战者 50 万美元，反之，挑战者赔他 50 万美元。

结果好几年过去了，没有一个基金经理敢来挑战。直到 2008 年，总算有一个叫泰德·西德斯（Ted Seides）的基金经理起身应战，他挑选了 5 只 FOF，每只 FOF 又把钱投到几十个主动型基金中。结果从 2008 年到 2016 年的 9 年时间里，这五只 FOF 的收益率分别为 8.7%、28.3%、62.8%、2.9% 和 7.5%，平均年化回报率只有 2.2%，而标普 500 指数基金的收益率是 85.4%，平均年化回报率是 7.1%。

在 A 股能复制"巴菲特赌局"吗?

指数基金过去 9 年在美国市场能完胜主动型的股票基金,除了成本低以外,还有一个重要的原因是它不择时,也就是不刻意挑选投资股票的时机,永远都是满仓操作,也就是几乎把所有的钱都拿去买了股票。指数基金的合同一般都会规定基金仓位必须保持在 90% 以上,最高的甚至会达到 99.9%,泰山崩于前而色不变,雷打不动不许减仓。

而主动型基金的基金经理往往不敢这么做,怕自己看走眼了,满仓操作的结果就是全仓套牢,一点解救的办法都没有。所以他们往往会根据自己对市场的主观判断,一会儿加仓,一会儿减仓。

但过去 9 年,美股是一波持续向上的超级大牛市,坚持一直满仓持有的指数基金自然容易比一会儿贪婪一会儿恐惧的主动型基金表现得更好了。

但许多中国股民听到这里就会气不打一处来:力哥,你让巴菲特到 A 股市场来试试看,保证输得他屁滚尿流。

假如你在 2008 年 1 月 1 日买入沪深 300 指数基金,不算交易成本,到 2016 年 12 月 31 日,你的投资回报率为 −38.5%,如果算上近 10 年来指数基金收取的申购费、管理费、托管费和股票交易手续费,你实际上要亏损超过 40%。

那这个问题要怎么解决呢?

别急,本书的最后一章是力哥原创的七步定投策略,到时候你就知道了,就算指数长期不涨,你的投资一样可以赚钱。

三招教你选出优秀指数基金

除了要挑选跟踪误差小的指数基金,还有两个很重要的挑选指标:一是成本,二是规模。

成本是力哥一直反复唠叨的，就不再多说了。虽然指数基金的管理费一般都会比股票基金低，但不同指数基金之间还是存在着一些差异。其中管理费最低的一定是可以场内交易的 ETF，力哥在后面的章节里会专门讲解这个。

而指数基金的规模一般建议选大不选小。一是规模大的指数基金流动性比较好，不怕买不进卖不出，也不会有清盘风险；二是规模越大的基金，基金操作受到日常申购赎回的影响就越小，这样指数跟踪误差就越小。

另外，指数基金也和其他基金一样，建议买老不买新，倒不是因为新基金没有历史业绩可以参考，实际上指数基金的业绩就是指数的业绩，直接看过去指数的走势就有数了。真正的原因是新基金建仓有个过程，所以在还没有全部完成建仓的时候买入这只新基金，就会出现比较大的跟踪误差。如果这段时间正好股市暴涨，你买的新基金的涨幅就会远远落后于指数的涨幅；如果这段时间正好股市暴跌，也别庆幸你躲过了一劫，因为这时你手里的新基金可能刚完成了一部分建仓，这一部分已经买入的股票市值大跌，而剩余一部分股票却是在暴跌后以更低的成本建仓的，这同样会对基金的指数跟踪误差产生影响。

总结一下，挑选指数基金主要看三点：一是跟踪误差，二是成本，三是规模。但这里说的是如果有 N 个指数基金跟踪同一个指数，应该怎么挑。如果你挑选的指数不对，本身走势就糟糕，指数基金再优秀你也很难赚钱。

指数基金界的王者：ETF

有一类指数基金，在成本和跟踪误差上做到了极致，这就是指数基金界的王者：ETF。

ETF 是 exchange traded funds 的首字母缩写，一般翻译成交易型开放式指数基金，也叫交易所交易基金，就是可以在交易所上市交易的、基金份额可变的一种开放式基金。

ETF 是开放式基金中比较特殊的一种，还记得力哥之前介绍基金分类时提过的开放式基金和封闭式基金的区别吗？前者随时可以申赎，份额可以变动，所以叫开放式基金；后者不能随意申赎，只能去二级市场与其他投资者进行买卖交易，所以叫封闭式基金。这两种基金各有各的优点和缺点，开放式基金交易方便，但投资者的申购和赎回带来的资金流动性风险不仅给基金经理增加了操盘难度，也降低了资金利用效率；后者虽然方便基金经理操作，但投资者交易起来比较麻烦。而 ETF 就是投资者既可以像普通的开放式基金一样在场外申购赎回，也可以像普通的封闭式基金一样在场内买卖，从而大大增强了这类基金对投资者的吸引力。

全球的 ETF

世界上最早的 ETF 雏形产品是 1989 年加拿大多伦多证券交易所发行的 TIPS 35，后来美国证券交易所参考 TIPS 的架构，在 1993 年推出了第一只真正意义上的 ETF，名叫 SPDR，翻译过来叫标准普尔存托凭证，它是一只跟踪标普 500 指数的指数基金。

你可能会觉得奇怪，现在所有的指数基金不是都会带上跟踪的指数名字吗，比如沪深 300ETF、中证 500ETF，怎么第一只 ETF 连指数的名字都没有呢？因为当时作为金融创新产物，人们不知道这只基金的未来会如何，也不知道以后这类基金会发展成规模浩大的一个家族。这就像力哥小时候看的《奥特曼》，第一部《奥特曼》的名字就叫《宇宙英雄奥特曼》。因为没人知道这部剧会不会火，等火了以后，为了赚更多的钱，才想出后续一系列奥特曼家族成员。同样的道理，当时这只基金就叫 SPDR，后来这类基金火了，为了方便投资者识别，才在 SPDR 后面加上标普 500 作为完整的基金名字，标普 500ETF-SPDR 也是今天世界上规模最大、最受欢迎的 ETF。

从 2000 年开始，ETF 的发展进入了快车道，到 2003 年，全球 281 只 ETF 管理的资产达到了 2100 亿美元。即使在 2008 年金融危机期间，ETF 依然实现了净销售 1875 亿美元的佳绩，是当年唯一实现资金净流入的基金资产类别。到 2017 年 6 月，全球 ETF 总规模已经超过了 4 万亿美元。ETF 的品种越来越丰富，跟踪的指数从大盘等宽基指数到中小盘、行业、风格、主题、跨境等等，应有尽有，投资范围也从最初的股票，扩展到债券、货币、房地产、贵金属、大宗商品、农产品、外汇等各种投资领域。甚至这几年一直有比特币公司在向美国的证监会 SEC 申请发行比特币 ETF。不仅如此，在美国等成熟市场，还有杠杆 ETF、反向 ETF 等更加复杂而且潜在收益和风险都更高的创新 ETF 品种。

今天全球发行 ETF 最多的三家公司，分别是美国贝莱德集团旗下的安硕（iShares）、美国先锋集团（Vanguard），有时也翻译成领航基金，还有美国道富集团（SSGA），它们三家所管理的 ETF 资产规模占了全球七成份额。顺便提一句，贝莱德、先锋和道富也是当今世界规模最大的三家资产管理公司。

其中在全球最重要的美国市场，在投资者群体中口碑最好的、市场影响力最大的是先锋集团，力哥前面介绍指数基金的时候也说过，世界上第一只指数基金就叫先锋 500。尽可能降低投资者的成本，从而提高投资者的回报，这是先锋公司的经营理念，也是它能不断发展壮大、受到投资者青睐的重要原因。所以，只要先锋集团加入到某个特定行业、主题或策略的 ETF 竞争中，就会大幅拉低同类产品的管理费。从某种角度来看，先锋集团有点像支付宝的余额宝，是一条加速市场竞争的鲶鱼。

除了美国，在欧洲、日本、新加坡等国家和中国香港地区，2000 年前后，ETF 也在当地证交所迅速发展壮大。为什么力哥要介绍那么多境外 ETF 的发展史呢？因为在未来资产全球配置的时代，美国、中国香港等地上市的 ETF 也将成为我们中国大陆投资者的重要投资工具。

中国的 ETF

中国第一只 ETF 诞生于 2004 年 12 月 30 日，名叫华夏上证 50ETF。而截至 2017 年 5 月，国内已经上市的 ETF 有 140 多只，其中大部分都是股票指数基金，还有一小部分是货币 ETF、债券 ETF 和大宗商品 ETF。

ETF 都有哪些优点呢？

首先，ETF 的资金利用效率是所有基金中最高的。

ETF 结合了开放式基金和封闭式基金的优点。ETF 像封闭式基金一样规模固定，基金经理可以放手投资，但 ETF 又可以像开放式基金一样随时申购和赎回，它是怎么做到规模稳定的呢？

这就要说到 ETF 的申赎规则，和普通开放式基金不一样，ETF 并不是直接拿钱去申购基金份额，而是要拿一篮子股票去申购；赎回基金份额后，换来的也不是钱，也是对应的一篮子股票。也就是说，ETF 在一级市场的申购赎回并不是一种买卖行为（一手交钱，一手交货），而是一种交换行为，用属于资产的股票换同样属于资产的基金，或者用属于资产的基金换同样属于资产的股票。

这么做是为什么呢？

因为 ETF 从诞生开始，就是一种指数基金。所以 ETF 里的股票数量和比例都是根据对应的指数来确定的。把一篮子股票换成对应的 ETF 份额，更方便大额机构投资者进行资产配置。你可以把这种股票和基金份额的交换近似看作是大额人民币和小额人民币之间的交换。有人做的是大生意，需要大面值的货币，这样交易的时候手里拿的货币可以轻一些；但也有人是做小生意的，日常交易更需要小面额的货币，如果收到大面额货币就需要把钱找零。

当然，在实际操作过程中，有些股票成交量很少，可能配不齐相应的份额比例，所以拿一篮子股票向基金公司换 ETF 份额时，部分股票也可以用现金代替。反过来也一样，拿 ETF 份额向基金公司换回股票时，除了能换来一篮子股票，也能获得部分现金。比如沪深 300 指数，有高达 300 个成分股，普通投资者哪有那么大的资金量可以分别买入 300 只股票的对应份额，再去兑换成沪深 300ETF 呢？所以 ETF 的申购和赎回，实际上更适合机构投资者。基金公司对参与 ETF 申购赎回业务的客户一般设有 100 万或 200 万元以上的资金门槛，每次申购赎回，一般都是以 50 万或 100 万份额为最小单位。对于我们每次交易不过几千元甚至几百元的普通个人投资者来说，ETF 的申赎其实和我们没什么关系。

ETF vs 普通指数基金

ETF 申购赎回的投资门槛太高，我们普通投资者玩 ETF，基本上都是在场内买卖。场内股票交易的最低门槛是一手（100 股），基金的最低门槛也是一手（100 份基金份额）。但由于基金净值一般都只有 1～2 元甚至几毛钱，而股票可能动辄几十元或上百元一股，所以买一手基金只需要大概 100～300 元，一般不会超过 1000 元，最少几十元就够了，投资门槛比股票要低。

普通个人投资者一般直接在二级市场买卖基金份额，不会影响基金规模，而机构投资者在一级市场的申赎，都是一篮子股票和基金份额之间的转换，也不涉及资金进出。所以，基金经理就可以把股票仓位提高到 98%、99% 甚至 99.5% 以上，股市上涨时，沪深 300ETF 就一定会比普通的跟踪沪深 300 指数的指数基金涨得更多，更能保障全体基金持有人的利益。

而普通的指数基金，为了应对投资者的赎回需求，仓位往往只有 90%、92%，最多 94%，股市疯狂下跌投资者纷纷赎回时，就不得不在低位卖出股票，这造成了更大的实际亏损；而当股市疯狂上涨，投资者纷纷申购时，又因为基金规模迅速膨胀而来不及建仓，基金真实涨幅远远低于指数理论涨幅，导致原来的基金投资人的收益被稀释。

因为操作简便，不需要基金经理操什么心，ETF 的管理费就进一步降低了，一般只有 0.3%～0.5%，是所有偏股型基金中最低的。投资者在二级市场买卖 ETF 也非常方便，和买卖股票一样，即时成交。卖掉 ETF 赚到的钱，也和股票一样，当天可用，次日可取，也就是当天可以用来买其他股票或基金，第二天就能把钱从证券账户转回银行账户。而普通的开放式指数基金却需要等待一天才能申购成功，赎回更是要等上三四天，资金才会到账。和买卖股票相比，ETF 没有印花税，只需要缴纳最高千分之三、最低万分之一不等的券商佣金，这又进一步降低了投资成本。为什么今天 ETF 能成为指数基金大家族中的王者，原因就在于此。

ETF "躺赚" 大法的秘诀

前面说到了，ETF 的一级市场申购是给机构们玩的，这就相当于他们是做基金批发的基金贩子，批发来大量的 ETF 份额，然后就可以转入二级市场去零售，分成许多小份，以市场价卖给我们这些普通的个人投资者。从这个角度看，ETF 的一级市场净值相当于基金批发价，而二级市场价格相当于基金的零售价。零售价低于批发价就叫折价，零售价高于批发价就叫溢价。

但问题在于，零售价和批发价的公布时间并不是同步的。批发价，也就是一级市场的净值不是实时公布的，而是要等到当天收盘后，经过财务审计才能给出确切的数值。但是在每天股市的开盘时段，每只股票的价格都在不停涨涨跌跌，所以当天晚上公布的当天基金净值实际上是滞后的。我在白天决定买卖手里的 ETF 时，能参考的净值实际上是昨天的。用过时的信息指导当下的操作，岂不是一件很危险的事吗？

为了解决这个问题，就出现了一个叫实时参考净值或者叫实时参考估值的概念，在股市开盘时间段内，根据股市涨跌，后台程序自动模拟计算出这只基金的最新净值，一般每 15 秒更新一次。我们现在在天天基金网的基金品种页面的最上方，能看到的并列着的三个数值，分别叫净值估算、单位净值和累计净值（见图 8.2）。后面两个概念力哥之前就讲过了，而净值估算这个数字就是预估当下这个时间点，该基金的真实净值到底是多少，当然，这个数值不是基金公司公布的权威数据，所以只是估算，仅供参考。

那么，知道了这个数值有什么用呢？

查看相关ETF联接>

净值估算2017-10-17 14:22	单位净值（2017-10-16）	累计净值
2.7804 ↓ -0.0006 -0.02%	2.7810 0.47%	3.7000

近1月：2.21%	近3月：4.39%	近6月：18.14%
近1年：25.50%	近3年：76.43%	成立来：305.72%

基金类型：ETF-场内　　基金规模：■■亿元（2017-06-30）　　基金经理：■■■

成立日：■ ■ ■　　管理人：■ ■ ■　　基金评级：晋尤评级

跟踪标的：上证50指数｜跟踪误差：0.04%

图 8.2　基金净值估算（来源：天天基金网）

　　我们能在第一时间知道，当下这个 ETF 的二级市场价格到底是溢价还是折价。如果这时市场情绪高涨，大量二级市场投资者都在拼命"买买买"，就有可能出现大幅溢价，这就意味着只值 1 元的东西，大家都在以比如 1.1 元的高价拼命抢购，聪明的投资者这时候就会选择回避泡沫，回避风险。因为长期看，二级市场价格一定会围绕市场净值，也就是这只基金的真实价值波动，如果未来股市没有涨，那这部分溢价就一定会消失，到时候投资者就会平白无故地亏掉 10%，非常不划算。如果你现在手里已经持有这个高溢价的 ETF，也可以暂时先卖掉，等将来溢价回归后，再重新买入，就能把这部分溢价收益给套利套出来。

　　反过来说，如果眼下股市冷冷清清的，没什么人愿意买基金，二级市场供大于求，就会产生折价，也就是零售价比批发价还便宜，聪明的投资者就会在这个时候去市场里找便宜货，把这部分额外的折价收益给套利套出来。因为将来总有一天，这部分折价也是会回归的。这就是我们在二级市场买卖 ETF 的重要技巧。

ETF"躺赚"大法的实用工具

这种实时的折溢价信息要到哪里才能找到呢？

其实大量专业投资网站上都有。比如前面说到的天天基金网，将净值估算数值和二级市场价格一比较就能发现折溢价比例。当然这还需要你自己去计算，如果不想计算就想直接看到当下市场上所有 ETF 的实时折溢价情况，可以登录集思录网站（www.jisilu.cn），进入主页后点击"ETF"这一栏，随后找到最显眼的溢价率这个指标，点击一下，就能按照溢价率高低对所有 ETF 进行升序或降序排列了（举例见图 8.3）。这里所说的溢价率，指的就是以该基金这一刻二级市场的价格除以该基金这一刻估算出来的基金净值得出的百分比，红色的正值代表溢价，绿色的负值代表折价。

指数ETF	黄金ETF	场内货币ETF												
指数ETF(刷新)	十年国债 FAQ	50ETF FAQ	证券基金 FAQ	□仅看自选										
代码	名称	现价	涨幅	成交额(万元)	指数	指数PE	指数PB	指数涨幅	估值	净值	净值日期	溢价率	最小申赎单位(万份)	价格(万元)	规模变化(亿元)	规模(亿元)	操作
		3.829	0.79%	0.77	深证F60	19.535	2.477	-1.21%	3.6608	3.7056	2017-11-02	4.39%	50	4807	0.04	1.84	▣
		4.000	-0.47%	2.17	上证指数	15.354	1.677	-0.34%	3.8558	3.8690	2017-11-02	3.60%	50	2900	0.00	1.16	▣
		1.290	-3.15%	2.90	全指消费	33.593	4.833	0.38%	1.2622	1.2574	2017-11-02	2.16%	100	6332	0.01	0.82	▣
		1.739	-0.46%	6.93	中证500	29.484	2.659	-0.89%	1.7052	1.7205	2017-11-02	1.94%	200	18857	0.00	3.28	▣
		1.669	3.02%	4.40	责任指数	12.748	1.612	-0.91%	1.6371	1.6383	2017-11-02	1.91%	50	7100	0.00	1.18	▣

图 8.3　ETF 折溢价率一览（来源：集思录）

一般来说，溢价率超过 3% 的基金，就属于溢价率过高，要小心了；溢价率超过 5% 的基金建议暂时就不要买入了；溢价率超过 10% 的基金，如果你手上还持有的话，就可以考虑先卖掉，等溢价率回归后再买回来。反过来也一样，折价率超过 3% 的基金就可以优先考虑买入，折价率超过 10% 的基金就可以加速买入了。

那二级市场价格相对于一级市场净值的折溢价，具体是通过什么机制来实现价值回归的呢？

当二级市场产生高溢价的时候，那些既可以在一级市场申购赎回大额 ETF 又能在二级市场买卖小额 ETF 的机构投资者，就会选择先从一级市场大量申购

ETF，再转到二级市场去卖掉，这样就能实现溢价套利；反过来，当二级市场产生高折价时，也可以先在二级市场买入 ETF，再回到一级市场赎回，实现折价套利。这样的套利低风险，高收益，有利可图，会吸引更多的机构投资者这么做，所以二级市场价格的大幅折溢价很快就会被抹平。

当然，折价套利和溢价套利只是 ETF 套利中比较常见的两种基础玩法，其实利用一级市场和二级市场的交易规则，还可以衍生出其他更复杂的套利策略。比如某个 ETF 中占比很高的成分股长期停牌，但因为种种原因，市场预计这个股票复牌后会大幅上涨，但是停牌买不到怎么办呢？就可以先在二级市场买入这个 ETF，再到一级市场赎回，换来一篮子股票，把其他股票卖掉，留下这个停牌股，等将来复牌大幅上涨了，不就能赚钱了吗？反过来也一样，如果手里的股票天天跌停卖不出去，就可以买入对应的其他成分股，去一级市场换成 ETF，再拿着 ETF 回到二级市场卖掉。

ETF 配合股指期货也可以玩套利，但因为投资门槛太高（不仅是资金门槛，还有技术门槛），这种套利操作都不是手动完成的，全是由程序算法自动完成的，我们普通老百姓根本玩不了，所以力哥就不展开介绍了。你只需要知道，今天有一些私募基金就是专门靠这种套利策略赚钱的。如果你可投资的资金超过 100 万元，也就是达到了私募基金的投资门槛，也可以考虑投资这类套利型的私募基金，变相获取这类套利收益。

ETF "躺赚" 大法的实操步骤

ETF 的买卖具体又该怎么操作？

一级市场的申购赎回我们普通投资者用不上，力哥就不说了。二级市场的 ETF 买卖和股票买卖一模一样，怎么买卖股票，就怎么买卖 ETF。

那股票的买卖是如何操作的？我们还是以华泰证券交易软件为例。

首先，打开证券交易软件，进入到股票的交易界面。注意，千万不要点到基金的交易页面，去选择场外基金的申购赎回，那样你是永远买不到 ETF 的。

然后，在股票界面里点击"买入"这一栏，在买入股票的空格处输入证券代码，比如你要买上证 50ETF，就输入 510050。随后你会看到画面上跳出来买一到买五、卖一到卖五的 10 个价格以及中间的最新价格，这指的就是现在正在市场上挂牌的最优五档买入和卖出的价格。

如果你挂 1.001 元买，而另一个人挂 1 元卖，卖出价低于买入价，这样的交易瞬间就能成交。那成交价格是多少呢？就是介于最优买入价和最优卖出价，也就是买一价和卖一价之间的某个数值。ETF 在二级市场买卖的最小加价单位是 0.001 元，也就是 0.1 分钱。假如这只基金的交易非常活跃，买一价和卖一价之间可能也只是差了这 0.001 元，这时候的最新价格有可能是买一价，也有可能是卖一价；但如果这个 ETF 成交情况冷清，乏人问津，买一价和卖一价之间可能差得比较远，比如买一价是 1 元，卖一价是 1.02 元，那就无法成交。所以想要一挂上去就立刻成交，买入 ETF 时就选择挂卖一价，卖出 ETF 时就选择挂买一价。

当然，如果你不着急买卖，而是想先按照自己的心理价位挂牌，那可能无法马上成交。如果接下去股市的走势符合你的挂牌价，比如你挂的买入价格比较低，但接下去这只基金价格跌了，或者反过来，你挂的卖出价格比较高，而接下去这只基金价格涨了，都可以成交。但如果涨跌情况相反，就无法成交了。

如果你想要买卖的 ETF 太多，市场供给和需求没有那么大，可能挂买一价也卖不掉你手里所有的 ETF，挂卖一价也买不到你想买的全部 ETF。所以挑选 ETF 和挑选普通的指数基金一样，千万不能买规模太小、成交量太低迷的。一般来说，规模在 2 亿元以下的 ETF 不要碰，规模在 10 亿元以上的比较适合投资。

中国 A 股市场 ETF 的交易时段也和股票一样，是工作日的上午 9：30—11：30 和下午 1：00—3：00，盘中采取连续竞价的方式，也就是前面说的那种交易模式。而在开盘前，ETF 也和股票一样采取集合竞价模式，意思是投资者可以按照自己所能接受的心理价格自由地进行买卖价格的申报。要注意的是，从 9：15 到 9：20，可以挂单也可以撤单，但从 9：20 到 9：25 就只能挂单，不接受撤单了。9：25 以后，就可以看到集合竞价的成交价格和数量了。而这种开盘前先集合竞价的目的主要是在 9：30 能产生一个当天的开盘价，给当天股市的连续竞价确定一个开始的基数。

ETF 的影子基金：ETF 联接基金

说完 ETF，顺便再介绍一下它的双胞胎弟弟——ETF 联接基金。这又是什么呢？

在过去 3 年多的时间里，每次一介绍 ETF，总会有不少粉丝问："力哥，你说的这个 ETF 我怎么在天天基金网上找不到啊？"或者说"我怎么在蚂蚁财富上买不了啊？"原因就在于 ETF 的场外申购门槛是 100 万元，我们普通投资者没办法玩。

不过也有一些粉丝却说："力哥你瞎说，我看到你说的这个 ETF 了，天天基金网上有卖的，没你说的那么邪乎，要 100 万元才能买，100 元就能买了。"他们说的其实是 ETF 联接基金。

这类基金比 ETF 多了"联接"两个字，顾名思义，就是专门去买 ETF 的基金，或者叫作 ETF 的影子基金，本质上和 ETF 没区别。

可明明有 ETF 在，直接买不就行了吗？为什么还会出现所谓的联接基金？

是因为许多投资者不懂或者不习惯像买股票一样在证券交易账户里买卖 ETF，因为从操作上看，这的确要比在天天基金网上买基金更复杂，而且所有场内基金从操作上看，都无法设置自动定投功能。所以虽然 ETF 有那么多优点，很多人还是不愿意买。有市场需求，自然就会有基金公司开发相应的产品来满足市场需求。ETF 联接基金是普通的开放式基金，可以直接在场外申购和赎回，操作简便。

具体来说，ETF 联接基金 90% 以上的资金按规定都必须去买对应的 ETF，比如说华夏上证 50ETF 联接基金中就有超过 90% 的资金买了华夏上证 50ETF。要注意的是，基金经理不但可以像我们普通投资者一样在二级市场买卖 ETF，也可以参与一级市场的申购和赎回，从而获得套利收益。剩下不到 10% 的仓位可以主动管理，就像传统的指数基金一样，总得留出一点钱来应对投资者的赎回需求。因为 ETF 联接基金的走势基本上是在复制其所跟踪的 ETF 的走势，加上 ETF 本身已经收取了一次管理费和托管费，如果 ETF 联接基金再收一次管理费和托管费，就涉嫌重复收费了，既侵害了投资者的利益，也降低了 ETF 联接基金本身的吸引力。所以根据规定，ETF 联接基金中占比超过 90% 的 ETF 份额，不能再收管理费和托管费，只有剩下不到 10% 的主动管理的基金资产可以收取管理费和托管费，所以实际上 ETF 联接基金的持有成本只比 ETF 高出了一点点，还是比普通的指数基金低很多。而且 ETF 联接基金也可以设置自动定投计划，省心省力，所以如果你想要投资场外的指数基金，与其买普通指数基金，还不如买 ETF 联接基金。比如说，与其去买普通的沪深 300 指数基金，就不如买沪深 300ETF 联接基金。不过虽然管理费很低，但场外基金申赎的手续费还是逃不掉的。所以如果不考虑便利性，仅从投资成本上看，ETF 联接基金还是不如 ETF。

那到底我是应该选择投资 ETF 还是 ETF 联接基金呢？答案因人而异。

ETF 的优点是成本最低，操作最灵活，缺点是操作相对复杂，无法自动定投，而且必须在股市开盘时间操作，对于工作繁忙以及投资水平不高的人来说，就不是很合适。ETF 联接基金则相反，投资成本虽然高了点，但操作最简便，可以自动定投，能够让投资者少操很多心。

ETF、LOF，傻傻分不清楚

说完 ETF，力哥接着再来介绍一种和 ETF 有点相似的基金品种——LOF。

LOF 和 ETF 一样，也可以在二级市场买卖，买卖方法也和 ETF 一样，并且也可以玩套利，这就导致许多小伙伴一直分不清楚这两者的区别。

LOF，是 listed open-ended fund 的简称，翻译为上市型开放式基金。和是舶来品的 ETF 不同，LOF 是中国市场自主创造的一种基金品种。中国第一只 LOF 成立于 2004 年 8 月 24 日，比中国第一只 ETF 成立的时间还早了几个月，名叫南方积极配置混合型基金，听上去好像和普通的开放式基金没什么两样，不像 ETF 类基金名字里就有明确的 ETF 三个字母。LOF 的名字就是普通的开放式基金，只不过会在名字最后加上一个括号，里面写上 LOF，如果没这个括号，那就是普通的开放式基金，有这个括号，就是 LOF 了。

中国为什么会出现 LOF 呢？因为中国最早诞生的都是封闭式基金，后来开放式基金才兴起。而 LOF 就是把封闭式基金和开放式基金的优点结合而产生的本土化创新产物。LOF 本质上是一只开放式基金，但却可以在二级市场上市交易。这样一来，想在一级市场申购赎回的就去天天基金网上玩；想在二级市场买卖的，就去证券账户玩，一只基金同时满足了两种投资者的需求。套用 ETF 的语境，那就是 LOF 同时具备了 ETF 和 ETF 联接基金的优点，完美！

因为两者机制非常相似，在中国诞生的时间也在同一年，而且经常被许多专家放在一起说，许多人之所以搞不清这两种基金也就能理解了。

分辨 ETF 和 LOF 还有一个非常简单的办法，就是看基金代码。中国所有的股票、基金和指数都有一个 6 位数的代码。沪市 A 股代码都是以 60 开头的，沪市 B 股代码都是以 900 开头的，深市主板 A 股代码都是以 00 开头的，深市 B 股代码都是以 200 开头的，深市中小板代码都是以 002 开头的，深市创业板代码都是以 300 开头的。所以你看到以 0、2、3、6、9 开头的 6 位代码，一般对应的都是股票。顺便说句题外话，力哥所有的会员都有一个对应的股票代码作为会员编号。而沪市基金都是以 5 开头的，深市基金都是以 1 开头的，所有以 1、5 开头的 6 位代码一般都是基金。而具体到 ETF 和 LOF，会发现所有沪市 ETF 都是以 51 开头的，所有深市 ETF 都是以 15 开头的；所有沪市 LOF 都是以 5010 开头的；所有深市 LOF 都是以 16 开头的。为什么沪市 LOF 前 4 位代码都一样呢？因为上交所和深交所在创立之初的定位就是前者主要负责稳健守成，后者主要负责开拓创新，这就像 1990 年中央对上海和深圳这两座城市的定位一样。所以各种证券市场的金融创新，都是深交所走在前面，上交所跟在后面。今天市场上的 LOF 主要都在深交所上市，上交所中很少，所以才能做到前 4 位代码都一样。

后面力哥还会详细讲解可以投资海外市场的 QDII 基金，其中可以在二级市场交易的 QDII 基金也分为 QDII-ETF 型和 QDII-LOF 型。加入了 QDII 的因素，很多投资者就更加搞不清谁是谁了。最简单的办法还是看代码，比如说华宝油气的代码是 162411，以 16 开头，说明它是深市的 LOF；南方原油的代码是 501018，以 5010 开头，说明它是沪市的 LOF；交银中国互联的代码是 164906，以 16 开头，说明它也是深市的 LOF；但另一个很容易混淆的易方达中概互联的代码是 513050，以 51 开头，说明它是沪市 ETF。这段话稍微有点复杂，多看两遍就懂了。

除了这些，ETF 和 LOF 还有两个非常明显的不同点。

一是 ETF 全是指数基金，而 LOF 既可以是指数基金，也可以是主动管理的股票型、混合型和债券型基金，甚至连一些只要可以在场内交易的 ETF 联接基金，也属于 LOF。

二是 LOF 和 ETF 的套利规则完全不同。LOF 的场外申赎没有 ETF 那么高的资金门槛，也不需要买一篮子股票去换基金，我们普通个人投资者也能参与，而且还真能赚到钱，所以力哥会专门来介绍一下 LOF 的套利策略。

LOF 赚钱的秘诀

LOF 套利也需要通过转托管的机制，将场外市场和场内市场联系起来，也就是说，场外申购的基金如果想要在场内交易，需要办理份额转托管手续，将基金转到场内来。同样，场内的 LOF 如果想要在场外进行交易，也需要先办理手续把场内的基金份额转到场外。这听起来很麻烦，但其实我们有更方便的方法：无须办理跨系统的转托管手续，通过券商的场内申赎，进行场内和场外切换，是 LOF 的套利中最常用的方式。

和 ETF 一样，LOF 也可以同时在场外和场内两个市场交易，两个市场就会出现价格差，当差价大到一定程度，更准确地说，是把套利所需要承担的交易手续费都扣除后，还有明显的赚头，就会产生套利机会。

一般来说，LOF 的申购费是 1.2% ～ 1.5%，指数型一般是 1.2%，股票型一般是 1.5%，赎回费是 0.5%，场内交易的买卖佣金不超过千分之三，实际上最低可以达到万分之一。所以如果要做一级市场申购然后到二级市场卖出的溢价套利，只要场内价格高出基金净值的 1.51% 就有得赚；要做二级市场买入然后到一级市场赎回的折价套利，只要基金净值高出场内价格 0.51% 就有得赚。

听到这里你可能会说，力哥，你之前不是说在天天基金网、数米基金网、好买基金网、蚂蚁财富、蛋卷基金等各种第三方基金销售平台上买基金，申购费可以打 1 折吗？也就是只要 0.15% 或 0.12%，这么算起来，只要加起来有 0.16% 的差价，不就能做溢价套利了吗？

事实没你想得那么简单。一级市场的基金销售有许多代销渠道，既包括上面所说的这些第三方销售平台，也包括银行和证券公司，这些渠道之间的基金份额转换是一件比较麻烦的事。相比而言，二级市场的基金买卖在证券公司的体系内，如果你选择在同一家证券公司的账户内操作一级市场的基金申赎，在同一体系内的套利就会相对容易很多，虽然证券公司的基金申购费几乎从来不打折。但如果你在天天基金网上买的 LOF 要做套利，就必须先办理转托管手续。

转托管手续实操详解

上交所和深交所的场外到场内转托管相关规则还不一样。举一个例子，比如说，你要对在天天基金网上申购的长盛沪深 300LOF 进行转托管，要怎么做呢?

第一步,联系你的券商营业部,因为这只基金在深交所上市,所以你就要问这个营业部在深交所 A 股对应的席位代码。

第二步,确认你已开通深市 TA 账户,并挂在你使用的深圳股东卡名下,这样转进来的基金份额才能显示在你的账户里。你可能会问,TA 账户是什么?TA 就是 Transfer Agent,直译过来叫过户代理,主要用来记录投资者基金账户的情况。要注意的是,你在不同的基金代销渠道可以有 N 个不同的基金交易账号,比如天天基金网一个,蚂蚁财富一个,工商银行一个,但你在每一家基金公司名下却只能开立唯一的一个基金 TA 账户。换句话说,天天基金网的基金交易账号里只能查到你在天天基金网上的相关基金交易记录,蚂蚁财富的基金交易账号里也只能查到你在蚂蚁财富上的相关基金的交易记录,但在你的 TA 账户中,却能查到你在所有平台上对某家基金公司旗下基金的全部交易记录。

同样的道理,在上交所和深交所内,你也各有一个唯一的基金 TA 账户,这个账户叫作开放式基金账户,专门用来记录你在上交所或深交所系统内的全部开放式基金的交易信息。

所以如果你还没有开通深市 TA 账户,就需要先在证券交易软件里开通,随后要携带身份证件到对应的券商营业部柜台,将你的深市 TA 账户绑定在指定的 A 股股东账户下。一般来说,开立股东账户时会默认开通 TA 账户,你可以在你的券商交易软件中,查询基金 TA 账户,如果发现还没开通,直接点击基金开户就可以了。

这里还要补充一点,过去证监会规定"一人一户",也就是投资者只能通过一个券商开立证券账户,只能分别拥有上交所和深交所各一个的股东账户。为了鼓励市场竞争,为投资者提供更优质的服务,2015 年 4 月 13 日,"一人一户"的规定被取消,一个投资者最多可以开 20 个证券账户。但因为口子一下子开得太大,券商之间出现了严重的恶性竞争。为了规范市场,引导有序竞争,2016 年 10 月 15 日起又改为一人最多可以开三个证券账户,但沪市和深市

TA 账户却还是唯一的。

所以你要用哪个券商账户进行 LOF 套利，就需要把对应的 TA 账户挂在该券商开立的股东账户名下（如图 8.4 所示）。

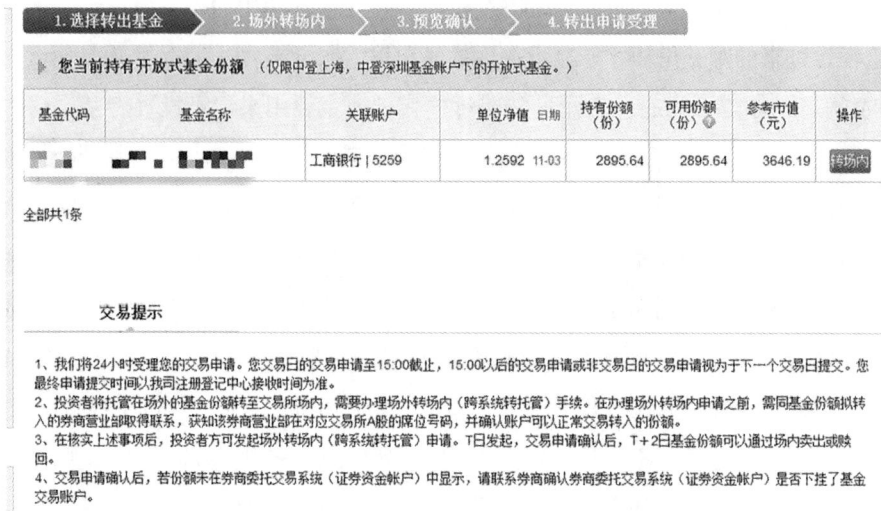

| 1. 选择转出基金 | 2. 场外转场内 | 3. 预览确认 | 4. 转出申请受理 |

▶ 您当前持有开放式基金份额（仅限中登上海，中登深圳基金账户下的开放式基金。）

基金代码	基金名称	关联账户	单位净值 日期	持有份额（份）	可用份额（份）	参考市值（元）	操作
		工商银行	5259	1.2592 11-03	2895.64	2895.64	3646.19	转场内

全部共1条

交易提示

1、我们将24小时受理您的交易申请。您交易日的交易申请至15:00截止，15:00以后的交易申请或非交易日的交易申请视为于下一个交易日提交。您最终申请提交时间以我司注册登记中心接收时间为准。

2、投资者将托管在场外的基金份额转至交易所场内，需要办理场外转场内（跨系统转托管）手续。在办理场外转场内申请之前，需同基金所属转入入的券商营业部取得联系，获知该券商营业部在对应交易所A股的席位号码，并确认账户可以正常交易转入的份额。

3、在核实上述事项后，投资者方可发起场外转场内（跨系统转托管）申请。T日发起，交易确认后，T＋2日基金份额可以通过场内卖出或赎回。

4、交易申请确认后，若份额未在券商委托交易系统（证券资金帐户）中显示，请联系券商确认券商委托交易系统（证券资金帐户）是否下挂了基金交易账户。

图 8.4 场外基金转场内（来源：天天基金网）

完成了上两步前置任务后，接下去的第三步，就是登录天天基金网账户，在"基金产品"一栏中点击"场外转场内"，选中你要转的基金，填入转出份额和转入的券商席位代码。每笔转托管费用一般为 25 ～ 30 元，但也有很多第三方基金销售平台和基金公司网上直销账户办理转托管是免费的。

要注意的是，用转托管的方式进行跨市场套利要比直接在证券账户体系内完成套利耗费更多的时间。一般来说，T 日场外申购基金，T＋1 日确认基金份额，T＋2 日下午 3 点前办理转托管手续，T＋4 日基金份额会显示在证券账户内，然后通过二级市场卖出。整个套利流程至少需要 5 个交易日，而在证券账户内的套利则只需要 3 个交易日。

所以你会发现，在 LOF 的溢价套利过程中，虽然场外申购 LOF 的成本更低，但相比证券账户内的场内申购，不但手续更加烦琐，还要多花 2 个交易日才能完成套利。力哥之前说过，越是没有人知道的套利机会，越是能套出更多的利，如果全世界都知道了这个套利机会，那也就意味着这个套利机会彻底消失了。在套利问题上，时间是最大的成本，越早发现套利机会并且越早完成套利流程，赚到钱的概率才会越大。比如说 T 日你发现某个 LOF 有高达 5% 的溢价套利机会，你为了节省 1.35% 的申购费而选择了场外申购，结果到第三或第四天，人家采取场内申购策略的套利者已经在卖出基金了，结果二级市场价格大幅下跌，溢价迅速抹平；到了第五天，你才姗姗来迟地完成流程，没套到利也就算了，怕就怕这几天又恰逢股市大跌，偷鸡不成蚀把米，那不就亏大了吗？

所以，不推荐大家玩需要转托管的 LOF 场外申赎套利，而更建议场内申赎套利。

场内申赎套利实操详解

那场内申赎又该怎么操作呢？

还是举个例子，比如说南方积极配置 LOF 在某一天的场内价格是 1.112 元，基金净值当日预估是 1.0411 元，用 1.112 元减去 1.0411 元，再除以 1.0411 元得到的溢价率为 6.81%，远大于溢价套利的手续费成本 1.51%，可以进行溢价套利。

来说说具体的操作方法。

首先，我们打开证券交易账户，选择股票交易项目下的场内基金申赎，点击"基金申购"，输入南方积极配置 LOF 的基金代码 160105，填入申购金额，完成基金申购。要注意的是，开放式基金申赎采取未知定价法，成交价格以当天收盘后的基金净值为准。

然后，基金份额将在 T＋1 日到账，当天不能交易。

等到 T＋2 日，基金份额解冻，既可以在二级市场像卖股票一样直接卖出，也可以在一级市场赎回。假设 T＋2 日的场内交易价格略有下跌，变成 1.108 元，我们通过场内交易直接卖掉，扣除约 0.016 元的申购费和交易佣金，把卖出基金的价格 1.108 元减去申购基金的价格 1.0411 元，再减去交易成本 0.016 元，然后除以 1.0411 元，算出来这次套利的收益是 4.88%。

反过来说，折价套利也是一样的流程，只不过从先申购再卖出变成了先买入再赎回。

要特别注意的是，这种套利并非没有风险。主要风险就集中在申购基金之后到可以卖出基金间的这两天。如果这段时间股市大跌导致基金净值跟着大跌，又或者你套利入场的时间太晚了，其他套利者比你更早完成套利流程并大举卖出，都可能导致套利失败，产生亏损。所以不是基金投资高手，就不要轻易尝试 LOF 套利，否则很可能偷鸡不成蚀把米。

溢价率查询神器

这么多基金都要自己去计算他们的溢价率，那也太麻烦了吧。所以还是老规矩，推荐你到集思录这个网站上去找现成数据。

打开集思录首页，点击"LOF 基金"这一栏，就能看到所有 LOF 的详细数据了，包括股票型基金 LOF 和指数基金 LOF 两种（如图 8.5 所示）。既有基金代码、基金名称、当下的市场价格、涨跌幅、当天成交量、场内份额这些基础数据，也能看到基金的实时估值和溢价率。看溢价率的方法和 ETF 一样，红色的正数表示溢价，绿色的负数表示折价。点击"溢价率"这个按钮，就能将基金按照

代码	名称	现价	涨幅	成交(万元)	场内份额(万份)	场内新增(万份)	换手率	基金净值	实时估值	溢价率	股票占比	重仓涨幅	申购费	赎回费	申赎状态	备注	操作
		1.534	1.93%	7.25	6433	-1	0.07%	1.5080	1.5123	1.43%	65.85%	0.42%	1.50%	0.50%	开放/开放		
		1.965	0.41%	302.54	21933	90	0.70%	1.9400	1.9438	1.09%	77.01%	0.19%	1.50%	0.50%	开放/开放		
		1.506	0.00%	0.00	135	0	0.00%	1.4900	1.4921	0.93%	93.99%	0.14%	1.50%	0.50%	开放/开放		
		1.266	-0.39%	1.85	2973	-2	0.05%	1.2810	1.2561	0.79%	89.77%	-0.39%	1.50%	0.50%	开放/开放		
		1.472	0.96%	5.03	4622	4	0.07%	1.4545	1.4638	0.56%	92.18%	0.84%	1.50%	0.50%	开放/开放		

图 8.5　LOF 溢价率一览表（来源：集思录）

降序或升序排列。

　　找到其中溢价率相对最高并且基金流动性不成问题的基金，就可以考虑做溢价套利；反之，就考虑做折价套利。一般来说，牛市里群情激奋，人人都在"买买买"，产生溢价套利的机会比较多；熊市里人气低迷，越来越多的股民和基民在逃离股市，产生折价套利的机会比较多。但总体来看，牛市的套利机会远超过熊市。

　　在整体趋势向上的牛市里，如果去掉成本，能有 1.5% 以上的套利空间，就可以考虑操作一把。这样万一股市下跌，你还有 1.5% 的收益作为缓冲，亏钱的概率就会小很多；但在整体趋势向下或者处于震荡行情的熊市中，缓冲垫就要设置得更高一点，没有 2.5% 以上的套利空间，建议不要轻易出手，否则容易偷鸡不成蚀把米。然而在熊市里，要找到有 2.5% 以上套利空间的 LOF 并不容易，要碰运气；而在牛市里，别说 1.5% 了，就算是 5% 甚至 10% 以上套利空间的 LOF 也不难找。所以说到底，还是要股市本身"给力"才行。

　　不过在熊市里经常出现的折价套利相对于牛市里经常出现的溢价套利有一个巨大的优点，就是溢价和折价长期来看都会被抹平。对折价套利来说，如果套利失败，你也可以继续持有，等待折价回归来赚钱，所以折价套利比溢价套利的安全系数更高。

风险更低的 LOF 套利

　　LOF 套利还可以配合我们的场内基金定投，玩出更高级的花样，比如说你一直在定投某个 LOF，现在已经投入了 5 万元，这时突然发现市场中出现了一个明显的套利机会，你就可以这么做：

　　当溢价套利机会出现时，场内价格更高，你就可以在同一天里，从备用资金里拿出 5 万元申购这个 LOF，同时在场内把原本持有的这 5 万元 LOF 卖掉；当折价套利机会出现时，场外净值高，你也可以在同一天里，从备用资金里拿出 5 万元买入这个 LOF，同时在一级市场把原本持有的 5 万元 LOF 赎回。

这么做的好处是可以进一步缩短你的套利时间，从而降低了套利风险。原本你申购后要等上 2 个交易日才能卖掉，但现在手里本来就有现成的 LOF，可以在申购的同时卖掉，就避免了未来 2 天股市可能下跌给套利带来的损失。

这种更高级别的也是风险更低的套利策略就叫作底仓套利，和一般的 LOF 套利相比，力哥更推荐大家玩这种套利，不仅因为它的套利风险更低，而且还可以配合我们的基金定投，相当于在我们获得正常的基金定投收益的基础上，还能顺便获得额外的套利收益，岂不妙哉？

但要注意的是，底仓套利也有个巨大的软肋——原木有 100 多只 LOF 的套利机会可以选择，但你定投的 LOF 最多只有几只，所以你能把握的套利机会就大幅减少了。

力哥私房菜：最有前途的四大行业指数

今天市场上的指数品种已经非常丰富，其中尤以行业指数的发展最为迅猛。如果想获得市场平均收益，那定投沪深 300、中证 500 这些宽基指数基金就可以了。所谓的宽基指数，就是选股基础非常宽泛，行业分布比较均匀的指数。但如果想要获得更高的回报，就要投资行业指数这类窄基指数，这就非常考验你的投资眼光了。

要想知道哪些行业是未来最有"钱途"的，就得先回过头去看历史，看人类文明是如何发展到今天的。

人类文明起源于农耕文明时代，由于生产力低下，大部分人不得不去从事农业劳动，才能保证大家不饿肚子；剩下的少数人去从事建筑、纺织、运输、教育、医疗等其他行业。

到了工业文明时代，由于科技进步，生产力得到了质的飞跃，只需要少数人从事农业生产就能养活所有人，剩下大部分人就进入了工业体系中，生产更高级别的产品，从肥皂盒到电灯泡再到苹果手机。

但在如今这个后工业化时代，由于科技的进一步发展，工业4.0、人工智能、石墨烯、3D打印、虚拟现实（VR）这些很时髦的概念，将来会深刻地改变我们的生产和生活方式，并导致传统工业生产对劳动力的需求进一步降低。现在富士康生产手机的流水线上，已经有很多岗位被机器人抢走了，因为机器人不会喊累，不会生病，不会跳楼，不会要求加工资。随着未来人力成本越来越高，用机器人甚至是人工智能机器人代替人类从事生产劳动，会越来越划算。那这么多产业工人丢掉饭碗后要如何维持生活呢？大部分劳动人口不得不再次从第二产业转移到第三产业，也就是说，今后大部分人的工作不再是生产具体的商品，而是为他人提供各种服务。

在这个知识快速迭代、产业迅猛升级的时代，我们如何才能不被淘汰呢？答案是四个字：终身学习。把自己打造成具有持续学习能力的复合型人才，一方面要在某一个专业领域具有很深的积淀，另一方面也要具备跨行业迁移的能力。

越来越多的人意识到，要想在这个时代活得安心，活得滋润，就必须加大对自身知识的投资，持续学习。不仅是孩子要赢在起跑线上，大人也要不断学习才能避免被淘汰的命运。于是，各类或应试，或兴趣，或理论，或实操，或线上，或线下，或针对孩子，或针对成人的教育培训市场在未来会越来越火。知识不仅是力量，还会转化为真金白银。所以力哥看好的第一个行业就是泛教育。

好，当你习得一身文武艺，赚钱赚到手抽筋以后，接下去的需求是什么呢？当然是希望自己不要每天那么辛苦地上班工作也能获得丰厚的收入，这样自己就能腾出时间去享受生活了。

就像力哥常常说的，理财的终极目的是为了实现财务自由，实现财务自由的终极目的是为了实现时间自由，不需要再为了生存而被迫工作，做到想干吗就干吗。那你就必须理财，掌握钱生钱的能力。尤其是在2013年余额宝崛起后，越来越多中国老百姓的理财意识开始觉醒，开始追逐理财智慧和理财手段，所以包括力哥在内的理财自媒体行业、一切和理财相关的泛理财行业都会大有"钱途"。

当你的时间真的被解放了以后，你最想干的是什么呢？那就是追随人类最原始的本能——玩。孩子喜欢玩耍，不喜欢读书；大人也喜欢玩耍，不喜欢上班。用 TVB 经典台词来说就是："做人呢，最重要的就是开心啦！"所以，未来中国一切能给人提供快乐的泛娱乐产业都会"钱途"无量。力哥相信，未来超过一半的中国人每天的工作就是用各种方式直接或间接地娱乐他人。

最后，在吃喝不愁，每天都嘻嘻哈哈地生活以后，你还有什么需求呢？就是希望能让这种快乐的生活延续得久一点，再久一点，避免疾病给自己快乐的生活带来烦恼，避免过早离世让自己有命赚钱却没命花钱，避免人在天堂，钱在银行。所以，泛健康产业的生意一定会越来越红火。尤其是现在中国已经过了刘易斯拐点[①]，老龄化进程进入加速期，所有和身体健康有关的，包括医药、医疗器械、生物科技、新能源、环保都会受到巨大的市场需求的推动。马云也曾公开说过："未来阿里巴巴集团的核心业务是电商、金融和物流，而这三者最终都会服务于外围的快乐和健康。"

所以力哥认为，中国未来20年最有"钱途"的四大产业就是泛教育、泛理财、泛娱乐和泛健康。挑选这几个行业的指数基金进行长期投资，也将是最有"钱途"的明智之选。

哪些"食材"能做出好吃的力哥私房菜？

现在市场上具体有哪些行业指数和对应的指数基金可以投资呢？

泛理财产业主要对应的是中证金融指数，也就是主要投资银行、证券、保险这三大行业的指数，还有中证互联网金融指数；泛教育和泛娱乐产业主要对应的是中证教育产业指数，如中证娱乐产业指数、中证传媒产业指数、中证影视产

---

① 刘易斯拐点，即劳动力过剩向短缺的转折点，是指在工业化进程中，随着农村富余劳动力向非农产业的逐步转移，农村富余劳动力逐渐减少，最终达到瓶颈状态。——编者注

业指数、中证文体休闲产业指数、中证 TMT 指数等；泛健康产业主要对应的是各类医药和医疗指数、互联网医疗指数以及中证健康产业指数等。只要在天天基金网的首页搜索框搜索这些指数的名字，就能发现目前有没有对应的指数基金可以投资了。

包揽最有"钱途"四大行业的指数基金

那有没有一个指数能一举囊括这四大未来最有"钱途"的产业呢？有！

2014 年 6 月 6 日，中证公司推出了一个新的主题指数：中证养老产业指数。

为什么力哥特别看好这个指数呢？

因为老龄化是中国未来 20 年经济增长面临的最大挑战，反过来说，也是中国未来 20 年市场需求量最大、赚钱机会最多的产业。

首先，养老最大的需求一定是看病吃药，因为每个人都怕死，生病了就要吃药，哪怕药再贵，为了保命也得咬牙买来吃，这是老龄化社会的第一刚性需求。所以这个养老指数中占比最大的就是医药股，占了将近 1/3 的比重。

其次，老人退休后闲来无事，有什么需求呢？当然就是娱乐了。年轻时为了赚钱养家没时间玩，老了当然要"玩玩玩"。所以传媒娱乐互联网产业也会分享到老龄化的巨大红利，这些行业的股票也在养老指数中占有比较高的比重。

再次，今天我们已经进入了知识大爆炸和知识更新速度极快的知识经济时代，大家愿意买力哥的理财书，也是因为过往的知识不够用了，所以这是一个持续学习、终身学习的时代。俗话说"活到老学到老"，过去这句话只是在表达一种老年人应该与时俱进的态度，而今天持续学习却是老年人的生活必修课，今天不会玩微信的老年人和眼盲耳聋的人已经没有多大差别了。而在养老指数中占比排名第二的传媒文体互联网产业里，泛教育类的业务也涵盖了不少。

最后，年纪大了力不从心，没办法像年轻时那样，左手劳动收入，右手理财收入，两边一起发力，共同开启双核复利引擎。除了国家发的那点微薄的养老金，又不能再继续打工赚钱，要想老了以后有钱看病、有钱玩乐，那可不就只能完全依靠理财了吗？而对老年人来说，他们最容易接受的安全系数最高的理财工具不是P2P、众筹这些新鲜玩意，而是保险业，所以养老保险会比较吃香。因此，A股四大保险股——人寿、平安、太保、新华在这个指数中的占比都很高，而保险股同样也会受益于泛理财产业的崛起。

除了上述四大未来最有"钱途"的产业会在养老指数中占有重要地位外，另外还有一些行业也会受益于老龄化趋势。比如老年人容易骨质疏松，一摔跤就骨折，因此老年人特别需要补钙，每天喝牛奶就成了刚需，所以伊利、光明这样的乳品股就会受益；老年人也会有更多的闲暇时光去旅游，所以像桂林旅游、黄山旅游这样的旅游股也会受益。

中证养老产业指数共有80个成分股，每半年更新一次，从行业分布上看，医药卫生和升级消费行业占2/3，信息技术行业占15%，必要消费行业占8%，金融地产行业占7%，完美地收入了力哥看好的四大行业股票。

从历史回测来看，中证养老产业指数的表现也可圈可点，从2013年到2016年，4年时间累计上涨了100.45%，同期沪深300指数只涨了38.31%，高出近2倍。

目前跟踪中证养老产业指数的有两只基金。

一是广发养老指数基金，这是一只普通的开放式指数基金。还有一只叫国寿安保中证养老产业指数分级基金。但因为这两只基金发行的时间都比较晚，错过了上一轮牛市，加上2017年是熊市，所以这两只基金的规模都比较小，存在一定的流动性风险，所以力哥建议大家不用急着买，中国养老产业的大发展大繁荣才刚刚开始，投资养老产业并不急于一时。

02
进阶实战篇

For a
better life

「力哥说理财」

看完了第一部分的基金基础知识，从第二部分开始，力哥将带你领略更复杂、更奇妙而且赚钱机会更多的特种基金的相关知识。与力哥在本书的第一部分介绍的基金相比，市场上还有一些基金在投资范围或投资方式上存在很强的独特性，力哥把它们统统叫作特种基金，比如分级基金、QDII 基金、REITs 基金、量化基金等等。

第 9 章
中国特色的分级基金

杠杆是把双刃剑

分级基金又叫杠杆基金。阿基米德说的"给我一个支点，我就能撬动地球"说的就是杠杆原理。在投资理财领域，杠杆就是借钱投资的意思，这样你的投资就产生了放大效应。比如你原本只有 100 元，但又向别人借了 100 元。假如你的投资收益是 10%，本来只能赚 10 元，现在多了 100 元借来的本金，就能赚到 20 元。但你真正拿到手的收益并不是 20 元，因为资本市场中没有慈善家，借钱是要付利息的。利息越低越划算。如果利息是每年 7%，100 元借来用一年的成本就是 7 元，假如你的年收益率还是 10%，表面上看多赚了 10 元，实际上却只赚了 3 元。反过来，投资的亏损也会被放大。还是举上面这个例子，在不借钱的情况下，你投资亏损 10%，就意味着 100 元本金亏了 10 元，但如果加杠杆融资 100 元，你的实际亏损就是 20 元的损失加上 7 元的融资成本，合计 27 元，和你 100 元自有本金相比，亏了 27%。

虽然杠杆有这种一荣俱荣、一损俱损的脾气，但由于它满足了人类的贪婪，在金融市场上一直非常受欢迎。尤其在牛市中，加了杠杆，就像加足了马力的印钞机，幸福来得太快、太简单；但同样的，灾祸也会来得太狠、太残酷。所以一定要记住，任何时候，杠杆都是一把双刃剑。

海外成熟的资本市场历史悠久，各种加杠杆的投资工具也很多，除了中国在过去几年里陆续推出的股指期货、期权和融资融券功能外，海外市场从 20 世纪 80 年代起就出现了带有杠杆的基金，其中以美国和英国的杠杆型封闭基金最具代表性。而力哥之前介绍 ETF 时也提到过，今天美国市场加杠杆的 ETF 也很多，从一倍正向杠杆，到两倍正向杠杆，再到一倍反向杠杆都有。所谓一倍正向杠杆，指的是如果你买的 ETF 跟踪标的本身涨了一倍，你可以赚到两倍的收益；两倍正向杠杆，指的是如果你买的 ETF 跟踪标的本身涨了一倍，你可以赚到四倍的收益；而一倍反向杠杆的 ETF 则属于基金的做空机制，你买的这个 ETF 跟踪标的本身跌了多少，你就能赚多少；反过来说，如果跟踪标的涨了，你就要亏钱。

出于风险控制的考虑，国内一直不允许发行这种带有杠杆的更刺激的 ETF，但从 10 年前的 2007 年开始，中国的基金公司搞出了一种具有中国特色的杠杆型基金，这就是分级基金。

中国特色杠杆基金

国内第一只分级基金，是 2007 年推出的国投瑞银瑞福分级基金，老基民管它叫"老瑞福"，它是一只封闭式的主动型股票基金。在这个时点推出这个创新产品，主要是为了探索封闭式基金更大的发展空间。2002 年最后一只老封闭式基金成立后，封闭式基金的发展就停滞了，市场完全成了开放式基金的天下。2007 年恰逢大牛市，封闭式分级基金的推出就是希望能推动新一代封闭式基金的发展。"老瑞福"推出后的几年，不同基金公司又陆续推出过一些分级基金的创新产品，但因为还处于摸索期，各公司的交易规则都不同，比如长盛同庆、瑞和沪深 300 等，但总体上看，都具有像 LOF 一样可以同时在一二级市场交易和套利的机制。经过几年摸索，其中银华深证 100 指数分级基金和它对应的两个子基金——银华稳进和银华锐进，成了最受市场欢迎的分级基金模式，这种模式也成了后来大红大紫的分级基金约定俗成的标准规则。在银华这款分级基金诞生之前的其他分级基金的创新模式，现在基本都已夭折，力哥就不细说了。

为什么 2007 年的瑞福分级会被称为"老瑞福"，就是因为第一代分级基金的运作规则后来已经不符合市场需求，都转型成了和银华深证 100 分级一样的标准版，这就是"新瑞福"。下面力哥就来详细讲解这种标准版的分级基金到底是怎么玩的。

一母生两胎，两儿皆不同

分级基金，顾名思义，就是把一个普通的开放式基金拆分成不同风险级别的两个子基金：一个司职进攻，适合激进型投资者；一个司职防守，适合保守型投资者。不同类型的投资者可以各取所需，皆大欢喜。那具体怎么拆分呢？

举个例子，一个母亲生了两个儿子，一个叫 A，一个叫 B，母亲有 2 元，为了以示公平，两个儿子各分到 1 元去投资。虽然是同一个妈生的，但俩儿子的性格却大相径庭。A 特别保守，B 却非常激进，B 觉得自己只有 1 元本金太少了，就找 A 商量：要不你把这 1 元借给我去投资，赚钱亏钱都和你无关，我每年定期给你利息，你看怎么样？

A 考虑了以后觉得这生意可以做，只要 B 给 A 的利息比银行存款利息高一点，就很划算，比如银行一年期的利息是 3%，B 再加个 3%，给 A 6% 的利息。于是兄弟两人愉快地达成了协议。

在这个故事中，母亲就是分级基金的母基金，一般来说，这就是一只普通的开放式基金，而她的两个儿子，就是母基金拆分出来的两个子基金，一个叫分级基金 A 类份额，一个叫分级基金 B 类份额，通俗地叫作分级 A 和分级 B。分级 A 和分级 B 就像 ETF 或 LOF 一样，可以在二级市场交易。所以母基金、分级 A 和分级 B 实际上是三位一体的关系，对外是同一只基金，对内却有不同的利益分配结构，而且也有不同的基金代码，方便投资者识别。上交所发行的母基金、分级 A 和分级 B 都以 50 开头，深交所发行的母基金则是以 16 开头，A 类和 B 类份额以 15 开头。

分级 A 的钱怎么借？

分级 A 拿分级 B 给的约定收益，一般来说，分级 A 的约定收益利率为一年期定期存款基准利率加上 1.5% ～ 5% 不等，比较常见的是＋3%、＋3.5%、＋4% 和＋5% 的品种。所以这其实是一种跟随央行加息或降息周期而不断浮动的利率水平，比如说有一款利率设置成每年获得一年期银行定期存款基准利率＋4% 的分级 A，如果今年 1 月 1 日的基准利率是 2%，那今年它的约定收益就是 2%＋4%=6%。如果今年 9 月央行加息了，一年期基准利率提高到了 2.5%，那明年这个分级 A 的约定收益就会提高到 2.5%＋4%=6.5%。

当然，也并不是所有的分级 A 都采取这种模式，因为老是跟随央行利率政策变化而不断调整收益率，虽然更符合金融市场的客观规律，但对投资者来说是一件很麻烦的事，尤其是对于追求绝对确定收益的保守型投资者来说，他们永远无法准确提前预知，明年他买的这个分级 A 会分给他多少利息，所以后来也有一些分级基金把约定收益设定为一个固定水平，一般是 6% 或 7%。这个收益水平真心不算低，毕竟今天不管是货币基金、银行理财产品还是理财型万能险，都很难长期达到这个水平，之前还说过，普通的债券基金，长期看收益率可能也就是这个水平了。

胆大激进的分级 B

母基金按照什么比例拆成分级 A 和分级 B，不同基金情况不一样，目前绝大多数股票指数型分级基金都采取 5 ∶ 5 的模式，也就是如果母基金有 1 元，分级 A 和分级 B 各拿 0.5 元，分级 B 以 0.5 元的本金撬动 0.5 元的融资杠杆，所以初始杠杆就是 2 倍，这样不管是计算杠杆还是计算今后的折算收益都会比较方便。但也有少数指数本身波动比较大的分级基金，比如跟踪中证 500 指数、中小板指数和创业板指数的分级基金，会采取 4∶6 的模式拆分，也就是分级 A 拿 0.4 元，分级 B 拿 0.6 元，等于是分级 B 用 0.6 元的成本只撬动了 0.4 元的融资杠杆，初始杠杆只有 1.67 倍。

当然，分级基金的主体虽然都是股票型分级基金，但也有极少数是债券型分级基金，具体又可以分为纯债分级、混合债分级和可转债分级基金。它们的拆分比例可以达到 7 ∶ 3 甚至 8 ∶ 2，这意味着只用 3 毛甚至 2 毛的本金，就可以撬动高达 7 毛甚至 8 毛的杠杆，初始杠杆高达 3.33 倍或 5 倍，尤其是其中的可转债分级基金，含有很强的股票性质，风险和波动性并不小，但加上这么高的杠杆，其实投资风险非常高，所以力哥一般不建议大家碰这类债券型分级基金。

更加凶猛的反向杠杆分级 B

不管是股票型还是债券型，目前中国市场所有分级基金都是分级 B 向分级 A 借钱，分级 A 拿利息这种模式，我们称之为融资型分级基金。但实际上还有另一种更复杂的分级基金模式，叫多空型分级基金。这个也同样是一个母基金，把钱分别给大儿子分级 A 和二儿子分级 B，只不过他们之间再也不是互帮互助的好兄弟，而是你死我活的仇敌，因为一个看涨，一个看跌。最简单的多空分级基金拆分模式是 2∶1，看涨的那个儿子获得 2 份本金，看空的那个获得 1 份。对看涨的那个分级来说，股市涨了就能获得杠杆超额收益，股市跌了也同样要亏掉超额收益；而对看跌的那个分级来说则相反，股市涨了反而要亏钱，股市跌了反而能赚钱，这就叫反向杠杆。它也可以近似看成是一种杠杆较低、资金门槛也较低的迷你版股指期货。

多空分级基金的杠杆计算公式以及看多份额所承受的杠杆风险都和融资分级基金中的分级 B 一样，但因为看多份额并不是向看空份额借钱去投资的，而是双方对赌，约定你赚的钱就是我亏的钱，我赚的钱就是你亏的钱，这样一来就不需要额外支付融资成本，因而是成本最低的一种杠杆投资工具。它实际上和国外成熟市场这些年非常流行的杠杆 ETF 属于同一性质。从设计原理看，多空分级基金比融资分级基金更适合激进型投资者。

在 2007 年中国第一只融资型分级基金出现后的第 6 年，即 2013 年，中国证监会出台了《多空分级基金产品注册指引》，对多空分级基金的设计原则、投资门槛与杠杆倍数进行了规定。当时国内有超过 10 家基金公司扎堆申报多空分级基金，分别挂钩沪深 300、上证 50、中证 500 等主流市场指数，甚至还有基金公司上报过上市型货币市场多空分级基金，这类货币多空分级基金就相当于杠杆货币 ETF，连风险最低、波动最小的货币基金也可以搞分级。

然而可惜的是，在 2015 年的股灾中，监管层为了杜绝一切可能做空市场的潜在敌人，无限期暂停多空分级基金的申报和审批工作，这就意味着在未来很长的一段时间内，我们在 A 股市场恐怕都看不到这种低门槛、低成本的杠杆投资工具了。

分级 B 闯大祸，拖出去斩了！

在 2015 年股灾之前的那一轮大牛市中，先于多空分级基金诞生的融资分级基金成了 A 股市场中最耀眼的明星，很多分级 B 在杠杆的帮助下，半年时间里暴涨了 5 倍。这种神话究竟是如何实现的呢？

由于当时投资分级 B 门槛较低，和场内买 ETF 和 LOF 一样，而回报率却远超不带杠杆的 ETF 和 LOF，甚至超过 90% 以上的股票，这就一下子吸引了无数投资新手。然而分级基金因为带有融资杠杆，规则复杂，风险极高，证监会和基金公司又没有事先对分级基金的投资者进行充分的教育和风险提示，结果股灾一来，分级 B 集体触发下折潮，许多人一夜之间亏掉 50%，极端情况下甚至能亏掉 90%，无数投资者跑到基金公司甚至证监会闹事，高层为之震怒。最终证监会决定对分级基金这个品种实行变相"安乐死"。

第一步是从 2015 年股灾之后开始，无限期中止分级基金的发行审批工作，不给分级基金市场任何扩容的机会。

第二步是从 2017 年 5 月 1 日起，所有分级基金投资者必须要满足两个条件：一是证券账户里必须要有至少 30 万元的证券类资产，也就是把那些口袋里的钱不足 30 万元的小散户无情地踢了出去；二是必须本人亲自带着身份证去开户的证券公司营业网点进行风险综合评估并签署《分级基金投资风险揭示书》，如果你家在三四线小城镇或农村，身边没有证券公司实体网点，就得劳民伤财地跑到周边大城市去面签，这又把许多嫌麻烦的投资者给挡在了门外。如果你不符合上述两个要求，就只能买分级基金的场外母基金，就没有资格购买分级 A 和分级 B，过去已经买了的分级 A 和分级 B 也只能卖，不能买。

第三步是从 2017 年 6 月起，沪深交易所开始着手修改《证券投资基金上市规则》，把 5000 万份份额作为分级基金终止上市的触发情形，说白了，就是如果这个分级基金的总份额不足 5000 万份，基金公司只有两个选择——要么转型，要么清盘。转型就是把分级基金变成不带杠杆的普通开放式基金，但因为这种基金规模太小，熊市状态下转型了也乏人问津，基金公司不仅赚不到多少钱，还要承担运营成本，所以基金公司会更倾向于清盘，也就是不管你之前持有该基金的成本是多少，持有了多久，现在是赚是亏，到了清盘结算日，一律按照当天净值强制全部赎回。要注意的是，这个规定不仅适用于分级基金，也适用于 ETF 和 LOF 这种场内交易的基金，所以今后我们买这些场内基金时，一定要优先考虑规模问题，规模低于 2 亿元的有清盘风险的场内基金，建议一律不要碰。

说到底，证监会只有一个目的，就是希望通过设置更高的参与门槛，把已经发行的这 154 个分级基金逐渐边缘化，让大家最后都别玩分级基金。虽然穷人失去了一个赚大钱的机会，但也不再会因为巨亏而给监管当局惹麻烦，这其实是一种惰政思维。

神器封印，静待机会

在 2015 年的牛市中，力哥当时称风光无限的分级基金为穷人的"逆袭"神器，而现在，神器已经生锈，天使已经折翼。看到这里你可能会觉得奇怪：力哥，既然证监会有意要让分级基金"安乐死"，那你说这么一大堆分级基金知识又有什么用呢？不是在浪费我们的时间吗？这你就错了。

第一，因为哪怕在眼下这种艰难环境下，分级基金依然存在一些值得我们把握的赚钱机会。虽然有 30 万元的投资门槛，但今天中国能达到这个门槛的投资者还是有很多的。虽然有迷你基金强制清盘的风险，大部分分级基金未来也都很危险，但还是有二三十个分级基金眼下的规模还是比较大的，没有清盘风险，我们依然可以进行投资。

第二，当下一轮牛市火焰重新燃起时，分级 B 超强的赚钱效应一定会让它"王者归来"，再次成为市场关注的焦点。俗话说，牛市忙赚钱，熊市赚知识。市场冷淡的熊市恰巧是我们潜心学习相关投资知识的好时机，而大多数人却刚好相反，熊市时对股市漠不关心，等牛市来了发现身边人都赚得盆满钵满了才拿起理财书准备学习，这样就太晚了，八成是被市场收割的命了。所以，现在是我们学习复杂的分级基金知识的最好时机。

第三，退一万步说，即使下一轮牛市到来后，证监会考虑到 2015 年的前车之鉴，依然会有意遏制分级基金的发展，但随着投资全球化时代的到来，未来我们国内投资者投资海外会越来越方便。在美国、中国香港等成熟市场，以杠杆 ETF 为代表的杠杆投资工具非常普遍，今天我们学习分级基金的投资策略，也是在为明天操作其他杠杆投资工具打下坚实的基础。

分级基金的核心：配对转换机制

分级基金之所以复杂，最核心的原因在于设置了配对转换机制，这是 ETF 和 LOF 都没有的。在分级基金的游戏规则中，你可以在一级市场申购母基金，把它按照规定的配比分拆成分级 A 和分级 B，然后在二级市场卖掉；也可以反过来，在二级市场按规定的配比分别买入分级 A 和分级 B，再将它合并成母基金，在一级市场赎回。

所以要了解分级基金，关键就在于了解母基金、分级 A、分级 B 三者的净值和交易价格之间纠缠不休的关系。一般情况下，母基金只有一个一级市场净值，而分级 A 和分级 B 则既有净值又有交易价格。分级 A 和分级 B 的净值与母基金净值之间存在恒定关系。比如说母基金净值是 1 元，按照 5∶5 拆分成 A、B 两个子基金，那分级 A 和分级 B 此时的净值应该都是 5 毛；如果按照 4∶6 拆分，那分级 A 的净值是 4 毛，分级 B 的净值是 6 毛，这个很好理解。用数学公式来表达就是：

母基金净值 = 分级 A 净值 × 分级 A 占比 + 分级 B 净值 × 分级 B 占比

但它们的交易价格却是随行就市，不断波动的。

分级 A 的净值小账本

因为分级 A 是借钱给分级 B 吃利息的，所以它的净值高低主要取决于约定收益的高低，比如分级 A 的初始净值是 1 元，约定收益是每年 6%，那么从基金诞生的那一天起，净值每天就会增长：1 元 ×6%÷365 天 =0.000164 元，你可以把它理解成分级 A 拿了个小本子记录下了自己到底有多少钱。1 元本金本身是我的，所以这 1 元的基金净值基数永远不会少，我把钱借给分级 B 后还有利息拿，虽然说年利率是 6%，但我的净值每个交易日都要公布，为了让投资者看得清楚，我就必须把这利息折算到每一天来写清楚。比如说，在分级基金成立 10 天后，分级 A 的净值就是 1.00164 元；成立 100 天后，净值就是 1.0164 元；一年之后，净值就会变成 1.06 元了。这时候，要兑现收益了，分级 A 就会进行一次定期折算，把净值超过本金 1 元的那部分收益，全部折算成母基金的份额，作为利息发放给分级 A 的投资者，然后分级 A 的净值重新回到 1 元，开始新一年度的积累，就像蜗牛爬楼梯一样，净值一点点往上走。

注意，分级基金最特别的一点就是给分级 A 的利息不是现金，而是母基金的份额。投资者拿到这笔特殊的利息以后，有很多种选择，既可以直接在扣除赎回费以后赎回母基金获得现金，也可以长期持有母基金，还可以拆分成分级 A 和分级 B。这么一来又有四种选择，可以卖 A 留 B，也可以卖 B 留 A，也可以 A、B 都留或者 A、B 都卖。到底应该选择哪种方式处理分到的母基金，既取决于投资者的主观风险偏好和对未来股市的预期，也取决于当下这只基金是处于整体溢价还是整体折价状态。力哥后面讲解分级套利时会再细说。

另外分级 A 的定期折算基准日一般有两种设置方法，一是以分级基金正式成立的日期为基准日，这样最简单；二是在每年的 12 月到 1 月之间选择一天作为基准日，选择 12 月 1 日、12 月 15 日或 1 月的第一个交易日为基准日的最多。这么做是为了配合普通人一般以年为单位统计投资状况并调整理财计划的习惯。

读懂分级 A 的本质

分级基金最初是作为封闭式基金的创新品种出现的，而封闭式基金都有一个封闭周期，力哥之前介绍过，中国第一代封闭式基金的封闭期是 15 年，所以在分级基金的创新探索中，也有一些分级基金保留了封闭期的设计，一旦到期，分级 A 和分级 B 的借贷游戏就会结束，分级 B 的本金也会真正回到分级 A 的账户，兄弟俩正式分家。但随着时间的流逝，这类有存续期限的分级基金已经越来越少，目前市场上绝大多数分级基金都是永续存在的，也就是说，分级 A 的本金从理论上来说会永远借给分级 B，不准备拿回来了。这有点像银行里存本取息的储蓄模式，只不过相当于准备储户的本金永远不拿出来，一直吃利息吃到老死，本金让儿子继承，继续吃利息。更准确地说，永续分级 A 的这种模式就是一种永续债券，或者叫无期债券，一般只有国债或地方政府公债才会采取这种模式。

所以，分级 A 本质上内含债性，它的二级市场价格究竟会产生折价还是溢价，很大程度上取决于这个永续债的利息有没有吸引力。在加息周期，所有资产的收益都在提高，有些分级 A 的约定收益是跟随央行基准利率浮动的，就不会受到太大的负面影响；有些则是固定不变的，这时它对投资者的吸引力就会下降，使投资者的购买意愿较低，就容易产生折价。反过来说，在降息周期，这类分级 A 就容易产生溢价。这和债券价格往往在加息周期会下跌，在降息周期会上涨是一个道理。一般来说，我更建议大家投资永续的分级 A。

分级 A 的价格谁说了算?

　　分级 A 的市场定价不仅取决于它们和其他固定收益投资产品之间的竞争格局，也取决于这 100 多只分级 A 之间的收益率竞争。那些约定收益率比较高的分级 A 容易受到投资者追捧而产生溢价，反之，收益率比较低的则容易产生折价。

　　由于不同分级 A 的约定收益不同，一级市场净值和二级市场交易价格也都不一样，所以就需要制定一个统一标准来衡量到底哪个分级 A 眼下更值得投资，这个标准就叫分级 A 的隐含收益率，它是一个修正过的透过现象看到本质的真实收益率。它的计算公式是:

$$隐含收益率 = \frac{约定收益率}{分级\ A\ 的价格 - (分级\ A\ 的净值 - 1)}$$

　　这个数据不需要自己算，我们可以在集思录上找到现成数据。方法是打开集思录主页，找到"股票分级"一栏，点击下方的 A 类标签，在跳转出的分级 A 的详细资料页面找到"修正收益率"一栏，就可以看到当下所有分级 A 的隐含收益率。点击"修正收益率"标签，就可以按降序排列找到当下潜在收益率最高的最值得下手的分级 A 了（如图 9.1 所示）。所以一定要记住，我们投资分级 A 绝对不能傻傻地去买约定利率最高的品种，因为这些品种往往更受投资者追捧，因此溢价率也高，不一定是最划算的产品，看这个修正收益率才是王道。

代码	名称	现价	涨幅	成交额(万元)	净值	折价率	利率规则	本期利率	下期利率	修正收益率	剩余年限	参考指数	指数涨幅	下折母基需跌	理论下折收益	上折溢价	整体溢价率	T-1溢价率	T-2溢价率	A份额(万份)	A折(溢)价	A:B	下次定折	操作
		1.100	0.64%	1261.52	1.0550	-4.27%	+5.0%	6.50	6.50	6.220%	永续	军工指数	1.67%	16.41%	-3.48%	92.15%	0.18%	1.04%	0.58%	321027	2500	5:5	2018-01-02	
		1.065	0.19%	38.66	1.0556	-0.89%	+4.5%	6.00	6.00	5.944%	永续	互联金融	0.73%	13.32%	-1.01%	99.18%	-0.54%	-0.32%	-0.48%	15298	-3	5:5	2017-12-01	
		1.174	0.00%	4.54	1.0600	-10.75%	+5.0%	6.50	6.50	5.835%	永续	中证煤炭	0.90%	45.93%	-9.14%	23.84%	-0.16%	-0.16%	3576	-3	5:5	2017-12-01	
		1.111	0.09%	554.32	1.0530	-5.51%	6.0%	6.00	6.00	5.671%	永续	证券公司	-0.40%	33.87%	-4.34%	52.25%	0.18%	-0.05%	0.20%	126755	499	5:5	2017-12-15	
		1.110	0.00%	1.50	1.0505	-5.66%	+4.5%	6.00	6.00	5.663%	永续	央视50	0.99%	65.69%	-5.47%	5.54%	-0.37%	-0.73%	-0.82%	3316	0	5:5	2018-01-02	

图 9.1　分级 A 数据一览（来源：集思录）

　　但要注意的是，这只是针对一般的永续型分级 A，对有固定结束期限的分级 A 可不是这样，因为其中有些分级 A 的剩余期限可能连一年都不到，有些则还有两年，所以它们的修正收益率值，就是指如果以现在的价格买入，持有到期时的年化收益率。比如说某个分级 A 还有 1 个月到期，最多获得 0.5% 的约定收益，但眼下这只基金却出现了超过 0.5% 的溢价，那对不起，1 个月后等这只基金到期了，你的投资回报一定是负数，一定得亏钱。这类有期限的分级基金到期以后一般有两种处理办法，一种是直接转型成 LOF，不再带有分级杠杆；另一种是将所有的分级 A 和分级 B 都强制折算成母基金，开启下一个周期的分级博弈，如此循环往复。

更进一步说，分级 A 二级市场的定价还和央行的利率政策有关。之前力哥说过，大部分分级 A 都采取一年期定期存款基准利率加上一定百分比的利率这种计算方式。当处于加息周期时，分级 A 第二年的约定利率会上浮，从而会对投资者产生更大的吸引力，因此理论上价格也会上涨；处于降息周期则相反。其中一年期定期存款基准利率＋3% 的品种，受到央行利率政策变化的影响会更显著，所以会比＋5% 的品种更敏感，涨跌更多。

所以在你发现央行已经处于加息周期时，那些＋3%、＋3.2% 的约定利率比较低的分级 A 容易出现折价回归，实现相对更高的修正收益率，因此你应该优先考虑投资这些分级 A；而那些＋4.5%、＋5% 的约定利率比较高的分级 A 则容易出现溢价回归，修正收益率反而可能会降低。在降息周期时则情况正好相反。

当然，在降息周期，最有优势的无疑是固定利率的分级 A，因为它的利率不会相应下降。不过分级基金很复杂，它的价格变化并不是受单一因素的影响。

分级 A 的投资黄金时期

除了相对价格和央行利率政策，分级 A 的价格还受到股市牛熊的巨大影响。

因为分级 A 和分级 B 有配对转换机制，所以在牛市里，大家都去买潜在收益更高的分级 B，分级 B 就容易产生大幅溢价，而分级 A 则会乏人问津，容易产生大幅折价。分级 B 的溢价越高，分级 A 的折价就越高。但聪明的投资者往往都具有逆向思维的能力，大家都在拼命买贵得离谱的分级 B 时，恰恰是买分级 A 的好时机。一旦股市出现暴跌或牛转熊，分级 B 就会变成杀人不眨眼的魔鬼，投资者这时候都怕了，会纷纷卖出分级 B。

在 2015 年的股灾期间，由于分级 B 带有高杠杆，净值一天就能跌掉超过10%，但二级市场价格受限于 10% 的跌停板制度，跌到 10% 就没法继续跌了，于是就形成了分级 B 投资者的"踩踏事故"，想卖卖不掉，只能天天看着手里的分级 B 跌停。这时唯一能把这只烫手山芋扔掉的办法就是去二级市场中买入对应的分级 A 合并成母基金赎回，当市场上许多急着逃命的分级 B 投资者都转而去抢分级 A 时，分级 A 的价格就会出现大幅上涨。在 2015 年 6 月到 8 月的股灾期间，短短 3 个月里，许多分级 A 的价格涨幅超过 30%，从过去大幅折价15%，一夜间变成大幅溢价 15%，实现了可遇不可求的风险超低、回报超高的投资奇迹。

三个杠杆玩转分级 B

对于分级 A，我们重点要搞清楚的是约定利率和修正收益率之间的关系，而对于分级 B 来说，最重要的是搞清楚几个杠杆的概念。

第一个叫初始杠杆。初始杠杆是由分级基金发行时，设定的分级 A 和分级 B 的比例所产生的。力哥之前说过，大多数是 5 : 5，也有 4 : 6、7 : 3 的分法。5 : 5 就表示每 10 份母基金拆成 5 份分级 A 和 5 份分级 B，也就是母亲的10 元，分给两个儿子各 5 元。当分级 B 借来分级 A 的钱，分级 B 就拥有了 10 元，这时分级 B 就是用 5 元的本金，撬动了 5 元的杠杆，达到了 10 元的投资效果，用 10 除以 5，算得初始杠杆为 2 倍。同理，4 : 6 的分级基金，每 10 份母基金拆成 4 份分级 A 和 6 份分级 B，分级 B 的初始杠杆等于 1.67 倍（10 除以 6）。7 : 3 的初始杠杆等于 3.33 倍（10 除以 3）。

第二个叫净值杠杆。它是分级 B 净值与母基金净值涨幅的比值。因为分级 B 加了杠杆，所以如果母基金净值上涨，它应该涨得更高、更快。我们就以最常见的初始杠杆为 2 倍的分级 B 为例，该基金上市后，假如第一天，母基金净值涨了 1%，分级 B 净值就应该上涨 2%；母基金净值跌 1%，分级 B 净值就应该跌 2%。当然，实际市场中并不完全如此，因为分级 B 还需要向分级 A 支付融资成本，这部分成本是分在每个交易日里，一点点从分级 B 的净值中计提到分级 A 的净值中去的。所以实际上母基金涨 1%，分级 B 涨不到 2%；母基金跌 1%，分级 B 的跌幅却会超过 2%。假如分级 B 向分级 A 约定支付的年利率是 6%，而这一年中，假如这个母基金的净值没涨也没跌，还是 1 元，那一年后，分级 A 的净值会涨到 1.06 元，而分级 B 的净值则会跌到 0.94 元。所以分级 B 更适合股市节节攀升的牛市，在股市萎靡不振的熊市中，哪怕股市不涨不跌，其他不带杠杆的普通基金可能不涨不跌，收益持平，但分级 B 因为有融资成本在，依然会不断亏钱。

但净值杠杆只有在刚上市或不定期折算后的那一天才会与初始杠杆相同，随着母基金净值的不断变化，分级 B 的净值杠杆也会不断变化。这就要说到净值杠杆的计算公式，它是用母基金的总净值除以分级 B 的总净值，所谓总净值，就是这只基金总体的价值，也就是基金的份额乘以单位基金的净值，如果觉得不好理解，更简单的一个公式是先把母基金净值除以分级 B 的净值，再乘以初始杠杆。

$$净值杠杆 = \frac{母基金总净值}{B 份额总净值} = \frac{母基金份数 \times 母基金净值}{B 份额份数 \times B 份额净值}$$

$$= \frac{母基金净值}{B 份额净值} \times 初始杠杆$$

比如某一天，某个 5∶5 拆分的标准款分级基金的母基金净值涨到 1.62 元，分级 B 的净值涨到 2.22 元，那这一天该分级 B 的净值杠杆就是 1.62/2.22×2=1.46

倍，也就是说，这时候，母基金涨 1%，分级 B 理论上只能涨 1.46%，反之跌幅比例也一样。

反过来说，当母基金净值跌到 0.7 元，分级 B 净值跌到 0.36 元，那这一天该分级 B 的净值杠杆就是 0.7/0.36×2=3.89 倍，也就是说，这时候，母基金涨 1%，分级 B 理论上能大涨 3.89%，反之跌幅比例也一样。

这就是分级 B 设计原理上的先天不足，当股市节节攀升时，杠杆会不断缩小，杠杆超额收益会打折扣；而当股市持续下跌时，杠杆却会不断放大，杠杆超额损失会大幅增加。我花了同样的融资成本，赚钱的时候杠杆打折扣，亏钱的时候杠杆却不断加大，这个缺陷怎么弥补呢？这个问题我会在后文中详细说。

分级 B 的第三个杠杆，是价格杠杆。看到这里，你应该很清楚基金净值和价格的区别了。和分级 A 一样，我们在二级市场买卖分级 B 时并不是按照净值来确定价格的，而是由供求关系来决定，这个价格长期看，一定是围绕着净值上下波动的，高于净值就是溢价，低于净值就是折价。对于我们这些平时直接在二级市场买卖分级 B 的普通投资者来说，净值杠杆只是写在纸面上的杠杆，而价格杠杆才是我们购买这个分级 B 时所能获得的真实杠杆。

在理解了分级 B 净值杠杆的计算方法后，理解价格杠杆计算方法就很容易了，将分母从分级 B 的总净值变成分级 B 的总市值就可以了，更简单的办法是拿母基金净值除以分级 B 价格再乘以初始杠杆。

$$价格杠杆 = \frac{母基金总净值}{B 份额总市值} = \frac{母基金份数 \times 母基金净值}{B 份额份数 \times B 份额价格}$$

$$= \frac{母基金净值}{B 份额价格} \times 初始杠杆$$

$$= \frac{净值杠杆}{1 + 溢价率}$$

价格杠杆实际上就是把折溢价率因素考虑进去后的净值杠杆。

一念天堂，一念地狱

净值杠杆和价格杠杆在集思录分级基金类目中都能找到，其中价格杠杆是特意被标黄的，以此来说明这个指标特别重要，因为我们买分级 B，不就是为了获得杠杆收益吗？

但正所谓"成也萧何，败也萧何"。请永远记住，杠杆是一把双刃剑。赚钱的时候它可以让你爽翻天，亏钱的时候它也让你痛不欲生。并不是所有人都有这样的风险承受能力，玩得起那么刺激的分级 B 的。

分级 B 的杠杆在股市大幅下跌时能夸张到什么程度呢？力哥举一个最极端的例子你就知道了。

在 2015 年年中 A 股史无前例的疯狂股灾中，有一只名叫招商可转债的分级基金的 B 份额，在二级市场上简称转债进取，它在 7 月 6 日的净值是 0.540 元，仅仅一天之后的 7 月 7 日就跌到 0.317 元，跌幅达 41.3%，到 7 月 9 日进一步跌到 0.071 元，3 天累计跌幅 86.9%。要知道，你就算运气再差，买的股票连吃三天跌停板，跌幅也不过 27%，这货却可以让你的本金瞬间跌到只剩一点渣了。

这个分级 B 的跌幅之所以那么可怕，一是因为那两天 A 股本身就跌得极为恐怖；二是这只基金本身设计了 7∶3 的拆分比例，初始杠杆就高达 3.33 倍，而随着净值一路下跌，杠杆一路上升，最后杠杆能放大到 10 倍以上。所以力哥再重复一遍，如果你不是激进型投资者，千万不要轻易碰分级 B，它有可能会让你上天堂，也有可能会让你下地狱。

特殊的规则：给分级 A 发工资的定期折算

分级基金的复杂之处还在于它有一些特殊的规则。前面说过了，分级 A 有定期折算机制，到了每年约定的定期折算日，分级 A 的净值会回归到 1 元，而约定的利息部分则以母基金份额的形式发放。

　　这种定期折算的本质就是分级 A 有固定的分红。对于股票来说，分红后就要对股价进行除权除息处理。所谓除权，就是把一部分股票奖励给股东，增加公司的总股本；而除息则不是送股票，而是直接送钱，或者叫红利。分级 A 的定期折算名义上是一种除权行为，因为你分到的不是现金而是基金份额，但实际上可以理解为一种除息行为。不管是除权还是除息，都要在完成后做相应的除权除息处理，也就是把基金净值相应地降下来。不过由于分级 A 和母基金存在内在的配对机制，所以如果分级 A 的净值因为这次定期折算而跌回到 1 元，母基金的净值也会相应下跌，但这并不意味着原本母基金的持有人的利益会受损，母基金的持有人和分级 A 的持有人一样，单份母基金的净值虽然降低了一些，但母基金份额却会自动增加，所以实际上这样的定期折算只是一种会计操作，对持有人的实际利益没有任何影响。

　　过去经常有"荔枝"（力哥的粉丝昵称）问力哥，是不是我在分级 A 定期折算前一天买入，就能拿到 1 年的约定利息了呢？世界上哪里有这种投机取巧的好事，定期折算只不过是水到渠成、按部就班地完成一道手续，不管你哪天买入，都不可能一口吃到那么一大块利息收入。

　　一般来说，定期折算的过程要经历三个交易日，T 日也就是定折基准日，分级 A 和分级 B 都能在二级市场正常交易，但母基金暂停申购赎回，配对转换也暂停；T ＋ 1 日，分级 A 暂停交易，分级 B 可以正常交易，母基金仍然暂停申购赎回，持有分级 A 的投资人将会收到折算成母基金的收益，价格和净值都回归到 1；T ＋ 2 日，分级 A 将在上午 10：30 恢复正常交易，分级 B 仍然可以正常交易，母基金恢复申购赎回，同时也恢复配对转换。所以你会发现，分级 A 和母基金都会受到定期折算的影响，但分级 B 不参与定期折算，分级 B 的净值、价格、份额都不会受到定期折算的影响。

　　我之所以要强调定期折算不会影响分级 B，是因为接下去要介绍的不定期折算机制，会同时影响分级 A、分级 B 和母基金。许多人很容易把两者搞混，以为定期折算也会影响分级 B。

特殊的规则：弥补分级 B 缺陷的不定期折算

力哥回头来填上面挖下的坑：分级 B 涨得慢、跌得快的先天缺陷要如何弥补呢？银华深证 100 指数分级基金第一个想出了解决分级 B 杠杆不对称的方法——创造了一套不定期折算机制，具体是怎么回事呢？

所谓不定期折算，是指只有在满足规定条件时才会触发的折算，分为：向上折算，简称上折；向下折算，也叫下折。

加足分级 B 动力的向上折算

先说上折。

分级 B 上涨时杠杆会自动下降，下跌时杠杆会自动升高，这会导致亏快赚慢、亏多赚少的不公平情况。尤其当母基金净值涨到 2 元以后，基本上已经没有什么杠杆了。所以银华锐进就设计了上折机制，当母基金净值涨到 2 元时，自动触发。上折程序完成后，原来你手里持有的分级 A 和分级 B 的份额保持不变，但净值会发生改变。

最初的也是目前市场上主流的变化规则是分级 A、分级 B 和母基金净值都统一回归到 1 元，原本净值超出 1 元的部分，统统和定期折算后分级 A 的分红一样，折算成净值为 1 元的母基金发放。而原本就持有母基金的投资者一样会遭遇净值降低但份额变多的情况，这就相当于经历了一次普通开放式基金的拆分流程。

还有一种比较少见的变化规则是让分级 B 和母基金净值下降到和折算前分级 A 净值相等的水平。比如上折基准日那一天，分级 A 的净值是 1.025 元，那上折之后，分级 A 完全不受影响，分级 B 和母基金净值都变成 1.025 元。这么做的优点是避免原本只和分级 B 有关的上折影响到分级 A，尽量降低上折带来的影响，但随之而来的缺点也很明显，对分级 B 和母基金的投资者来说，因为不是统一回到 1 元，在计算自己上折前后收益变化的时候容易糊涂。所以这种改良后的上折规则并没有成为市场主流。

不过另一种在银华锐进上折规则基础上改良过的新规，得到了主流市场的接受。银华锐进最初设计的上折机制是母基金净值涨到 2 元后上折，此时分级 B 已几乎没有杠杆，所以后来就有许多分级基金把上折时的母基金净值阈值下降到 1.5 元。所谓阈值就是临界点的意思，一旦越过这个点，事物的变化就会从量变变成质变，上折就是一种质变。在母基金净值为 1.5 元的时候，分级 B 的净值杠杆往往还有 1.5 倍，这时候对激进型投资者有一些吸引力，在这时上折，把净值杠杆重新提高到最初的 2 倍，能对投资者产生更强的吸引力。后来甚至有些转债分级基金把上折阈值进一步降到了母基金净值 1.4 元。上折机制的设计本身就是为了尽可能地保护分级 B 投资者的权益，尽可能降低涨慢跌快这一不公平设计的影响。

上折的流程一般是这样的：T 日，也就是折算基准日，分级 A 与分级 B 正常交易，母基金暂停申赎，场内买入的分级 A 和分级 B 不能合并；T＋1 日，分级 A 和分级 B 暂停交易，母基金继续暂停申赎；T＋2 日，分级 A 和分级 B 在 10：30 恢复正常交易，母基金恢复申赎，分级 A 和分级 B 持有人收到母基金份额。

具体某个分级基金的上折机制到底是怎么设定的，母基金净值还需要涨多少才会触发上折，这些信息我们都可以在集思录中的分级基金项目下的"母基"一栏中找到（见图 9.3）。

图 9.3　母基金数据一览（来源：集思录）

保护分级 A 利益的向下折算

如果说上折是为了保护分级 B 持有人的利益，那下折则是为了保护分级 A 持有人的利益。

当分级 B 净值不断下跌时，杠杆就会不断放大，如果不设置一个熔断机制，一路"跌跌不休"，最后分级 B 的杠杆可以放大到几十倍，净值会跌成渣。假如分级 B 向分级 A 借来的 0.5 元每年要支付的利息是 6%，也就是 3 分钱，但如果分级 B 投资亏损，最后手上连 3 分钱都没有了，拿什么向分级 A 付利息呢？分级 A 作为债主的权益不就没法保障了吗？所以当分级 B 的净值跌到一定水平后，就必须要熔断，不许它再以那么高的杠杆往下跌了，这就叫下折。

当年创立这个下折机制时，银华锐进设定的阈值是 0.25 元，这时母基金对应的净值一般在 0.625 ～ 0.66 元，此时分级 B 的净值杠杆在 5 倍以上，银华基金认为，这已经是分级 A 持有人能承受的风险极限了，也是分级 B 合理杠杆的上限了。这个规则一直延续至今，几乎被所有的后来者继承。当然，后来出现的数量很少的债券分级基金和转债分级基金由于初始杠杆更高，所以把分级 B 的下折阈值提高到了 0.4 元或 0.45 元。

所以一定要搞清楚，触发上折机制和下折机制的标准不一样，上折要看母基金净值，下折要看分级 B 净值。

一旦触发下折机制，分级 A、分级 B 和母基金的净值都会折算为 1 元。对于分级 A 来说，下折和上折或者定期折算其实是一回事，都是一次基金强制分红派息，因为分级 A 的净值原本就一直在 1 元到 1.08 元之间小幅波动。但对分级 B 和母基金来说，则是一次基金合并的过程，因为这时这俩的净值都在 1 元以下，如果要让净值回归到 1 元，就必须减少基金份额，这个逻辑正好和基金拆分相反。

举个例子，一个 5∶5 拆分的分级基金，某一天分级 B 净值正好是 0.250

元，触发下折机制，当天分级 A 净值是 1.026 元，此时母基金净值就是 0.25/2 ＋ 1.026/2=0.638 元。假设你持有 1000 份分级 B，净值要从 0.25 元提高到 1 元，相当于原本 4 份基金合并为 1 份，所以你持有的分级 B 份额就会缩水到 250 份。

分级 B 下折能有多危险？

2015 年股灾期间，由于股市持续暴跌，引发了分级 B 集体下折潮，导致许多人在短短一个月里账面上出现了超过 90% 的亏损，这是怎么造成的呢？

举个例子，比如某个分级 B 在 6 月初因为股市持续上涨，刚刚完成了一次上折，净值回到 1 元，你看到这只基金刚上折完，杠杆恢复到 2 倍，很有吸引力，于是你就在 1.12 元价格附近大举建仓。没想到股灾来袭，这只基金的净值和价格都在噼里啪啦往下跌，因为越跌杠杆越高，亏损速度越快。一开始你没想割肉止损，觉得这只是牛市中期调整，后来发现苗头不对，想割肉走人，却由于受到二级市场每天 10% 的跌停板限制，想卖卖不掉，只能看着它天天跌停。结果跌到 7 月初的某一天，恰巧又遭遇大跌，这个分级 B 的净值突然从前一天的 0.28 元跌到 0.12 元，触发下折机制。这时不是应该按照 0.25 元的基数 4：1 缩减份额吗？但在超高杠杆遭遇市场暴跌时，就会遇到一下就从 0.25 元跌到 0.12 元的奇葩局面，导致你手里的分级 B 缩水比例是 8.33：1，0.12/1.12×100%=10.7%，可不就亏了 90% 吗？而一旦完成下折，你手里的分级 B 杠杆将大幅下滑，就算之后股市重新上涨，指数回到原位，高杠杆造成的大部分损失也回不来了。说得极端点，你手里的分级 B 遭遇一次下折的损失，可能是此后连续两次上折的收益都弥补不了的。

当然，你可能会说，我能不能专门在分级 B 净值跌到 0.5 元以下，杠杆比较高的时候入场博取高收益呢？可以是可以，但你要知道，这是在刀口舔血。一旦下折，你面临的依然是 50% 以上的亏损。

哪怕在净值跌到 0.3 元附近再建仓，赌明天股市绝地反弹，也有巨大风险。

且不说万一出现股市暴跌导致净值瞬间跌到阈值 0.25 元以下的特殊情况，例如跌到 0.12 元，依然会让你承受巨额亏损。就算股市只是小幅阴跌，某天净值跌到 0.24 元触发下折机制，你以为你的损失只是 20% 吗？错，那么高的杠杆会吸引大量像你一样的赌徒疯狂建仓，从而让分级 B 二级市场出现大幅溢价，净值 0.3 元，价格却可能还维持在 0.4 元的高位，大幅溢价 33%，就算跌到 0.24 元就下折了，一样要亏 40%。

所以说，下折机制的存在，一方面是对分级 A 持有人利益的保护，另一方面也是对分级 B 持有人利益的巨大潜在伤害。在 2015 年股灾期间，正是由于许多根本不了解分级基金运作机制的投资者，发现自己手里的分级 B 在下折之后账面上出现了惊人的损失，才会到证监会和基金公司闹事，最后才促使监管当局对分级基金实施慢性“安乐死”。

所以，如果你是激进型投资者，还想在下一轮牛市到来时，依靠分级 B 的杠杆实现弯道超车，那力哥建议你，一定不要为了高杠杆而选择那些距离下折阈值比较近的分级 B。

怎么看眼下各个分级 B 的下折风险呢？老规矩，集思录的分级基金 B 类一栏中，有一条叫“下折母基需跌”（见图 9.4），那些母基金净值再跌不到 10% 就要下折的分级 B，集思录都会在对应的基金名称后面加一个红色的感叹号，提示你，这只基金很危险，不要碰。不过在力哥看来，10% 的安全区间还不够，不管你的投资风格有多激进，建议下折母基金需跌在 15% 以内的一律不要碰。

B类基金(刷新 30秒自动刷新) 仅看自选 分级大百科 分级基金投资FAQ

代码	名称	现价	涨幅	成交额(万元)	估值	净值	溢价率	剩余年限	利率规则	价格杠杆	净值杠杆	融资成本	参考指数	指数涨幅	下折母基需跌	上折母基需涨	整体溢价率	B份额(万份)	B新增(万份)	A:B	母基净值	公告	操作
[illegible]	[illegible]	0.976	0.00%	0.36	0.969	0.9693	0.69%	永续	5.0%	5.216	5.252	5.97%	债券总指	0.00%	11.16%	-	-0.21%	685	0	8:2	1.0161		
[illegible]	[illegible]!	0.650	-3.70%	2.53	0.563	0.5720	15.42%	永续	+3.0%	4.607	5.317	6.04%	中证转债	-0.31%	3.78%	66.97%	1.65%	2516	0	7:3	0.9010		
[illegible]	[illegible]!	0.714	-1.11%	0.01	0.590	0.5990	21.07%	永续	+3.0%	4.231	5.123	5.21%	中证转债	-0.31%	4.63%	54.47%	-0.06%	1262	0	7:3	0.9090		
[illegible]	[illegible]!	0.788	-3.31%	2.84	0.741	0.7500	6.39%	2.11	其它	4.019	4.276	5.74%	标普转债	-0.31%	9.18%	47.34%	-0.13%	2024	0	7:3	0.9530		
[illegible]	[illegible]	0.350	2.04%	221.98	0.335	0.3170	4.34%	永续	+4.0%	3.956	4.127	6.95%	中证军工	1.42%	6.17%	116.70%	-0.32%	16931	7	5:5	0.6830		

图 9.4　分级 B 数据一览（来源：集思录）

最后下折的流程和上折一样，力哥就不重复了。

适合定投的奇葩分级 B

看过了这些分级 B 的可怕故事，许多人心里应该已经把分级 B 打入了冷宫，决心一辈子都不碰了吧？且慢，先别急着下定论。

本书的第三部分，力哥会围绕定投这种最有效的基金投资策略展开全方位的介绍。最适合定投的是那些波动剧烈的基金，分级 A 这种波动很小的基金就没必要定投，只需要看准时机买入就可以了。大多母基金虽然可以看成是一只普通的指数基金，但也不是最适合定投的。原因是作为分级基金，这类指数基金的管理费往往比较贵，买这类指数基金还不如买 ETF 或 LOF。那么波动比 ETF 还要剧烈的分级 B 是不是最适合定投呢？

如果没有下折机制的存在，答案或许是肯定的。可下折机制的存在，让定投分级 B 的风险大幅飙升，变得不适合定投。

但今天市场上有且只有两只分级 B 没有像银华锐进那样设立下折机制，一只是这类分级交易规则的始作俑者——深成指 B，证券代码是 150023；一只是后来跟风的 H 股 B，证券代码是 150176。

申万菱信基金公司推出的深成指 B 和银华基金公司推出的银华锐进都诞生于 2010 年，是同一历史时期不同基金公司向不同方向开拓分级基金发展思路的试验产物，只不过后来银华锐进的模式被发扬光大并大量模仿，深成指 B 的模式只有一个跟随者。

而深成指 B 和银华锐进最大的区别，就在于有没有设立下折机制。前面说过，设立下折机制是为了保护分级 A 持有人的利益；但不设下折机制，任由分级 B 下跌，如何去保障分级 A 持有人的利益呢？

不按常理出牌的深成指

申万菱信深证成指分级基金的解决方案是当深成指 B 的净值跌到 0.1 元后，

让杠杆消失，深成指 B 不再向深成指 A 借钱，不再享受杠杆收益，不再承担杠杆损失，也不再支付利息，深成指 A、深成指 B 和母基金三者同涨同跌，都变成普通的跟踪深成指的指数基金。

这种制度安排的本质是通过牺牲分级 A 持有人的利益来维护分级 B 持有人的利益。当股市节节攀升时，深成指 A 就和其他分级 A 一样，只能享受约定好的那点可怜巴巴的利息，其他一个子儿都拿不到；但当股市不断下挫时，却可能会面临一夜之间从低风险的准固定收益类产品变成风险极高的指数基金，下跌变得无极限，而之前说好的利息也没了。通俗地说，这叫有福不同享，有难却要同当。

因为这种规则明显偏向分级 B 的持有人，欺负分级 A 的持有人，所以市场就会用折溢价率来自发"用脚投票"，表达自己的好恶。也就是说，投资者都喜欢没有下折风险的深成指 B，尤其是在熊市中，投资者会拼命追捧买入深成指 B，导致深成指 B 出现大幅溢价，而净值越低，杠杆越高，溢价率就越高。比如说，截至目前，深成指 B 历史上的最低价格出现在 2013 年 6 月 25 日，当天盘中最低价是 0.281 元，而当天的基金净值是 0.0902 元，0.281/0.0902=3.115，也就是说，此时深成指 B 有超过 200% 的溢价率。哪怕你现在去集思录上看分级 B 的溢价率排名，深成指 B 也永远排在第一位，动不动溢价率就在 100% 以上。

反过来说，深成指 B 溢价那么高，也就意味着深成指 A 的折价率也会高得出奇，因为激进型投资者不稀罕这点收益，保守型投资者又担心它会大跌，两头不讨好。所以你在集思录上搜分级 A 的折价率排名，深成指 A 也永远雷打不动地排在第一位，基本上折价率都在 20% 以上。

举例来说，当深成指 B 的净值跌到 0.1 元后，假如母基金又跌了 20%，深成指 B 也会跌 20%，也就是跌到 0.08 元，而深成指 A 一样要跌 20%，净值会跌到 0.8 元附近。所以为什么深成指 A 在二级市场的价格往往都会有 20% 的折价，就是把这部分看跌期权提前算进去了。

反观深成指 B，这时候就是"光脚的不怕穿鞋的""死猪不怕开水烫"，本来就跌成这样了，反正不会下折，现在也没有杠杆，不用承担融资成本，那就耗着。一旦股市上涨，净值回到 0.1 元上方，就能享受到超过 10 倍的疯狂杠杆，那还不涨疯了。

但是要注意，一旦深成指 B 的净值回到 0.1 元上方，赚到的所有收益都要优先全部弥补给深成指 A，让深成指 A 的净值回到原本应有的水平，也就是 1 元到 1.07 元之间，因为深成指 A 的利率规则是一年期定期存款基准利率＋3%。

在弥补了深成指 A 后，如果股市还在涨，母基金才会把超额收益分配给深成指 B，深成指 B 的净值才会从 0.1 元开始启动上涨，所以你可能会看到一种奇葩景象：明明这两天股市在涨，但深成指 B 的净值却一直维持在 0.1 元不动，就是这个道理。

深成指的赚钱机会

理解了这个分级基金的奇葩规则后，我们再来看如何利用这套全市场独一无二的规则赚钱。

对深成指 A 来说，因为是"后妈生的孩子没人疼"，所以市场长期折价，这反而可能给我们带来投资机会。一般来说，深成指 A 二级市场价格超过 1 元，就是溢价，肯定不具备投资价值；在 0.8 ～ 1 元是合理水平，可买可不买；跌破 0.8 元就有了一定的投资价值，如果低于 0.75 元以后再开始买入，风险其实并不高。要知道，诞生近 7 年来，深成指 A 价格最低也只跌到过 0.66 元。

就算你运气很差，在 0.75 元大举买入深成指 A 后，即使股市长期低迷，它长期浮亏，也没关系，你仍然可以像买绩优高息股一样，长期持有吃利息。

2017 年深成指 A 的约定利率是 4.50%，但因为你是以折价 25% 的冰点折扣价买入的，相当于原价 10000 元的基金，你只花 7500 元就买到了。到了定期折算日，你能赚到价值 450 元的母基金份额，还记得力哥之前介绍的分级 A 修正收益率的概念吗？你修正后的实际收益率就是 450/7500×100%=6%，这个收益，与其他理财产品相比不算低，但和其他分级 A 相比，几乎是最高的。

再来看深成指 B，最稳妥的玩法就是定投，因为它带有杠杆，波动会比较大。

力哥上面说过，历史上深成指 B 净值最低也只跌到过 0.281 元，因为它不会下折，所以市场上总是不缺贪图它的高杠杆的激进型投资者。就算现在把分级基金投资门槛提高到 30 万元，挡住了一大批小额投资者，在未来极端情况下深成指 B 的价格可能还会更低，但这个分级基金独特的机制决定了，深成指 B 价格几乎不可能还有更大的下跌空间。

所以在漫漫熊市中，深成指 B 价格在 0.5 元以下时，可以开始长期定投；如果跌到了 0.4 元以下，可以比较放心地定投；如果跌到 0.3 元以下，那就真的是千载难逢的加码定投抄底的机会了。

2015 年 6 月 15 日，深成指 B 达到历史最高价格涨到了 1.306 元，假如你在熊市里持续定投，把定投平均成本控制在 0.35 元以下，等下一波牛市再起的时候，如果深成指 B 还能回到那么高，你将能获得 273% 的超高回报。

当然，有一种极端情况是我们定投深成指 B 时要特别考虑的，那就是如果熊市长期持续，不见天日，深成指 B 自己赚不到钱，还不断给深成指 A 贡献利息，那么久而久之，可能定投这类分级 B 的效果反而不如定投不带杠杆但成本更低的 ETF。还是那句话，哪怕以定投的稳妥形式进行投资，这类没有下折机制的分级 B 仍然仅限于激进型投资者。

更有吸引力的 H 股

明白了深成指 B 的交易规则，我们也就能理解 H 股 B 的交易规则了。两者唯一的不同在于，前者的上折阈值是母基金净值涨到 2 元，后者则是母基金净值涨到 1.5 元，相比较 H 股 B 的设定更合理。前者的下折阈值是深成指 B 净值跌到 0.1 元，后者则是 H 股 B 净值跌到 0.2 元，同样是后者更合理。H 股 B 在深成指 B 的交易规则上做了修改，让它具有了更强的吸引力。尤其是在 2017

年 5 月分级基金新规实施后，从二级市场的流动性上也能看出，投资者更喜欢的是 H 股 B。关于这两个奇葩分级基金进一步的实战运用，力哥会在本书最后的七步定投策略中再深入讲解。

分级基金的简单套利玩法

相比于 ETF 和 LOF 套利，分级基金的设计更复杂，所以套利玩法也更多。

第一种玩法叫分级 A 定折套利。在分级 A 定期折算前，如果正好处于折价，可以考虑先在二级市场折价买入，等定折完成后再以已经折算回 1 元的价格卖出，理论上这样就能把这部分折价给套出来。但这种套利玩法大多数时候只是"看上去很美"。一是因为二级市场有内在平衡机制，当一个分级 A 逼近定折日的时候，市场会产生分红预期，买的人就会增多，价格自然会逐渐向净值靠拢，缩小了折价套利空间；二是定折完成后重新打开交易的瞬间，分级 A 往往就会在市场供求关系的自发作用下，快速回到原来的折价位置，普通投资者很难能抢在那么短的时间里，把手里的分级 A 以 1 元的净值卖掉。

第二种玩法叫分级 B 上折套利。假如分级 B 在上折前夜处于折价状态，你这时买入，等上折完成后，就能以净值平价卖掉，从而实现套利。这种套利的风险很低，但几乎很少有这种机会。因为分级 B 上折意味着它涨势很好，超赚钱，这时往往是群情激奋的大牛市。分级 B 上折前一般都会大幅溢价，这时候，聪明的投资者会选择反向套利，暂时卖出手里超高溢价的分级 B，等上折完成后，再以 1 元净值平价接回来。因为上折后分级 B 恢复初始杠杆，涨起来更猛，对投资者吸引力更大，所以往往上折后分级 B 会重新产生大幅溢价，这时候你再卖掉，也能实现套利。

第三种玩法叫分级 A 和分级 B 的下折套利。一般来说，接近下折的分级 B 容易产生溢价，因为此时分级 B 的杠杆非常高，能吸引那些不怕死的赌徒来赌一把，赌它不会下折，反而能绝地反转大赚一票。配对转换机制的存在，意味

着对应的分级 A 此时会有比较明显的折价。如果最终触发下折，分级 A 和分级
B 折溢价抹零，此时分级 A 又出现了类似定折前的套利机会。只不过定期折算
没有任何不确定性，所以套利机会很少，而下折具有不确定性，所以理论上说
分级 A 的套利机会更大。但反过来说，如果分级 B 最终没有触发下折机制，反
而不断上涨，脱离了下折风险区域，分级 A 潜在的下折套利预期就消失了，原
本指望下折套利赚一笔而投机买入分级 A 的资金往往就会撤走，导致分级 A 价
格下跌，你就有可能套利不成反被套。

而下折时如果折价的是分级 B，溢价的是分级 A——这种情况在漫漫熊市
中比较常见——那理论上说，分级 B 反而有套利空间。但这种套利玩法更像是
在刀口舔血，哪怕你是以 0.25 元以下的价格买入临近下折并且大幅折价的分级
B，也不见得就能赚钱，因为此时杠杆超级大，如果下折那天分级 B 的跌幅比
较大，下折基准净值比你买入的价格还要低，你一样要亏钱。

所以分级 A 和分级 B 单独的套利，归根到底还得看它们各自的折价率到底
有多高，折价率不够高就千万不要轻易尝试套利。

分级基金分拆合并套利玩法

当然，更常见的分级套利是拆分合并套利。由于分级 A 和分级 B 的净值和
母基金净值存在恒等关系，但分级 A 和分级 B 的交易价格由于种种原因会围绕
净值产生波动，这种价格波动与净值的恒等式之间往往会有出入，所以就可能
存在套利空间。

如果我们从二级市场分别买入分级 A 和分级 B 合并成母基金的成本，比母
基金的净值低，可以产生整体折价，我们就可以进行合并套利。以 5∶5 的标
准版分级为例，假如某一时间点母基金、分级 A 和分级 B 的净值都是 1 元，而
分级 A 的价格是 0.9 元，分级 B 的价格是 1.04 元，0.9 ＋ 1.04=1.94 元，比两者
净值之和或者说母基金净值的 2 倍 2 元低了 0.06 元，1.94/2=0.97，这就出现了 3%

的整体折价。但你要扣除套利手续费成本：一是母基金赎回费，一般是 0.5%，少数是 0.7%；二是子基金的单边买入佣金，最低 0.01%，合计最低成本是 0.51%，所以理论上此时你就有 3% － 0.51%=2.49% 的买入合并套利空间。

　　套利流程是 T 日在二级市场按母基金拆分比例分别买入分级 A 和分级 B，5 : 5 拆分的就是买一样多的份额，4 : 6 拆分的就是买 4 份 A，买 6 份 B，这个千万要看清楚了，别瞎买。买入方法和买 ETF 一样，在券商交易系统里找到分级基金业务，点击"基金合并"，输入合并的母基金代码及数量，点击"确认"。T ＋ 1 日母基金到账，T ＋ 2 日可在场内分级基金一栏中点击"赎回"，输入基金代码及数量，支付赎回费并赎回母基金，一次合并套利就完成了。不同券商的操作界面不同，但像华泰证券等大券商现在都在交易软件里最显眼的位置把分级基金业务独立出来，这样顾客很容易就能找到它，并且操作一次就懂了（见图 9.5）。

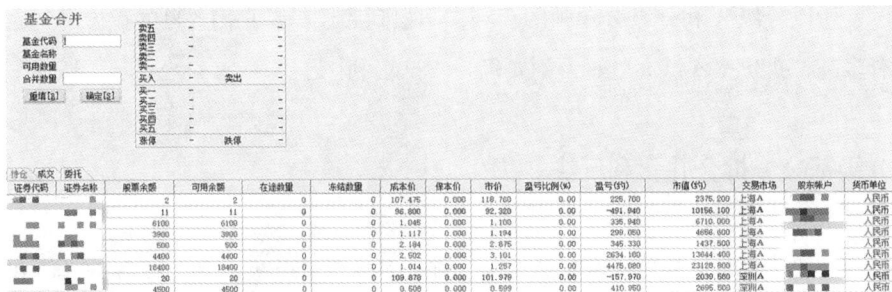

图 9.5　分级基金业务（来源：华泰证券交易软件）

　　反过来，如果分级 A 和分级 B 的价格之和超过了净值之和，产生整体溢价，就能玩拆分卖出套利。还是上面那个例子，假如分级 A 价格还是 0.9 元，但分级 B 价格涨到 1.16 元，加起来就是 2.06 元，2.06/2=1.03，这么一来，就出现了 3% 的整体溢价。而套利成本也分为两块：一是母基金的申购费，不同基金不一样，有的不需要申购费，有的收 0.01%，有的收 1%，有的收 1.2%，有的收 1.5%，你一定要了解清楚再操作套利，因为申购费越低，套利的空间就越大；二是子基金的单边卖出佣金，最低为 0.01%，合计套利手续费最高为 1.51%，还是有利润的。

要注意的是，有些券商为了鼓励用户多做分级套利，会给母基金申购费打折，打 8 折甚至打对折，还有些发行了多只分级产品的基金公司，为了"肥水不流外人田"，对旗下不同母基金之间的转入转出也收取较低的转换手续费，但这些优惠政策一直在变化，在这里就不做具体推荐了。

溢价套利的流程是：T 日在券商软件的场内分级基金一栏中点击"申购"，输入母基金代码和购买金额，按当天收盘后的母基金净值申购。T＋1 日，母基金确认到账；T＋2 日，点击"基金拆分"，输入母基金代码和分拆数量；T＋3 日，分级 A 和分级 B 到账可分别卖出。这样的标准流程需要 4 个交易日，但有些券商支持盲拆，意思是在 T＋1 日母基金还未到账时，先用 T 日申购金额减去申购费，再除以申购日的母基金净值，估算出申购了多少母基金份额，然后提前发出拆分指令，注意填写拆分份额时，最好比估算的份额少一点，以保证分拆成功。不管 A、B 基金的拆分比例是怎么设定的，为了保证拆出的子基金是整数而且还能上市交易，申请拆分的母基金份额必须是 200 份的整数倍。这样，就不用等 T＋2 日再申请拆分，两个步骤合在一天完成。到了 T＋2 日，分级 A 和分级 B 已经到账可以卖出了。我之前说过，套利最怕的是股市波动风险，另一方面套利耗时越长，风险越大，套利失败的概率越大。通过盲拆，分级基金的拆分卖出套利也和买入合并套利一样，3 个交易日就能完成，所以今天盲拆已经是分级套利的标配了。但即使 3 个交易日就能完成，分级套利依然是有一定风险的，切记切记。

要注意的是，场内申购母基金的门槛，深交所只要求 100 份起，但上交所却要求最低 5 万份起。所以没太多资产的人不太适合玩上交所上市分级基金的拆分卖出套利。

分拆合并套利特别提醒

上交所在 2015 年还发行过十几只像 LOF 一样也可以上市交易的分级基金，

它也同时拥有一级市场净值和二级市场价格，而且能做到 T ＋ 0 回转交易。乍一看，似乎套利速度更快，套利机会更多了，但因为套利速度太快、太方便，这些套利机会一出现就会被预设好的电脑程序自动捕捉完成，我们散户反而失去了套利空间。后来深交所发行的跟踪恒生指数和 H 股指数的两只分级基金，为了配合港股市场 T ＋ 0 的交易制度，也采用了这套模式，其中一只就是前面介绍过的不会下折的 H 股 B 的母基金 H 股分级。

另外需要注意，在发生定折或不定期折算时，都存在不能申赎交易、拆分合并的情况，这时玩套利风险更高，建议回避。

最重要的是，分级套利和单纯投资分级一样，在被监管层实行慢性"安乐死"的今天，大部分分级已经成了没有成交量的"僵尸基金"，千万碰不得，因为根本卖不掉。现在的分级投资者已经趋向于抱团取暖，所以要玩就玩规模排名前 20 位的分级。

而力哥上面提到的基金规模、成交量、整体溢价率、申购赎回费等信息，都能在集思录分级基金菜单下的分级套利一栏中找到（见图 9.6）。

A代码	A名称	A净值	A溢幅	A成交(万元)	A份额(万份)	B代码	B名称	B价格	B涨幅	B成交(万元)	B份额(万份)	A:B	合并价格	合并溢价	母代码	母基名称	母基净值	法算净值	跟踪指标	指数涨幅	估算仓位	昨日仓位	申购赎回	拆合溢价	操作
		1.659	0.00%	0.00	-1			1.160	8.45%	0.70	-2	4:6	1.3596	19.24%			1.1280	1.1402	中小300P	1.14%	95%	90%	1.2%	0.5%	
		1.188	0.00%	0.00				1.037	0.00%	0.00	0	5:5	1.1125	8.29%			1.0050	1.0273	固定钢铁	2.34%	95%	95%		0.5%	
		1.048	0.00%	0.00				1.080	1.94%	0.13	0	5:5	1.0490	5.21%			1.0070	0.9971	中证银行	-1.04%	95%	-50%	1.0%	0.5%	
		1.000	0.00%	0.00				0.522	2.35%	0.39	0	5:5	0.7610	3.47%			0.7310	0.7355	300高贝	0.66%	95%	94%	0.01%	0.5%	
		1.044	0.00%	0.00				0.490	0.00%	0.00	0	5:5	0.7670	2.99%			0.7373	0.7447	中证1000	0.99%	95%	95%	0	0.5%	

图 9.6　分级基金套利数据一览（来源：集思录）

最后，我想说的是，分级基金是非常重要但也是所有基金类型中最复杂的一个品种。如果绕开分级基金知识，这本讲基金的书就是不完整的，对读者也不负责任，但分级 B 的投资风险真的很高，并不是所有人都能接受，而分级基金是如此复杂，也并不是所有人看完后都能理解，所以请千万不要忘了我经常强调的两个最重要的理财原理：一是不懂的产品不要碰；二是明确自己的风险承受能力，千万别被自己的贪念牵着鼻子走，让自己面临无法承受的巨大风险。切记切记！

第 10 章
从保市基金到避险基金

保本为何变避险？

　　避险，即规避风险，听起来是不是挺有安全感的？而它原来的名字更厉害，叫保本基金，大大方方承诺保本并写进合同里。与避险基金相比，保本基金不是听上去更有吸引力吗？为什么要换名字呢？这还得从保本基金的历史说起。

　　保本基金最早诞生于 20 世纪 80 年代的美国，当时伯克利大学的两位金融学教授共同创立了投资组合保险理论，用于长期储蓄型保险的资产管理中。后来有几家金融集团把这套投资组合保险技术运用到公募基金中，具体做法是旗下保险公司发行保本基金并提供保本担保，由旗下基金管理运作。后来这种做法逐渐演变为独立的基金公司发行并管理保本基金，同时由银行、保险公司或担保机构提供保本担保。这种以基金公司为主导的保本基金模式成熟后，在全球范围内快速推广。

　　中国的第一只保本基金成立于 2004 年 2 月，名叫银华保本增值基金，随后内地迎来了保本基金的第一轮发行小高潮。但 2005 年以后，由于复杂严苛的发行审核机制，保本基金发展缓慢，比如 2010 年成立的近 150 只新基金中没有一只保本基金。当时市面上一共只有南方避险、银华保本、金鹿保本、南方恒元和交银保本 5 只保本基金，合计管理资产规模为 228 亿元，仅占全部基金管理规模的 0.9%。直到 2015 年，保本基金才迎来第二春，因为当时史无前例的股灾来袭，投资者眼看着自己手里原本收益颇丰的股票型基金跌得稀里哗啦，避险需求直线上升，使得保本基金的优点体现了出来。在 2015 年上半年的牛市中，许多保本基金同样赚了很多钱，但即使经历股灾，保本基金也不会亏钱。所以 2015 年新发行的保本基金高达 1203 亿元，是前 11 年总和的 4 倍多。2016 年开年 A 股又遭遇到熔断机制引发的股灾 3.0，投资者再次被吓傻，于是光 2016 年上半年新成立的保本基金就有 56 只，发行规模为 1473 亿元。到 2017 年 7 月，国内已经有 130 只保本基金。

保本基金为什么能保本?

说起保本基金的保本原理，就要说到前面提到的那两位美国教授发明的投资组合保险理论以及以此理论为基础衍生出的两大投资策略体系，其中有一类相对简单，是保本基金最常用的策略，直接设定参数比例来构建投资组合保险，叫恒定比例投资组合保险策略（constant proportation portfolio insurance， CPPI），意思是基金把钱分成两块：一块为无风险资产，投固定收益产品，这部分收益可以提前算出来；另一块风险资产，可以拿去炒股，可能收益更高，但也可能亏钱。而无风险资产和风险资产的配比取决于你的保本周期和保本要求。

比如有一只 2 年期 100% 保本的基金，募集了 1000 元，那保本目标就是 2 年后至少还给投资者 1000 元。假如当时两年期的市场无风险利率水平是 3%，倒推回去就是你得有 942.6 元买国债这类无风险资产，因为 $942.6 \times (1 + 3\%)^2 = 1000$ 元。这样就能保证 2 年后就算剩下拿去炒股的 57.4 元全部亏光，这只基金也一定能够保本。但真实的保本基金产品并不需要留足 942.6 元，因为手里的股票亏到一分钱都不剩的概率微乎其微，所以完全可以拿出 70 元甚至 80 元去炒股，当然还是要考虑到基金规模、市场行情、管理费用、基金经理水平等各方面因素。

注意，我上面说的只是 CPPI 策略的基本模型，实际上如果把风险乘数算上，还能演化出其他相对复杂的 CPPI 策略，比如固定组合策略、买入持有策略等，力哥就不细说了。

但随着时间推移，投资者赚到的钱越来越多，他们就不仅希望当初所投的本金安全，也希望在投资期间已经赚到的收益不要再吐回去，也就是希望不仅能保本，还能对基金现有的总资产进行更高级别的保本。这就要求基金经理在原有 CPPI 策略的基础上，再加设一个最低保险比例，用当下的资产总值乘以最低保险比例，作为最新的最低保险额度。还是举刚才那个例子，基金设立时设置的最低保险额度是 1000 元，过了一年基金表现不错，涨到 1070 元时，就要重新设置比例，保证基金到期时最低保险额度是 1070 元。这种策略叫时间不变性投资组合保险策略（time invariant portfolio protection， TIPP）。加入 TIPP 策略的保本基金就要比仅采用 CPPI 策略的更保守，风险更低。

基于投资组合保险理论的另一类投资策略是利用期权来构建投资组合保险策略，用期权定价公式来平衡调整，叫作 OBPI 策略。因为太过复杂，力哥就不展开了。

海外市场的保本基金地运用得更多的是 OBPI 策略，但由于金融衍生品受到严格限制，国内的保本一般只能采取 CPPI 策略。

选择保本基金需要注意什么？

在选择保本基金时，还有几点要特别注意。

第一，从有无担保的角度来看，保本基金可分为保证型和护本型两种，前者需要引入第三方担保，相当于增加了一道保本防护墙，后者则不需要。第三方担保人可以是银行、保险公司或担保公司。监管层从风险管控角度出发，不求有功，但求无过，就怕投资者像分级基金亏钱时那样来闹事，所以对安全诉求很高，这就导致了国内保本基金不但主要是保证型，而且基金管理人还要承担连带保险责任。也就是说，万一保本策略运作失败出现亏损，担保公司向基金份额持有人补足亏损的差额后，可以无条件地向基金管理人追偿，甚至会用基金管理费来弥补损失，相当于上了双保险。

第二，想要获得保本承诺，就必须在一轮保本周期开始前买入，并持有到一轮保本周期结束后赎回。保本周期一般为 2 年、3 年或 5 年。这意味着你必须在保本基金发行时的认购期一次性认购，或者在两个保本周期之间的过渡期一次性申购，中间不许赎回，持有到约定的保本周期结束，基金公司的保本承诺才有效。如果你在中途"上下车"，对不起，亏钱概不负责。很多人买了保本基金却还是亏钱，然后就很愤怒，其实就是因为根本没有搞明白这条保本基金最重要的规则。

第三，保本基金往往还会设计惩罚性的赎回费率——持有时间越短，赎回费率越高。以保本周期为3年的基金为例，一般一年内赎回要收2%的赎回费，一到两年赎回要收1.5%，两到三年赎回要收1%，到期免收赎回费。这样就能尽可能避免投资者中途"下车"，能够给基金经理布局投资提供最大的便利性。

第四，保本基金并非都是100%全额保本，也有只保80%、90%本金的部分保本，还有保110%的超额保本（意思是还保证最少赚10%）。别以为保本比例越高越好，比例越高不但意味着风险越低，也意味着潜在收益越低。有些承诺3年保赚10%，可能3年后真的只赚了10%，但其实年化回报率才3.2%，一样不划算。

第五，为了避免牛市里赚到的钱又在熊市里吐出去，不少保本基金还设置了触发收益率条款，最常见的设定为15%，这意味着保本基金在一轮保本周期没结束前，只要涨到15%，就会触发提前结束机制，强制兑现收益。但要注意，这15%不是预期收益，更不是约定收益，而且也并不是有这机制的就一定更好，还得看市场大环境和你的风险承受能力。在熊市里，有这个机制更能保障收益，但在牛市里，却会让你少赚很多钱。

最后，一轮保本周期结束后，有些保本基金会转型成混合型基金或直接清盘，也有些在满足规定的条件下，继续进入下一轮保本周期。可实际上只有少数保本基金到期后还能继续下一轮周期。因为缺乏赚钱效应，一旦保本周期结束，投资者往往会疯狂赎回。

保本基金的收益高吗？

截至2017年6月底，有16%的保本基金最近一年是亏钱的；赚钱的保本基金中，81% 的收益率不到 4%，连余额宝都跑不过；跑赢余额宝的保本基金一共才 4 只，最高的也只赚了 7%。因为经历过 2015 年的牛市，老保本基金的近 3 年收益率亮眼得多，最高的华安保本混合 3 年收益率达 72%。但是它最近的一轮保本周期为 2016 年 6 月 20 日到 2019 年 6 月 20 日，如果你 2016 年买了，猜猜到 2017 年 7 月收益率有多少？ 1.6%！

再举个例子，2015 年 5 月牛市方兴未艾时，和淘金 100 同时成立的博时招财一号大数据保本基金，到 2017 年 5 月保本周期结束时，2 年只赚了 2.92%。如果入场时机不对，大数据也没用。对当初信心满满想大赚一票的投资者来说，面对这种结局，一样要骂娘。

所以 2017 年 2 月 10 日，证监会发布了《关于避险策略基金的指导意见》，提出将"保本基金"名称改为"避险策略基金"，并且取消连带责任担保机制，规定原来已有的保本基金到期后再变。说到底和分级基金一样，在遭遇百年不遇的股灾时，保本基金中的风险资产来不及变现就击穿了保本线，净值很容易跌破 1 元从而出现浮亏，引发投资者恐慌性集中赎回，进而加大交易成本和保本难度。2016 年 11 月又遭遇债灾，保本基金中的无风险资产也出现了缩水，使得整个保本基金品种面临巨大风险，所以监管层才要求承诺保本的保本基金必须改名为不承诺保本的避险基金。同时还规定，80% 以上的基金资产必须投资债券等固定收入产品，投资的债券信用等级必须在 AAA 级以上，另外需要留下 5% 作为活期存款，只有不超过 15% 的资金可以买股票。所以今天的避险基金虽然名义上不承诺保本，但实际上风险反而比原来的保本基金更小了。

可说到底，不管是保本基金还是避险基金，本质上就是用大部分钱买债券，小部分钱买股票，这和力哥之前介绍过的二级债基很像。对于激进型投资者，避险基金潜在收益太低；对保守型投资者，可能还不如买纯债基金的长期收益来得好。但有一群人或许适合买避险基金，他们就是不甘心拿银行死利息，希望收益高一点，但安全性又不能降低，钱又可以长期不动的老年人。

第 11 章
打新基金稳赚不赔吗？

打新股赚钱的由来

打新基金，顾名思义，就是专门靠打新股赚钱的基金。要搞明白打新基金的原理，就要先搞明白中国的新股发行制度。

打新股是中国股市特有的一种现象。你会发现中国上市的新股，清一色随随便便就能连续上好几个甚至十几个涨停板，收益率超过 100% 的比比皆是，打新股和中彩票、捡钱没啥区别，这在海外成熟市场是极其罕见的。这到底是为什么呢？

20 世纪 90 年代初，我国刚刚设立股票市场时，还没有完全确立市场经济体制，所以包括股市在内的各种市场化探索都是走一步看一步，摸着石头过河。由于担心步子跨得太大，当时股票上市采取的是审批制，所以哪个企业能上市哪个不能上市，决定权在政府手里。每年有多少公司可以上市，每家公司能融多少资，都有指标额度，这本质上还是计划经济体制下的思维惯性。而且上市资格并不是完全根据企业本身的经济效益和市场竞争力决定的，而是搞平衡，这个部委给点，那个部委给点，这个省给点，那个省给点，一层一层往下分，就形成了"权力的傲慢"。

企业如果没有"关系"，搞不到指标就不能上市，不能上市就融不到钱，融不到钱企业就没法继续发展壮大，这是和企业自身利益息息相关甚至是性命攸关的事，一些搞不到指标的企业就不得不选择去向相关的政府官员行贿。因为谁可以上市，谁不许上市，说到底还是政府一句话，而政府是由一个个人构成的，所以最后就变成了主管发审工作官员的一句话，搞定这些官员，也就搞定了上市。而搞定官员的方法不是塞钱就是色诱，古今中外都一样，这样的制度就给相关官员"前腐后继"提供了巨大的空间。

不符合市场经济环境需要的审批制度，不但会导致权力寻租的腐败问题，而且会导致审批放行的速度远远无法满足市场需求，也就是企业渴望融资，投资者也渴望投资，但没有足够多的股票可以买。这种僧多粥少、资金多而股票少的局面就导致每一次新股上市都显得特别珍贵，人人争相抢购，自然股价就会在短时间内迅速飙升。

30年前中国第一代股民一夜暴富并不是靠炒股票，而是靠炒股票认购证。因为当时还是计划经济思维，什么都要管制配给，买肉有肉票，买布有布票，买股票也不是拿着钱就能买，得先有认购证才有资格买，于是认购证的价格被炒上天了，30元一张的认购证，到二级市场一转手能卖1000元，有几十倍的涨幅。认购证之所以那么值钱，就是因为当时股票的发行价格低得不可思议，比如当年上海"众城实业"的原始股，发行价格每股1元，一上市就变成了10元，然后又一度飙升到200多元。从1元到200元，200倍的收益啊！那真是一个"饿死胆小的，撑死胆大的"的时代，这种一夜暴富的机会，今天炒股的年轻人再也遇不到了。

中国股市著名的"8·10"事件

配给制度明摆着就是给你抢钱的机会，所以老百姓疯狂了。当时上海许多证券公司营业部不断发生股民因争抢认购证吵架、打架甚至踩踏等恶性事件。

1992年1月邓小平"南方谈话"发表后，坚定了中国要走市场经济改革的道路，股民的信心重新被点燃，到1992年5月，上证指数从200点涨到500点，几乎所有股票涨幅都超过了200%。当时市场上流行的一句话叫"只要买到股票就能赚钱"。

1992年8月9日和8月10日两天，深交所发行新股认购抽签表，售表网点提前三天就排起了120万人的长龙，当时整个深圳都没那么多人，这120万人是连夜从全国各地赶过来"抢钱"的，每个人都带着成捆的身份证。8月9日下午4点，深圳下起倾盆大雨，但排队者不分男女老少，依然前胸贴后背地排着队，不离不弃，到晚上9点，500万张认购抽签表全部发完。但很多人发现发放过程中存在营私舞弊现象，100元一张的表被炒到300～500元。到8月10日，半天不到表就发完了。很多排了几天队伍的老百姓愤怒了，到深圳市政府门前游行示威，要求惩治腐败。迫于压力，8月10日晚11点，深圳市政府决定再增发500万张认购表，但人群仍不肯散去，并和驱赶人群的警察发生冲突，这就是中国股市著名的"8·10"事件。

如果你想更进一步了解这段今天听起来很奇葩的历史，推荐一部名叫《股疯》的电影，讲的就是1992年中国股市的疯狂故事。

千呼万唤还不来的注册制

由于审批制的弊端太明显，2001年周小川出任证监会主席时，提出了新的改革方向，让证交所承担更多的上市审核职能，这种制度叫作"核准制"。

审核制是完全由政府行政力量来决定上市分配指标，而核准制则改为按市场原则由主承销商推荐，由发行审核委员会独立表决，由证监会核准的办法。也就是说，上市流程的开始阶段让证交所来负责，上市流程的结束阶段还是把握在证监会手里。

然而相比于审核制，核准制虽然更符合市场化的改革精神，但最后企业能否上市的决定权依然把握在证监会手里，守着各个关卡的审批人员仍然存在着腐败空间，比如2015年11月，当时的中国证监会副主席、主管发审工作的姚刚就因为腐败问题落马。

所以多年来，国内舆论一直在呼吁股票发行制度彻底改为注册制，因为在国外成熟的资本市场，股票上市都采用这种制度。注册制的意思是，只要你符合上市的条件，把材料准备齐全，主管机构检查一下上交的材料，如果都符合规定，就可以在报备注册后上市。至于说这家公司到底能不能融到资，上市后股价是大涨还是大跌，不用监管当局操心，完全交给市场去判断。这么一来，新股上市这件事就不再显得那么有吸引力，因为再也不是过去僧多粥少并且监管当局严格限定发行价的局面了。如果市场不认可，上市第一天股价不涨反跌，也就是所谓的跌破发行价（简称破发），也是完全有可能的。

从这个角度看，2001 年开始实施的核准制实际上是从审核制向注册制转变的过渡阶段，前者完全由政府说了算，后者完全由市场说了算。而根据 2013 年党的十八届三中全会精神，今后要在资源配置中起决定性作用的不是政府，而是市场，所以股票发行注册制改革符合中国市场化改革的大方针、大趋势。一旦完成了注册制改革，股民热衷炒作新股的投机风潮以及新股不败的神话就将彻底谢幕，所谓的打新基金也就成了无源之水、无本之木。

然而理想很丰满，现实却很骨感。根据 2015 年 12 月通过的决议，证监会将从 2016 年 3 月开始启动注册制改革，过渡期为 2 年，也就是到 2018 年 3 月，核准制将彻底改为注册制。但由于 2016 年开年 A 股就遭遇到了股灾，刚刚设立的熔断机制又引发了强烈的市场震荡，导致股市暴跌，人气涣散。如果此时再强推注册制改革，就会出现海量企业扎堆上市的局面，本来市场就人气低迷、资金不足，再集中上市那么多新股，会进一步对目前的存量资金产生"抽血效应"，很可能会导致股市再次暴跌，这显然不是以维持稳定为核心指导思想的监管层愿意看到的。所以，原本已经箭在弦上的注册制改革被迫一再推迟，到了 2017 年已经完全没了声音。因此在可预见的未来，我国的新股发行制度可能还会继续维持目前的核准制。

相比于审核制和注册制，当下核准制的流程都要复杂得多，因为它属于半市场半行政的半吊子制度，这个制度最大的弊端就在于新股的发行定价问题上，也就是俗称的 IPO（initial public offerings，首次公开募股）。定价问题通俗说就是发行新股。监管层一方面为了防止企业在 IPO 时过度圈钱，另一方面为了培养投资者理性投资、价值投资的意识，防止上市企业的股价过度透支未来，就会故意压低 IPO 价格。

和力哥之前讲解基金的一级市场和二级市场一样，股票的发行市场就是一级市场，上市后我们日常买卖股票的地方叫二级市场。一方面，由于政府对一级市场的 IPO 价格进行了人为抑制，上市后的股价存在价值回归的冲动；另一方面，IPO 的节奏依然掌握在政府手里，所以还是会存在僧多粥少的局面；再加上过去 20 多年新股上市后普遍出现大涨的局面让股民形成了路径依赖，股民们觉得新股上涨很正常，所以会注入更多的投机资金去炒作新股，在这几方面因素的综合作用下，就形成了持续至今的靠打新股赚钱的套路。

新股发行的猫腻

下面我们来讲讲市盈率，什么是市盈率呢？

它指的是决定一个新股发行价格高低的关键性指标。

市盈率，也称本益比，英文叫 price earnings ratio，简称 P/E。顾名思义，就是市价和盈利的比值，或者说是你投入本金和收益的比值，也就是这家企业最真实的投资回报率。比如你有一个包子铺，过去 3 年，你每年都能通过这个包子铺净赚 1000 元。假如今年你厌倦了包子铺的生意，想把包子铺卖掉，市场会愿意出多少钱来买你的包子铺呢？如果有人愿意出 1 万元盘下你的包子铺，如果预计未来包子铺还能每年赚 1000 元，意味着买家需要 10 年才能把本金收回，这时候，市盈率就是 10 倍。如果出 5000 元买包子铺，市盈率就是 5 倍；出 20000 元买，市盈率就是 20 倍。对于出售自家股票的企业来说，当然希望市盈率越高越好，但对于买股票的我们这些投资者来说，当然希望市盈率越低越好。那凭什么有的上市公司能维持 50 倍的高市盈率，有的却只能维持 5 倍的市盈率呢？这就取决于市场对这家公司未来盈利变化的预期。假如某家公司眼下盈利不错，但市场认为它已经是夕阳产业，未来会走下坡路，赚钱能力会下滑，愿意花大价钱买的人就少，市盈率就低；反过来说，如果市场认为某家企业前途无量，愿意花大价钱买的人就多，市盈率就高。这就像把某人一生的赚钱能力一次性打包买下来，对于 25 岁的年轻人来说，未来赚钱的想象空间更大，市盈率就高；对于 55 岁临近退休的人来说，则正好相反。而两个同样是 25 岁的年轻人，一个有研究生学历，一个仅有初中学历，前者的市盈率比后者更高。

A 股的新股定价机制经历过几次重大转变。在沪深两个交易所诞生以前，股票和邮票一样，大部分都直接按面值来卖，通常就是 1 元，用常识想想也知道，这肯定不合理。沪深交易所成立后，变成由负责销售股票的承销商"拍脑袋"确定一个固定的发行价格，让投资者认购。举个例子，阿里巴巴和乐视都是互联网企业，所以两者的发行价格就都是 20 元。今天看来，这样的制度同样很可笑。20 世纪 90 年代中期以后，引入了固定市盈率或相对固定市盈率的方法，市盈率大多在 10～20 倍。当然，此后随着市场的牛熊转换和管理层思路的不断变化，新股发行制度经历了好几次大大小小的改革，IPO 本身也是时而暂停，时而重启，因为太过复杂，力哥就不展开了。

普通股民如何参与打新股？

与 IPO 制度本身的不断变化同步的是，股民们打新股的规则也发生了多次改变，因为变化太多，力哥也不展开了，只说说在现行制度下，我们股民如何才能参与打新股。

眼下的新股发行分为网上公开申购和网下机构配售两个渠道。对个人投资者来说，只能参与网上申购，但因为大家都想要买新股，僧多粥少，所以只能采取抽签摇号的方式，随机发放新股申购资格。目前具体的做法是按照投资者所持有的二级市场股票的市值来分配申购新股的额度，这些投资者原本就持有的股票被通俗地称为门票股，投资者所持有的股票仓位叫作打新底仓。证监会之所以要设立这么一个制度，主要有两个方面的考虑：一是为了避免投资者为了把钱拿去申购新股而卖出原本持有的二级市场股票以筹集打新资金，导致股市下跌。现在的做法就起到了缓解一级市场对二级市场的"抽血"作用。二是倒逼那些原本不玩风险更高的二级市场股票、专门在一级市场无风险打新股的投资者，使他们为了今后能继续打新股，不得不先去买点二级市场股票，这样就给二级市场带来了增量资金。说到底，还是希望发新股不要造成股市下跌。

但这么一来，就不存在无风险打新的好事了。因为你总得先买点"门票股"，万一"门票股"没选好，大幅下跌了，不但你申购新股的额度会缩水，而且你的投资本身也在亏损。如果这头股票在下跌，那头新股却一直打不中，那真叫是"偷鸡不成蚀把米"，亏大了。所以，为了尽可能地降低"门票股"的风险，许多打新专业户会选择买业绩相对稳定而市盈率又很低的股票，比如银行股作为"门票股"。

打新股申购实操详解

新股票具体的申购规则是这样的：底仓股票的市值根据 $T-2$ 日前的 20 个交易日日均持有股票的市值来计算，深交所要求持股市值 1 万元以上才有资格参加申购，也就是在打新那天的两个交易日之前，你要连续 20 个交易日，也就是从 $T-21$ 日一直到 $T-2$ 日，保证名下持有的股票市值平均每天超过 1 万元。假如你临时起意要打新股，但距离打新股 $T-2$ 的日子只有 10 天了，你就要保证这 10 天里你持有股票的市值都在 2 万元以上；假如距离 $T-2$ 日只有最后一天了，那这一天里你只要买入市值 20 万元以上的股票，同样可以满足日均持有股票市值 1 万元的要求。

对深交所上市新股来说，每 5000 元市值配一个申购单位，一个申购单位为 500 股，也就是说你中一个新股就可以获得 500 股深交所的股票，而你的申购数量同样必须是 500 股或 500 股的整数倍，最高不能超过单一股票账户的可申购上限。那怎么看我要申购的新股最多能申购多少呢？点击天天基金网首页上的"新股"，就会跳转到东方财富网的数据中心，随后点击"新股申购"，就能看到所有近期已经上市或即将上市的新股的所有信息。其中有一栏叫"申购上限"，大盘股因为发行量大，所以申购上限会比较高，可以有几十万甚至几百万股；小盘股的申购上限则比较低，可能只有几千股（见图11.1）。

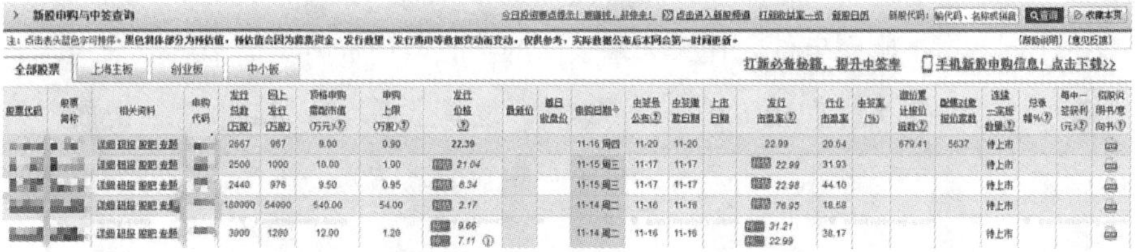

图 11.1　新股申购一览（来源：东方财富网）

而上交所的打新规则和深交所有少许不同，同样是以 1 万元股票市值作为打新入场券，但变成了每 1 万元市值配一个申购单位，一个申购单位为 1000 股，都比深交所增加了一倍；同样，申购数量应当为 1000 股或它的整数倍，最高不超过申购上限。

另外有两点要注意：一是现在一个股民可以允许有三个证券账户，也就是说你最多可以在三个证券公司名下买卖股票。有些股民的股票分散在不同的证券账户中，但只要是一个人名下的股票，不管在哪个证券账户内，中登公司都能统一查到，可以合并计算底仓市值，但是股民不能使用三个证券账户一起申购新股，只能选择其中之一申购。

二是如果同一天有多只新股上市，打新股的市值可以重复使用，也就是 N 个新股都可以打。这套底仓规则在 2016 年又发生了重大改变，即取消了预缴款。在过去，打新股必须冻结大量资金，对投资者来说，这大幅降低了资金利用效率；对市场来说，也会造成更大的市场波动。而如今取消了预缴款制度，相当于你只需要满足底仓要求，在新股申购日不需要提前准备任何额外成本，就能直接参与打新，等 T ＋ 2 日公布中签结果后，确认打中了新股，再支付新股申购费。如果有投资者在连续 12 个月内累计出现 3 次中签后不交钱，白白浪费名额，6

个月内将不得参与新股申购，但因为打中新股就是赚钱，这条规则没什么实际
意义。

不用多掏一分钱，坐等天上掉馅饼，这么一来，有资格也有意愿参与打新
股的股民人数就大幅增加了，以至于今天打新股几乎成了中国股民的一项全民
运动，几乎有新必打。可结果却是打新股中签的概率真的像买彩票中大奖的概
率一样，是超小概率事件。在天天基金网的新股申购资料页面中可以查到，如
今新股中签概率大多只有 0.01% ～ 0.04%，也就是平均每 10000 个人里面，只
能产生 1 ～ 4 个幸运儿。辛辛苦苦打了一年新股，结果一个都没中的股民比比
皆是。

打中一只新股到底能赚多少钱？

能否打中新股完全要碰运气，运气好中了新股后能赚多少钱，同样完全是
碰运气。

根据市场环境和新股本身吸引力的不同，新股上市后，少则会有 2 ～ 3
个涨停板，多则有几十个涨停板。迄今为止，上市后出现连续涨停板次数最
多的"妖股"是 2015 年 3 月上市的暴风集团，因为当时恰逢大牛市，暴风集
团又是一家极具公众知名度和想象空间的互联网企业，因此上市后居然出现
了连续 29 个涨停板，在第 30 个交易日打开涨停板后，又是连续 5 个涨停板；
跌了 2 天后，再来连续 3 个涨停板。暴风集团的发行价是 7.14 元，如果你在
第一个涨停板打开时以 157 元的收盘价卖掉，能赚到将近 75000 元，计算公
式是（157 － 7.14）×500 股；如果你胆子比较大，在上市后疯涨潮的最高峰
327 元卖掉，能赚到近 16 万元。当然，暴风集团的疯狂是当时大牛市环境下
的特殊产物，可就算是 2017 年熊市中发行的普通新股，打中后少则赚个几千
元，多则赚个几万元还是很正常的。

虽然打新收益很诱人，但打新概率实在是低，我没那么贪心，不奢求一夜

之间天上掉下几万元馅饼，那有没有什么办法能把这个大馅饼拆碎了，吃点边角料呢？

有，那就是打新基金。

基金打新股为什么中签率高？

前面介绍过，新股发行分成网上申购和网下配售，申购价格一样，但申购资格差很多，网上申购谁都可以玩，网下配售则分成 A、B、C 三类，A 类主要是公募基金和社保基金；B 类是企业年金和保险资金；C 类是符合特定条件的个人投资者以及私募基金。机构投资者需要满足持续经营有 2 年以上，开展 A 股投资业务时间达 2 年以上，并符合证券业协会对网下询价对象的市值要求的条件。个人投资者要求满足 5 年以上 A 股投资经验，总资产至少要达到 1000 万元，部分新股将门槛提高到了 2000 万～3000 万元。说实话，这个资金门槛不是一般的高。参与网下配售，就不能再参与网上申购，否则要被关上半年的"小黑屋"。一般情况下，网上占比小，网下占比大，但也不是绝对的，根据网上申购的踊跃程度，网上和网下的比例还会做二次调整，也就是说如果网上申购太火爆了，就会从网下再划拨一点份额给网上，这叫回拨机制。但不管怎么回拨，毕竟一个是普通市场，一个是土豪市场，人口基数差太大，所以线下配售的配售率还是远远超过了线上申购的中签率。比如说某个小盘股计划发行 3500 万股，其中 1500 万股给线上申购，相当于成千上万的散户都去无成本刮彩票，所以中奖率会低到 0.01%；其余 2000 万股给网下配售，只要土豪们成功参与到配售环节，就等于必中股票，只是看最后获配股数多少了。按配售原则，会优先向 A 类投资者倾斜，也就是公募基金和社保是"亲儿子"，会重点扶植，利益输送；然后才轮到 B 类投资者，也就是企业年金和保险资金，这是"干儿子"；配股率最低的是 C 类投资者，也就是游走在体制之外的私募基金和个人土豪。

如此，在网上申购的普通股民其实是站在打新歧视链的底层，资产在 1000

万元甚至几千万元以上的个人土豪看起来地位高得多，但和公募基金相比，依然不受待见。所以不管你有多少钱，自己打新股的收益率总是不如公募基金打新的收益率高。更何况绝大多数人都不是千万身家的富翁，与其自己去打新股，不如借道打新基金，既省心省力又赚得多。

但要注意的是，中国基金的分类中并没有一类专门叫打新基金，它只是民间流传的一种基金概念。因为现在打新股已经不再需要预缴款，只要有股票仓位的基金都可以参与打新。这么一来，不仅是普通的股票型基金可以打新，指数基金、混合型基金甚至债券型基金也都可以打新，所以又叫泛打新基金。

对于这些基金来说，打新是一种不需要额外耗费成本和精力，能轻松赚到钱的途径。

四招锁定优秀的打新基金

首先，我们一定要明确一点：对于泛打新基金来说，打新收益只是"餐后甜点"，起到锦上添花的作用，但并不是这只基金赚钱的核心手段。打铁还需自身硬，归根到底还得靠基金本身管理能力出色，历史业绩优良。这就要用到力哥前面讲解过的挑选股票型基金、混合型基金、债券型基金的关键技巧，这里就不重复了。具体来说，目前市场上主打打新概念的基金，大多数是灵活配置型和偏债型的混合基金。在它本身是一只优质基金的基础上，我们再来重点看它的打新部分。

第一是看规模，底仓规模至少要达到1亿元。如果基金规模太小，底仓的波动性高，也会面临巨额赎回时净值异常波动的风险；但如果规模太大，打新收益分摊下来就很少了。所以一般建议选择基金规模在6亿～12亿元的基金。

目前沪深交易所对线下配售部分的底仓市值要求在提高，沪市有5000万元底仓市值已成为常态，有的新股对底仓要求甚至提升到了6000万元，深市比较多的是3000万元。如果未来底仓市值出现整体上调，相应的基金规模达到 20 亿元会比较合适。

第二是看投资策略。打新基金普遍采取两类策略：一种是股票底仓加上打新，甚至还会加上对冲策略，从而保证底仓不出现大幅波动，这主要运用在灵活配置型基金上；另一种是股票底仓加上固定收益类，也就是债券再加上打新，主要运用在债基上。对前一种而言，基金的选股能力和底仓风险控制能力会影响最终的基金净值；后一种则更侧重基金背后债券投研团队的实力。

第三是看中签情况，也就是能不能做到有效询价，打中新股。已获配的新股金额占基金净资产的比例越高，新股上市后带来的单位收益也就越高。另外打新的持续性也要关注，毕竟我们希望买的基金能持续给我们带来打新收益，如果某只基金只是心血来潮偶尔参与几次打新，就和我们买这类基金的初衷背道而驰了。

第四是看基金的防套利意识。在短期大量打中新股后，有些基金能及时暂停大额申购甚至彻底暂停申购来避免大量套利资金流入而摊薄了打新收益，这样基金原投资者的利益就得到了更大程度的保障，这才是有良心的打新基金。

具体如何寻找打新基金？

老规矩，打开天天基金网首页，选择"基金数据"，在"打新股基金"一栏下，可以分别找到有效申报基金、已获配基金、基金获配新股的相关数据（见图 11.2）。然后我们把基金规模在 6 亿～12 亿元的、获配新股占净资产比例较高的、获配新股数量较多的并且近一年获配股数较高的基金先挑选出来，再根据力哥之前介绍的常规的优秀基金挑选方法进一步筛选基金，并最终选出最优秀的打新基金。

打新基金真的稳赚不赔吗？

最后力哥要提醒的是，新股不败的神话是在 A 股这种新兴市场的特定历史

> 近一月有效申报基金一览（包含已获配基金）　　　　　点击查看更多>

序号	基金代码	基金简称	相关资料	有效申报股数	有效申报金额（万元）	获配金额测算（万元）	已获配金额（万元）	基金净资产规模（亿元）｜日期	日累计限购金额	操作
1			估值图吧 档案	29 明细	230967.40	79.74（预估）	68.80	15.53　09-30	无限额	购买
2			估值图吧 档案	29 明细	230967.40	79.74（预估）	42.39	6.30　09-30	无限额	购买
3			估值图吧 档案	29 明细	230967.40	79.74（预估）	68.80	9.84　09-30	无限额	购买
4			估值图吧 档案	29 明细	230967.40	79.74（预估）	42.39	14.26　09-30	无限额	购买
5			估值图吧 档案	29 明细	230967.40	79.74（预估）	42.39	11.90　09-30	无限额	购买

> 近一月已获配基金一览　　　　　点击查看更多>

序号	基金代码	基金简称	相关资料	单位净值｜日期	已获配新股数	已获配金额（万元）	已获配金额占净资产比	购买起点	日累计限购金额	优惠费率	操作
1	519220		估值图吧 档案	1.0410 11-06	17 明细	49.71	4345.50%	100元	10万元	0.00%	购买
2	000841		估值图吧 档案	1.0848 11-06	19 明细	52.84	1702.83%	100元	100万元	1折	购买
3	001500		估值图吧 档案	1.0882 11-06	33 明细	71.66	813.21%	100元	1万元	1折	购买
4	002134		估值图吧 档案	1.0653 11-06	19 明细	52.84	421.04%	100元	无限额	1折	购买
5	000002		估值图吧 档案	1.0570 11-06	19 明细	52.84	291.98%	100元	10万元	1折	购买

图 11.2　打新股基金一览（来源：天天基金网）

时期才有的制度红利，IPO 由核准制向注册制转变的速度虽然放慢了，但大方向依然没有变。从过去这几年的趋势看，新股发行速度在加快，僧多粥少的局面正在逐渐改变，随着新股发行得越来越多，无风险打新的收益也会不断被摊薄。

　　从 2014 年 6 月 IPO 重启到 2015 年 7 月再次暂停之间，打新基金平均净值增长了 18.7%。但 2015 年上半年打新基金的优异表现更大程度上是依赖于牛市本身，打新部分带来的年化收益在 8% ～ 10%。而 2015 年年底 IPO 再次重启并取消了预缴款，A 股才真正进入全民打新时代，这股打新风潮在 2016 年 6 月达到了最高峰，当月上市新股平均能获得 18.31 个连续涨停板，但之后随着市场趋于理性和平静，加上 IPO 速度不断加快，新股收益开始持续走低。2016 年 9 月新股平均只有 11.91 个连续涨停板，到 12 月下降到了 10.15 个连续涨停板，到 2017 年 1 月，著名服装企业太平鸟上市后仅收获了 3 个连续涨停板。

　　打新收益下滑的趋势也影响了打新基金的整体表现。

　　2015 年打新基金平均年化收益率为 6.17%。2016 年在"股债双杀"的糟糕环境下，打新基金虽然还是全部获得了正收益，但收益率已不如 2015 年，排名前三的打新基金也只取得了 5.58%、4.6% 和 4.29% 的回报率，打新收益对基金净值的平均贡献在 3% 左右。到 2017 年 3 月底，打新基金业绩最好的居然是一只名叫"招商中证白酒"的指数基金，回报率为 11.75%，这主要受益于茅台股价的上涨，而打新基金整体平均回报率进一步下降到了 2.38%。随着 2017 年 5 月到 6 月次新股的普遍大跌，新股涨幅下降得更加明显，打新基金的吸引力也在不断下降。所以，打新基金并不是一种我们可以放心长期持有的基金品种，它的回报率既取决于股市和债市大环境的表现，也取决于新股发行速度以及监管层对股市的看法。

第 12 章
被忽视的生命周期基金

生活中经常会有人问我:"力哥,我也知道要投资基金,但是真的好复杂、好麻烦,你能不能直接帮我挑两只基金替我投资?你看,我眼下吃喝不愁,没啥急用钱的地方,这钱以后给我留着养老,只要你选的基金能长期跑赢通胀,能保值增值就行了,这要求不高吧?"

如果你的要求是不用自己操心,只希望眼下投入一笔钱,将来退休了能再把钱拿出来养老就行了,那还真有一类基金特别适合你,那就是生命周期基金(Life-Cycle Fund)。

人生与投资路上的不同风景

生命周期,主要是指人的生命周期和家庭的生命周期,它的概念应用得很广泛。在投资理财上,它给我们提供了一个实操性很强的框架,帮我们预见不同阶段可能面临的问题,来引导我们制定不同的理财目标以及不同阶段的风险控制方案。

这句话有点抽象,举个例子你就明白了。

比如在你年轻的时候,钱不多,最需要在提高赚钱能力的同时掌握投资技能,就可以去冒更大的风险,因为年轻无极限,光脚的不怕穿鞋的,哪怕赔光了也还有东山再起的机会,所以你的投资风格就可以更加激进一些;但是当你30多岁结婚生小孩了,肩上的负担和责任更重了,就不能再冒太大的风险,这时如果再把家底给赔光了,你拿什么养孩子呢?所以这时的投资风险就要开始偏向平衡,既要增值跑赢通胀,又需要考虑风险,不能太激进,也不能太保守;但当你已经是六七十岁的老人的时候,就必须采取保守的投资风格,因为这时你已经退休了，就那么点退休工资和年轻时攒下的棺材本，再也没有依靠二次创业东山再起的机会了，所以你一点也亏不起，亏了可能就永远也赚不回来了。

所以你看，在不同的人生阶段，对投资品种的需求和投资回报的预期都不尽相同。如果你有比较丰富的投资知识，比如跟着力哥学习了如何投资基金，就可以根据自身当下的实际需求，来选择配置不同比例、不同类型的基金。但对于不懂理财或者虽然懂点理财，但不想花太多精力来理财的人来说，生命周期基金就可以自动来帮你调整不同人生阶段的投资风险偏好和收益目标。

量体裁衣的生命周期基金

一般来说，生命周期基金的投资期限在 5 ～ 30 年。乍一看投资期限非常长，但它是开放式基金，中途依然可以随时赎回，不像你买了养老保险，如果中途要退保，就得承受巨大的损失。尽管进出灵活不受限制，但它本身的设计初衷还是希望投资者能长期持有，它根据你的长期投资目标来帮你进行配置，并随着时间的流逝而不断进行动态调整。如果你的目标是获得短期收益，那生命周期基金显然就不适合了。

生命周期基金通常分为两类。一类叫目标日期基金，根据投资者设定的目标日期调整资产组合。刚开始时，离目标期限还很远，投资者还很年轻，风险承受能力相对较高，生命周期基金就会帮你多买一些收益率高但风险也相对高的股票类资产；随着目标日期的临近，投资组合会逐渐变得保守；到达目标日期后，基金并不会解散，投资者依然可以继续持有，而那时基金将主要投资流动性比较好的固定收益类资产，等于是一个风险非常低、非常保守的投资组合，甚至有时可以近似看成是一只货币基金。这类基金通常直接用目标日期命名，例如国际上非常知名的先锋集团推出的目标退休系列基金（Target Retirement Funds），有目标退休基金 2020 版、2030 版、2040 版、2050 版，适合不同年龄的投资者。比如力哥是 1984 年出生的，我计划 55 岁就提前退休，也就是在

2040 年前后退休，那我就可以把我现在攒的养老金投到目标日期在 2040 年前后的生命周期基金里，这是目前生命周期基金中的主流。

与目标日期基金相对应的叫目标风险基金，这是基金成立时先根据风险等级的不同，设定不同预期的收益水平，它可分为高风险资产比例较高的成长型、低风险资产比例较高的保守型以及介于两者之间的稳健型。

养老金的最佳 CP

生命周期基金最早出现在 1990 年的美国，伴随着美国人口老龄化和养老金制度改革而诞生。

美国的社会保障体系包括三大支柱：

第一支柱是政府强制建立的社会保障计划。政府通过收税，成立信托基金，用来保障退休者和弱势群体的生活，这个算是国家给的基本保障。

第二支柱是雇主养老金计划，也就是政府鼓励的由雇主和员工共同出资的养老金体系，这是今天美国人最重要的养老金来源，其中最有名的就是早已风靡美国的 401K 计划。2006 年美国推出的《2006 年养老金保护法案》将生命周期基金指定为美国 401K 计划的"合格默认投资备选品种"，意思是说，如果 401K 计划的参与者没有特别指定基金投向什么产品，都默认投资生命周期基金。

第三支柱则是个人自愿建立的个人退休金账户和其他补充养老计划，也就是说，要想过上更好的退休生活，得自己再多攒一点退休金。最主要的养老金补充工具是两种，一是传统的养老保险，二是生命周期基金。

也就是说，生命周期基金的发展和第二支柱雇主养老金计划以及第三支柱个人退休金账户都有很大的关系。

今天，生命周期基金已经是美国养老金市场中的香饽饽，包括富达、先锋、巴克莱等大型资产管理公司都在拼命瓜分这个大蛋糕。截至 2013 年 9 月，仅美国市场上的生命周期基金就达到了 500 多只，资产规模达到了 5778 亿美元。

中国香港于 2000 年 12 月 1 日正式实行了一项政策，强制香港所有雇员成立投资基金做退休金，生命周期基金也受到了公积金资产的青睐。截至 2005 年 9 月底，香港过半的强制性公积金（以下简称强积金）资产投放在生命周期基金中。26 家强积金管理机构共管理 1066 亿港元强积金资产，其中，生命周期基金占到了 52%。

中国台湾地区也允许台湾劳退基金投资生命周期基金，但因为政府不鼓励，老百姓也不懂，所以基金规模都比较小，而且还在不断缩水。到 2011 年，台湾市场上总共只有 5 只全球投资型的生命周期基金，而早在 2008 年全球金融危机爆发后，受到全球股市拖累，这几只生命周期基金都曾出现过大幅亏损。

国内第一只生命周期基金：汇丰晋信 2016

就在海峡对岸的台湾出现生命周期基金的第二年——2006 年，中国大陆也迎来了自己的第一只生命周期基金——汇丰晋信 2016 生命周期基金。但从全球范围看，生命周期基金基本上都是 FOF 形式，即 fund of funds，基金中的基金，也就是投资基金的基金。这是因为美国生命周期基金管理规模前十位的公司都是大型的资本管理公司，旗下拥有极为丰富的基金产品线，所以自然就可以为自家的生命周期基金配置自家的股票基金和债券基金，这样就可以让生命周期基金的管理费率维持在较低水平，使平均总费用最低可以达到 0.22%，最高也只有 1.18%。

而汇丰晋信 2016 却并不是 FOF，而是和普通的公募基金一样是直接投资股票和债券的。这是因为我国当时还不允许公募基金设置 FOF。直到 2014 年，我国才确立了公募 FOF 的法律地位。说了这么一大堆关于生命周期基金的背景知识，你肯定想问："力哥，汇丰晋信 2016 到底表现如何呢？值不值得我们入手呢？"

这只基金于 2006 年成立，名字里写的是 2016，说明投资年限为 10 年。在成立初期，权益类资产比重是 0～65%，固定收益资产比重是 35%～100%，每隔一年股票投资上限降低 5%，接近 2016 年时，权益类资产的投资比例下降到 0～10%。到了 2017 年，股票资产配置的比例就只剩下 3% 了，其余部分都投向了债券。

从 2006 年 5 月 23 日成立到 2017 年 5 月 23 日，11 年期间它经历了 2007 年和 2015 年两轮大牛市，而它的大部分收益都来自于 2007 年那一波牛市，因为当时它才成立两年，还可以有 60% 的资金投资股市。随后是漫长的大熊市，但由于股票最高占比一直在不断下降，所以净值也一直相对平稳。到 2015 年新一轮牛市起来后，它的股票仓位已经降到了 10% 左右，已基本变成了一个债基，所以牛市对它没有太大影响。但正因为走势太过平稳，而这十年来中国市场此起彼伏地出现了各种能快速赚钱的投资机会，因此基金不断流失，它的规模也从刚开始成立时的 29 亿元，一路缩水到今天的 2.5 亿元。到 2017 年 5 月 23 日，11 年间其总回报率为 169%，年化回报率为 9.41%，同期沪深 300 指数上涨了 159%。和简单持有沪深 300 指数基金相比，这个生命周期基金并没有体现出太强的长跑实力，同样成立于 2006 年的普通股票型基金和混合型基金共有 72 只，11 年来的平均回报率为 215%，最高的回报率超过 600%。也就是说，我们在 2006 年闭着眼睛挑一只基金，长期表现比汇丰晋信 2016 好也是大概率事件。

同年不同运的生命周期基金：大成 2020

2006 年 8 月，中国第二只生命周期基金——大成 2020 生命周期基金成立了。虽然仅仅比汇丰晋信 2016 小了 3 个月，老二的命运却大不相同。12 年后的今天，它的基金规模不但没缩水，反而增加了近一倍，其初始规模为 11 亿元，现在则有 24 亿元。它之所以会受到投资者追捧，是因为它更加刺激。

汇丰晋信 2016 只有 10 年的投资年限，为了控制风险，每年股票最高占比都在下滑，导致到了基金生命的后期，就算股市走牛了，基金也赚不到多少钱。而大成 2020 的可投资年限多了 5 年，可以投资 15 年以上，可投资期限越长的基金所要承受的风险也会越高，所以大成 2020 的设计风格也更加激进，分成了三个阶段来动态调整权益类和固定收益类资产的比例，具体调整日期是 2010 年 12 月 31 日、2015 年 12 月 31 日和 2020 年 12 月 31 日，权益类证券的最大投资比例从 100% 开始，每次减少 25%，风险和收益也随之呈阶梯式下降。在 2007 年年底时它的股票仓位高达 92%，和指数基金差不多，而在 2009 年的超级大反弹和 2010 年先跌后涨的平衡市中，股票仓位依然在 90% 以上，所以涨跌一直很凶猛。到 2015 年牛市再次来到时，按规则还是可以配置最高 75% 的股票，它依然可以近似看成是一只股票型基金，而当时它的实际股票配比也的确在 70% 以上。所以在 11 年后的今天，虽然它的总体回报率只有 155%，还不如汇丰晋信 2016，但这一路上基金净值的波动非常大，更符合中国投资者喜欢追涨杀跌赚快钱的心态。

表现最好却不受宠的老三：汇丰晋信 2026

2008 年 6 月，汇丰晋信又发行了一只 2026 基金，把可投资年限拉长到了 18 年，但由于当时市场处于大熊市，其成立时规模只有 3.349 亿元，加上成立后股市继续下跌，净值迅速跌破 1 元，市场弥漫着恐慌情绪，所以它成立还不到一年，80% 的份额都已被赎回。到 2017 年 6 月底，基金规模只剩下 0.81 亿元。然而这 9 年间，它的累积涨幅却达到 118%，同期沪深 300 才涨了 25%，乍一看，这老三的表现比老大老二更优秀啊，可为什么还是没能逃过缩水的命运呢？

说到底，生命周期基金之所以在中国"水土不服"，还是由于中国投资者普遍信奉赚快钱，没有足够的耐心长期持有基金，看到市场变坏了，担心亏损加剧就赶紧赎回；看到市场变好了，可自己手里的生命周期基金能买股票的比例却越来越低了，不怎么赚钱，于是又赶紧赎回去买更激进的股票型基金。这也是为什么在这三只基金中，长期表现实际上最糟糕的大成 2020 反而更受投资者追捧，但这却和生命周期基金所倡导的长期投资理念完全背道而驰，导致设计这类产品本身的意义完全丧失了。

生命周期基金有前途吗?

除了中国投资者的不成熟，生命周期基金设计的本身在遇到市场突发的大幅波动时也可能完全无法应对。比如 2008 年，美国的次贷危机引发全球金融海啸，美国那些目标日期为 2020 年、2030 年和 2040 年的生命周期基金平均分别亏了 29%、34% 和 37%，距离目标日期越远的基金，股票占比越高，亏损幅度越大，这个很好理解。但没两年就马上要到期的目标日期为 2010 年的基金，当年也亏损了 25%。要知道，这些投资者本来是准备在 2010 年开始退休的，距离退休只有一年多时间了，突然账户里的养老金少了 1/4，他们怎么能接受?

而生命周期基金从 2006 年开始在国内试水以来，一共只推出过上面我所说的 3 种产品，市场之所以不买账，除了上面说的这些原因外，还有一个很重要的原因：我国现行的养老金体系无法助推生命周期基金的发展。这和生命周期基金在中国台湾地区的发展情况一模一样。

截至 2014 年年底，我国基本养老保险基金累积结余超过 3 万亿元，但这些钱只能买国债或存进银行，收益明显跑不赢通胀，所以实际上一直在贬值。2015年 8 月 23 日，国务院印发《基本养老保险基金投资管理办法》，规定基本养老金投资股票和股票型基金的比例最高为 30%，终于走出了千呼万唤的养老金入市的第一步。随着我国社会老龄化的加剧，现行的完全由政府兜底的社保养老体系在未来缺口会越来越大，政府越来越意识到建立像美国那样三条腿走路的全民养老体系的紧迫性和重要性，而在搭建第二支柱——企业年金和第三支柱——个人补充养老金账户的道路上，生命周期基金将会占据非常重要的地位。

所以，虽然眼下生命周期基金在中国受到冷遇，但力哥坚信，老龄化是中国未来 20 年面临的最大挑战，作为储备养老金的重要工具，未来政府一定会给予生命周期更大力度的政策倾斜和扶持，生命周期基金一定会迎来大发展。

生命周期基金 vs 商业养老保险

生命周期基金的最大竞争对手是商业养老保险。那如果我现在要筹备养老金，是选择生命周期基金好还是养老保险好呢？

从养老金储备的强制性上看，生命周期基金不具备强制性，只要支付不高的赎回费就能随时赎回，毕竟人性善变，如果这钱随时可以拿出来用，养老金储备计划的不确定性就会增加。而养老保险依靠高额的退保手续费，极大地遏制了投保人的退保冲动，为了不让自己损失惨重，投保人往往只能硬着头皮继续坚持投保，这样才能最大限度地保障养老金专款专用。

但养老保险的缺点也很明显，那就是收益率太低。2005 年以前，保监会规定我国储蓄型长期寿险的约定收益最高不能超过 2.5%，所以养老保险的年收益率大多在 2.3% 左右，根本跑不过通胀。2006 年以后，早已缺乏市场竞争力的养老保险开始改良，从单纯的储蓄险进化成分红险、万能险或投资连结保险，固定利率也改为浮动利率，这就不再受 2.5% 的收益率限制了，但在预期收益提高的同时，收益的不确定性也提高了。分红险和万能险都有一个保底收益，也不是很高，而想要获得更高的浮动收益，就得看保险公司的经营情况了。尤其是分红险，一年过去了，保险公司到底是给你分红 5% 还是一分钱都不分，这个没人说得准，更何况你买的还是动辄二三十年的长期寿险。而投资连结保险连保底收益都没有，还存在亏损可能，实际上就是个披着保险外衣的基金。把保障功能剥离后，单独看它的投资账户，会发现它和生命周期基金没多大差别，但是保险公司收取的管理费却比基金公司高得多。

所以，如果单纯从养老资产的投资性价比上看，生命周期基金要比养老保险的投资性价比更高，也就是在承担相同风险的前提下，它的潜在收益更高。对于懂理财而且自控力较强的年轻人来说，力哥更建议大家把生命周期基金作为养老金的储备工具。虽然眼下市场上并没有特别合适的生命周期基金可以直接购买，但我们也可以参照生命周期基金的构建原理，买一点股基，买一点债基，自己动手组建一个养老基金组合。原则是年纪越轻，股基占比越高；年纪越大，债基占比越高。

第13章
看上去很美的定增基金

力哥馒头店为何要增发？

定增即定向增发，是指上市公司向符合条件的少数特定投资者非公开发行股份的行为。这句话比较绕，通俗来说，就是我准备发行股票了，但不是新股上市 IPO，而是我已经是上市公司，过去已经圈过一次钱了，现在又想再圈点钱进来，增加发行一些股票，这叫作增发。但是这种增发的股票并不是谁都可以买的，而是只有我提前就约好的那几家关系户才能买，这叫作定向。

为了帮大家更好地理解上市和增发的区别，力哥来举一个例子。

比如，力哥馒头店当年上市时共发行了 100 股股票，每股发行价是 10 元，合计价值 1000 元。拥有 1 股股票就代表拥有力哥馒头店 1% 的所有权。但是力哥馒头店的生意越做越红火，力哥想赶快多开几家连锁店多赚点钱，但因为我开第一家馒头店的时间还太短，赚到的钱不足以支撑我开更多的馒头店。假如我想再开 5 家店，每开一家店的一次性投入是 800 元，那么合计就差了 4000 元。这 4000 元我有两种办法可以得到：一是债权融资，比如向银行借钱或者直接发行债券向投资者借钱，但需要支付利息，增加公司的财务成本；二是股权融资，我不是已经上市融资 1000 元了吗？市场上那么多投资者都买了我的股票，他们都看到我的馒头店生意红火，我就直接以准备新开 5 家连锁馒头店的名义，再向市场融资 4000 元。如果这时力哥馒头店的股价还是维持在 10 元，融资 4000 元就需要增加发行 400 股股票，但如果我增发的股票要 10 元一股，人家直接从二级市场上买的股票也是 10 元一股，为什么要买你增发的呢？所以为了能把增发的股票卖出去，就必须打个折，比如打个八折，这样你在二级市场买要 10 元一股，我这里增发的股票只要 8 元一股，只要增发股票数量从 400

股增加到 500 股，同样可以融资 4000 元。这么一来，力哥馒头店的股票就变成了 100 ＋ 500=600 股，过去持有一股股票代表拥有 1% 的所有权，而现在因为股票数量多了，公司规模大了，拥有 1 股股票只相当于拥有约 0.17% 的所有权。

虽然乍一看，作为创始人和大股东的力哥以及原有股东的所有权都被稀释了，但因为公司整体变大了，盈利能力更强了，所以分到每个人头上的利润，也就是每股净收益可能会不降反升，最后分红到每个投资者手里的钱也可能会不减反增。而对力哥来说，这样的融资不用承担任何成本。新开的馒头店如果生意更加红火，自然大家有钱一起赚；但如果馒头店的生意变差，这笔投资最后以亏本收场，也是这些投资者买单，自己不会亏一分钱，完美。

圈钱方法哪个强？

对于已经完成了 IPO 融资，还想再圈一笔钱的上市公司来说，具体做法可以分成三类：一是配股，二是公开增发，三是定向增发。

以前股市中最常用的是配股融资的方式。配股是配售股票的意思，只有你手里原来就有股票，我才能按比例再配给你更多的股票。所以配股的对象仅限于原本就持有上市股票的老股东。还是以上面那个力哥馒头店的例子来说，假如力哥采取配股的方式增发这 500 股新股，那就意味着原来持有 1 股老股的股东要再认购 5 股新股，新股的配股价是 8 元，也就是最少得再掏 40 元认购 5 股新股。配股完成后，原来持有 1 股的股东变成持有 6 股，但因为总股本也从原来的 100 股增加到了 600 股，所以占比还是 1%，所有权比例没有发生变化。

要注意的是，配完股后还要进行除权操作，英文叫 exit right，简称 XR，你如果在股票行情软件里看到某个股票的名字前面加上了 XR，就说明这个股票刚刚完成了除权操作。之所以增发新股后要进行除权操作，是因为公司原来的股价和配股或者说增发价格不一样。原来是 10 元，配股价却只有 8 元，但不管是老股还是新股都应该一视同仁，同股同权原则不能变，所以必须在完成增发后对股价进行除权操作，使老股和新股所代表的权益一致。在力哥馒头店的例子中，除权后的股价会由 10 元降低到 8.33 元，计算方法是（10×100＋8×500）/600，也就是老股的市值加上新股的市值再除以总股本，得出一个平均数。这样一来，配股前后你的账户总价值就不会发生变化，原来你持有 1 股股票，市价为 10 元，新买的 5 股每股 8 元，你又掏了 40 元，加起来总共是 50 元。除权后，6 股股票每股 8.33 元，合计也是 50 元，没毛病。

但配股这种增发方式一直饱受诟病，因为它带有一定的强制性。假如我现在手头紧，没办法再掏40元买你的股票，或者我就算有40元也不想买你的股票，可不可以？理论上说当然可以，可实际上你如果放弃配股资格，不仅原来的股权被稀释了，而且除权后原来的 1 股股票从 10 元变成了 8.33 元，你莫名其妙就损失了 16.7%。如果你不想白白损失这么多钱，要么就得硬着头皮掏钱配股，要么就得在配股开始前把手里的股票卖掉。如果选前一种，这个不情不愿掏钱的股东会不高兴；如果选后一种，股票被人抛售，股价会下跌，上市公司和其他股东会不高兴。

所以相比于配股，直接增发的方式现在更受到市场青睐。你不就是要融资嘛，找谁融资不是都一样，为什么非得把所有老股东都绑架了呢？

所以力哥馒头店直接把这 500 股新股拿出来公开出售，所有有证券账户的投资者都可以直接认购，这就叫公开增发。但公开增发也有两个问题：一是手续特别麻烦，还要交各种手续费，增加了上市公司的成本；二是上市公司要冒的风险比较大。假如增发股票数量超过了市场接受度，或者增发价格不具有很强的吸引力，可能就会乏人问津，导致增发的股票根本卖不出去，会影响到公司的商誉。假如力哥有个竞争对手一直想把我吃掉，过去我一直拒绝他的收购邀约，结果这下好了，增发的 500 股全被他买走了，他成了力哥馒头店的大股东，作为创始人的力哥反而成了小股东，甚至还会被一脚踢走，那麻烦可就大了。从 2015 年一直延续到 2017 年的万科股权之争，还不涉及增发问题，光是宝能在二级市场拼命买万科的股票，就差点把以王石为首的万科管理层"一锅端"了。

正是因为针对不特定公众的公开增发有这些弊端，所以现在的上市公司更喜欢定向增发，也就是找几个和我三观契合的土豪朋友，打个包直接把这 500 股新票卖给他们。因为一口气买得多，增发成本和增发风险都降低了，所以往往就会给出更优惠的"批发价"。而且定向增发完成后不需要进行除权，所以配股的最大弊端也被完美化解了。

成为主流的土豪盛宴

20 世纪 70 年代以后，美国市场上就开始流行通过增发的方式来实现再融资。80 年代以后，配股作为再融资手段急剧萎缩，几乎消失。增发，尤其是定向增发成为上市公司再融资的主要方式。到了 90 年代，包括欧洲、日本等更多成熟的市场也普遍以定向增发代替配股进行再融资。到了今天，许多国家的定向增发融资规模已经超过了 IPO 时的融资规模。

而定向增发在我国起步比较晚，因为 2005 年以前，由于存在不合理的股权分置制度，定向增发成了上市公司侵害小股东利益、向大股东输送利益的工具。直到股改之后，定向增发的规模才开始迅速扩大。如今 A 股市场每年定向增发的融资规模不但远超配股规模，甚至超过了配股加上 IPO 的规模总和。

定向增发的对象可以是法人、自然人或合法的机构投资者，数量上不能超过 10 人。统计 2006 年以来 A 股上市公司定向增发案例可以发现，将近 80% 的定向增发对象是大股东、大股东关联方以及机构投资者。也就是说，这是个土豪与土豪之间私下交易、闷声发大财的市场，而定增基金则给我们这些普通的个人投资者提供了在定增市场中分一杯羹的机会。

定增基金真的能"躺赚"吗?

股票的定向增发价格一般都会比二级市场价格低一些，又不需要做除权处理，所以这批股票流入二级市场后，就会对原来的股价造成冲击，从而间接损害散户的利益。为了防止利益输送，平衡大户和散户的利益关系，监管层出台了不少政策对定向增发进行规范和限制。比如定向增发必须符合股东大会决议，涉及外资的增发必须向国务院有关部门提交申请，批准后才能进行。对增发价的打折力度也有明确限制，一般是在定价基准日前 20 个交易日上市公司的平均股价的基础上，最多打九折。

除了价格上的限制，增发的股票也不能立即在二级市场卖出套利，一般从发行结束算起，会有 12 个月的限售期。如果是公司控股股东、实际控制人或者他们的关联公司、通过认购股份取得实际控制权的其他投资者以及境外战略投资者，他们的限售期要进一步拉长到三年。这样就进一步减少了投机空间，保护了散户利益。

国外的定增通常是用现金认购，主要目的是融资。国内的定增除了现金认购外，有相当一部分是用资产认购的，目的是实现资产重组、整体上市或企业并购。比如顺丰借壳鼎泰新材上市的经典案例中，鼎泰新材作价 8 亿元，但顺丰控股估值却高达 433 亿元，采取的方案就是先用鼎泰的 8 亿股份换顺丰的 8 亿股份，还差的 425 亿元向 10 名特定机构投资者定向增发筹集 80 亿元，剩余 345 亿元由原来的顺丰股东购买，最后再将"鼎泰新材"的名字变更为"顺丰控股"。2016 年 5 月 30 日，顺丰控股准备借壳鼎泰新材上市的公告发出后，鼎泰新材股价一路飞涨，最高突破了 57 元，而当时约定的增发价是多少呢？公告里写的是不低于 11.03 元。这其中的套利空间实在太诱人了，而唯一的获利途径就是买入对应的定增基金。

事实上，从 2016 年 2 月快递业巨无霸顺丰确认要在 A 股上市开始，就出现了许多号称将参加顺丰定增的基金产品，其中很大一部分是高门槛的私募基金。那是不是买到了这类定增基金就能"躺赚"了呢？当然不是。首先，最终能参与顺丰定增的基金不超过 10 个，顺丰那么大一块肥肉，每个定增基金都想分一杯羹，竞争非常激烈，能不能分到是未知数；其次，就算成功参与了，在经过询价后，最后确定的增发价和市场价相比，到底还有多大的折价空间也是未知数；最后，通过定增买到的股票需要在手里持有一年后才能卖出，这一年时间二级市场股价会涨还是会跌也是未知数。

2017年5月27日，为了进一步降低定增套利空间，以维护市场公平，证监会发布了一条减持新规，定增股东解禁后首年集中竞价减持不得超过定增认购股份的50%，也就是说，一年后解禁的定增股份只有一半，另一半要到两年后才能解禁，而且还需要满足任意连续90天通过集中竞价减持不得超过总股本的1%，通过大宗交易减持不得超过总股本的2%的条件。也就是说，短时间内大幅抛售定增股票已经不可能了。这么一来，参与定增的风险就进一步提高了。尤其是那些在2015年上半年4000点上方大量参与定增的基金，等一年后解禁了，这点定增折价远远不能覆盖三轮股灾对股价的打击，纷纷出现亏损。

所以说到底，玩定增的核心风险有两点：一是如果优质定增项目少而定增基金多，僧多粥少，就会像打新股一样，看起来很美，实际上这肉却吃不到自己嘴里；二是定增股价的折价空间如果不够大，而当下市场估值又不够低，那等一两年后解禁了，到底是赚是亏就说不准了。

横空出世的网红基金

从2006年年初至2015年年底，10年间定增市场年平均收益为37%，看起来非常诱人，但个人投资者只能通过公募基金的专户理财产品、公募基金子公司资管计划和私募基金参与定增，门槛多为100万元起，普通人玩不起。但2015年牛市来临，定增市场异常火爆，只做富人生意已经无法满足定增基金对资金的需求，于是越来越多主打定增市场的普通公募基金出现了。第一只是2015年2月5日成立的国投瑞银瑞利定增主题基金，封闭运作18个月，主要参与一年期的定增项目，到期后转成LOF。这个设计思路也被后来者争相模仿，也就是先有 12 个月定增股票锁定期，随后有 6 个月时间给基金经理在二级市场交易，这成了今天定增基金的主流模式。

但是要注意，定增基金的净值计算方法和普通基金不同，如果市场价低于定增价，也就是定增出现浮亏，那就会和普通基金一样按市场价计入净值；但如果市场价高于定增价，也就是定增出现浮盈，却不会将浮盈直接计入净值，因为定增的股票没办法马上卖掉，浮盈没办法马上变现，所以只能用比较复杂的计算方法，将浮盈按到期时间分摊折算到当下，因此定增基金公布的净值相对于真正的净值是折价的，可能浮盈超过了 50% 但净值却只增长了 20%，导致二级市场出现溢价。正是这种溢价现象使得 2015 年以来，越来越多的普通投资者开始注意到了定增基金。那些在 2015 年股灾之前高位接棒的定增基金虽然比较郁闷，但在股灾之后的震荡行情里买到的打折股票却大多质优价廉，到 2016 年下半年解禁后，往往都能赚不少。加上股灾之后 A 股市场人气低迷，缺乏可持续的赚钱机会，定增基金就成了 2016 年度最热门的网红基金。

截至 2016 年年底，有 17 家基金公司累计发行了 31 只公募定增主题基金，基金资产净值累计为 449.66 亿元，而 2015 年年底时这个数字还只有 65.34 亿元，一年时间里公募定增基金规模增加了 5.88 倍。

除了定增主题基金，也有将定增作为一部分策略的类定增基金。名字里包含 "定增" 两字的，80% 以上的仓位必须投向定增市场；名字中不含 "定增" 的，一般对定增仓位没有明确要求，是否参与、参与多少，都由基金经理决定。不管是哪种，它们共同的特点都是封闭运作，但可以在二级市场交易。

定增基金挑选技巧

挑选一只优秀的定增基金，第一点是择时。在 5000 点买打折股票和在 3000 点买打折股票所要承受的风险是截然不同的。所以定增基金不适合在牛市投资，更适合在熊市，尤其是熊市已持续一两年以后再开始投资，因为熊市持续时间越久，新一轮牛市到来的概率越大，加上还有一两年的锁定期，可能等到定增的股票解禁了，牛市也来了，正好大赚一笔。

第二，定增是个特殊的市场，机构投资者自身的整体实力强不强也很重要。目前公募定增基金中规模最大的三家基金公司是财通、博时和九泰。到 2016 年年底，这三家基金公司已成立公募定增基金 15 只，合计资产净值达 266.47 亿元，占市场规模的六成。所以选定增基金可以优先考虑这三家。

第三，看定增基金过往的定增项目情况，包括参与定增项目数量、项目折扣、项目浮盈浮亏状况、项目经营状况等。定增项目的优劣直接决定了它的市场表现，也决定了定增基金的最终收益。它是基金管理团队筛选定增项目的能力、拥有的定增项目资源以及风控能力的体现。

定增无限好，只是近黄昏

定增基金表面火爆，业绩却开始下滑，由于各路资金追逐，僧多粥少，项目折价空间不断收窄，一些机构为了拿到项目，报价甚至超过了市价。从 2016 年下半年开始，越来越多定增项目出现股价倒挂，定增破发现象也频繁发生。公募定增从赚得盆满钵满变得损失惨重，参与定增的基金纷纷被套。定增项目中亏损最多的是国金证券，2015 年 5 月底它的增发价是 24 元，一年后股价跌去了近一半；"定增王"财通基金获配国金证券定增股高达 3711.61 万股，一年后浮亏 4.5 亿元。

2017 年，随着证监会对再融资规模的不断压缩以及对定增套利的加码打击，定增基金的赚钱难度在不断加大，再加上 2016 年市场过于火爆，定增资金太多而定增资产不足，导致参与定增的折价空间越来越小，甚至出现了溢价增发的情况。这种环境下，一些 2017 年新成立的定增基金干脆空仓，留着 80% 仓位的现金等待市场转好。而那些成立于 2016 年的定增基金就比较尴尬了，因为根据 5 月的减持新规，就算到了一年也只能解禁一半，所以原本设立的 18

个月封闭期根本不够，到期后一定会出现限制赎回的情况，从而导致了这些定增基金的场内份额遭到投资者不同程度的恐慌性抛售，许多定增基金都出现了大幅折价。

截至 2017 年 6 月，在 52 只公募定增基金中，只有 8 只基金还保持着正收益。公募定增基金作为最年轻的基金品种，在不到 2 年时间里，就从"网红"变成了"过气明星"，令人不禁唏嘘，只能说"不是我不明白，是这世界变化太快"。我们投资理财必须与时俱进，不断根据市场变化进行自我修正。而暂时陷入低谷的定增基金，或许未来还有重放光芒的一天。

第14章
高级的量化基金

选择困难症？量化有妙方

量化就是可以数量化的意思。我们一般做研究有两种分析模式，一种叫定性分析，文科一般会采取这种分析方法，是非、大小、好坏，往往都是比较笼统的价值判断；另一种叫定量分析，理科用得比较多，因为所有理科的基础工具都是数学，现代科学就是建立在数学工具的基础上。像中国古代的医学书上写的都是某某药材少许，那这"少许"到底是多少呢？没有一个可量化的标准，完全靠医生自己的经验。而西医不玩这套，至少精确到克，多1克、少1克都不行。

在股市投资上，我们所熟悉的投资大师一般也都采取定性分析或者定性分析为主、定量分析为辅的投资逻辑。投资大师彼得·林奇说过，投资是一门艺术，而不是一门科学。投资决策不是通过数学计算就能做出的。然而随着过去20年信息技术的飞速发展，许多IT人才进入金融行业，发现依靠现代统计学方法构建起的数学模型来指导投资，要比过去那些投资大师云里雾里的智慧格言更可控制、更可复制，这种投资策略就叫作量化投资。如果投资是一门艺术，那就没有绝对客观的评价标准，我看好这只股票，你看好那只股票，就像我喜欢贝多芬，你喜欢莫扎特一样，完全是个人的主观判断，没人敢保证一个人的主观判断不会出错。而采取量化的方法后，投资就不再是什么艺术，而变成了毫无美感但是非常精确的科学，从而彻底消除了投资者的选择恐惧症。

如果看到这里，你还是没有想明白量化到底是啥，力哥举一个生活化的例子你就懂了。比如说，我们要买一台笔记本电脑，市场上有那么多品牌，那么多款式，那么多型号，怎么挑？如果光靠感觉，这台看着比较炫酷，这台重量比较轻，那台配置比较高……真的好难选啊。可一旦对你的需求做量化处理后，就容易多了。根据自己对笔记本的需求，把价格、外观、重量、配置等你能接受的具体指标范围列出来，再排出一个重要程度，比如外观和配置哪个在你心目中更重要，各自占的比重是多少，把决策背后的规则模型建立好，当外观和配置发生冲突时，也就是在同样的价格下，外款酷的配置低，配置高的长得丑，你就不用纠结了，按照这个模型直接打分排名，分数最高的那一款就是最适合你的，没毛病，哪怕你心里可能还在纠结，但选这个准没错。

投资不纠结，认准就去干

把选笔记本的逻辑套用在选股票上，就是事先设定一套复杂的程序，建立起关于选股和股票买卖时点的标准化数学模型，按照这套模型给出的指示去操作的基金，就叫量化基金。

量化基金最大的优点就是完全按事先设定好的程序办事，过程不受人为干扰。听起来有点像力哥前面介绍过的指数基金，尤其是那些更依赖于信息技术的大数据指数基金，但指数基金和量化基金有本质的不同。前者是完全的被动投资，个人主观好恶完全不起作用，基金经理只是个执行者，真正的决定权掌握在程序手里；而后者虽然也高度依赖电脑程序，但那套规则是人为预先设立好的。这个规则本身并不是绝对客观的，而是基于基金经理个人的价值判断，只是他一旦把这种价值判断输进程序以后，程序自己就有了生命，就会自动运行了，但到底要这个程序这样运转还是那样运转，决定权还是掌握在人的手里，量化模型只是工具而已。就像刚刚说的挑选笔记本的量化方法，并不是要帮你挑选出全市场公认最棒的那一款，而是根据你的需求和好恶来找到一款最适合你的笔记本。

所以本质上说，量化基金仍然是一种主动型的基金，是把投资者的投资思想和经验融入数学模型中，编制成程序交给电脑去执行。由此可见，这个模型并不是一成不变的，为了适应不断变化的市场，它需要在实践中不断检验、优化和自我改进。一旦某种模型已经不适应市场的变化，无法在当下市场中再赚到钱，那就会被果断舍弃。因为量化基金能否赚到钱的核心就在于它的量化策略是不是有效。如果某个量化策略现在依然有效，那这个量化策略就是这只基金打死也不能说的赚钱秘方。

不同配方，不同味道

具体来说，量化策略大体可以分成两类：一类是价格趋势型，主要通过量化方法从多个角度进行测评，分析未来价格的趋势，判断是向上的概率更大还是向下的概率更大，并始终让自己站在大概率的那一边。如果你每次交易都让自己站在大概率能赢的那一面，那么只要交易次数足够多，最终赚钱就会成为超大概率事件。

另一类是相对价值型，主要通过分析海量的历史数据，获取证券或者证券组合之间的价格差异，通过反复买卖来获得价差收益，通俗地说就是套利。而根据交易频率的高低又分成两种：频次低的是传统型，频次高的是交易型，也就是我们经常能听到的高频交易策略。比如力哥之前讲解母基金也能上市交易的分级基金时说过，这类分级基金因为套利太方便，理论上可以瞬间完成，所以靠人工手动发现套利机会并手动完成套利流程就太慢了，这其中的套利机会会全部被这些采取高频交易的量化基金给吃掉了。乍一看，每次套利交易可能只能赚芝麻绿豆大的一丁点收益，但因为程序可以"目不转睛"地全天候蹲守，一有套利空间就马上吃下来，久而久之，积少成多，也能攒下非常可观的收益。

另外，相对价值型的量化策略在实际操作过程中通常都会结合对冲策略来管理风险，所以经常可以看到它们的名字连在一起，叫作量化对冲基金。但量化并不等同于对冲，对冲也并不等同于量化，只不过这两种策略结合在一起使用，往往能起到更好的效果，所以才会相依相伴，交替使用。

和绝大多数创新投资理念和投资工具一样，量化投资也诞生于美国。从巴菲特的老师格雷厄姆，到力哥之前介绍过的马科维茨、威廉·夏普、尤金·法玛等一系列投资大师和经济学家的研究成果，为现代数量金融学这门学科的诞生和发展铺平了理论的道路，今天被广泛应用的量化策略都是在这些基础理论的基础上发展而来的。只不过要把这些理论进行量化处理，需要计算机技术的有力支持，而20世纪90年代以来计算机技术的突飞猛进，最终为量化基金的大放异彩奠定了技术基础。

量化基金不需要像传统基金那样养一大堆分析师进行人工分析和调研，只需要一个基金经理配上两个精通数学和编程的金融工程师就可以干起来了。这有点像今天的互联网创业，只需要一个产品经理加上一个安卓工程师和一个iOS工程师就能搞起来了，所以基金的管理成本也很低。

说到成本低，就不得不再次提到力哥最喜欢的指数基金。理论上说，完全应用量化技术去复制指数，而不是靠基金经理人工配置成分股的指数基金，也可以被看成是量化基金。但在真实的市场中，一般不把指数基金看成是量化基金，因为基金公司发行量化基金的目的以及投资者买量化基金的目的，都不是复制指数的表现，而是希望通过自家的量化模型，在股市中获得超额收益，从而战胜市场。所以，我们将量化基金与没有采取量化策略的其他主动型基金去比较才更有意义。

基于量化策略的量化基金，是目前市场上最复杂的、普通人最难以理解的基金品种，它并不像分级基金那样规则复杂，每一个量化基金的量化策略模型可能都不一样，每一个量化策略本身可能都非常复杂。比如量化选股、量化择时、统计套利、期货套利、期权套利、ETF/LOF/分级基金套利、事件驱动套利、算法交易等，每一个量化基金都会采取其中的若干种量化策略。其中ETF、LOF和分级基金套利交易的原理，力哥在前面的章节里介绍过，回想一下，你是不是觉得它们是本书里最复杂的知识点呢？而量化择时、期货套利、算法交易等就更复杂了，力哥真不忍心让你的大脑再受罪了。

中国量化基金初长成

由于量化基金是一个舶来品，国内的量化基金起步比较晚，熟悉量化基金管理的人才非常缺乏。2004 年，光大保德信推出了中国首只量化基金，名叫光大保德信量化核心基金，2005 年，上投摩根推出了著名的上投摩根阿尔法基金，这也是一只量化基金。这两家中外合资的基金公司之所以最先推出量化基金，是因为它们的外方股东保德信和摩根大通拥有比较成熟的量化投资模型，这是当年本土基金所缺乏的。

一直到 2007 年那一波大牛市到来前，量化投资的概念还非常小众，甚至对它有所了解的专业投资者也很少。直到 2008 年全球金融危机爆发后，许多丢了饭碗的华尔街金领被国内机构挖了回来，这一批量化投资人才集中回国，才使得国内量化基金的发展真正开始加速。尤其是 2010 年中金所推出的沪深300 股指期货，成为国内量化基金最重要的对冲工具，套利和市场中性策略等量化对冲产品开始兴起。公募、私募和券商纷纷成立量化投资部门，推出量化产品。量化产品主要分两种：一种是力哥之前介绍过的指数增强型基金，一些指数基金的增强部分就用了量化模型选股；另一种是主动型基金，它的投资决策均通过量化模型完成，也就是狭义上的量化基金。但直到 2013 年，量化基金的规模还是很小：一是因为这种产品太"高大上"，太复杂，高端人才缺口还是很大；二是量化投资非常依赖计算机程序，技术实力的高低对投资收益的影响很大，而国内量化交易程序的开发相对落后。"8·16 光大证券乌龙指事件"就暴露了量化交易在操作上的巨大风险。

2013 年 8 月 16 日，光大证券策略投资部门的自营业务，在使用自己研发的套利策略系统时出现漏洞，导致当天 11 点 05 分 08 秒之后的 2 秒内，瞬间重复生成了 26082 笔巨量订单，以 234 亿元巨量资金申购 180ETF 成分股，实际成交 72.7 亿元，使 59 只大盘权重股瞬间封涨停，上证指数瞬间上涨 5.62%，成为中国 A 股市场至今为止最大的乌龙事件，而其原因就在于套利系统自身存在风控上的严重问题。

2014 年之后，适应量化投资的高频数据处理方法不断从学术界转化到实际应用中，尤其是私募基金全面阳光化，使量化对冲基金在私募基金市场中遍地开花。2015 年，中国推出了上证 50ETF 期权以及上证 50 和中证 500 指数的股指期货，量化基金的套利工具更丰富了。

到了 2017 年，在投资界，量化投资学已经成了一门显学，是一种很常见的投资方式，几乎所有基金多多少少都会用到量化投资策略，只是用得多还是用得少的区别。我们通常把 90% 以上的资金用量化模型来做投资决策的基金称为量化基金，它的名称中一般带有"量化"这两个字，或者带有基金主要使用的量化策略的名字，如阿尔法、逆向策略、绝对收益策略、多因子等等，所以我们一般通过名字就能看出哪些基金属于量化基金。

常用的四种量化策略

常见的量化策略有这样四种：

第一种叫量化选股策略，指的是利用数量化的方法，挑选能够超过市场平均收益，也就是具备潜在阿尔法收益的股票组合，再加上股指期货对冲，就是常见的阿尔法策略。关于阿尔法收益，力哥前面讲解股票型基金挑选技巧时已详细说过了。量化选股策略的核心是根据基本面来选股，包括多因子模型、风格轮动模型、行业轮动模型等。其中多因子模型是应用最广泛的，做法就是采用一系列参数因子作为选股标准，比如基本财务状况因子、市场宏观因子等。买入满足这些因子要求的股票，卖出不满足的；风格轮动模型是根据市场的风格特征进行投资，在市场风格转换的初期同步转换持仓股票的风格，从而获得超额收益；行业轮动模型就是根据经济周期，买入未来大概率将进入上涨周期的股票。

第二种叫量化择时策略，顾名思义，上一个策略是用量化模型来选股，这个策略就是用量化模型来择时，所谓择时就是预测未来市场的走势，判断出股价未来会上涨就买入，判断出股价未来会下跌则卖出。具体又可以细分为趋势跟踪策略、事件驱动型交易策略、SVM 交易策略等。

相比于量化选股策略，量化择时策略的潜在风险和收益都更高，其中趋势跟踪策略是使用得最多的。趋势跟踪策略常用移动平均线、MACD 线、ADX 线、布林线等技术指标作为依据，属于使用计算机量化模型的技术分析流派，相比于传统的手动画线分析的技术流投资者，这类量化交易模型的买卖决策依据更加标准化，但预测市场短期涨跌实在是一件非常困难的事，所以运用趋势交易策略的投资风险也较高，判断对了能得到巨额回报，判断失误也可能造成巨大损失。所以，这是一种相对最简单，也最容易被普通投资者所模仿的量化策略。

而事件驱动型投资策略则是通过提前探究和预测未来可能发生的能造成股价异常波动的事件来谋求超额回报，比如 ST 类的股票摘帽、管理层更换、资产重组、大股东和高管增持、股权激励、定向增发、混合所有制改革等等，在预判到这些事件很可能将会发生但股价尚未做出反应之时提前介入，等事件发生后获利退出。这有点像散户听消息炒股票的高端版玩法，但风险依然不小，因为这些会影响股价的事件是否会发生、什么时候发生都有很大的不确定性，如果你能获得确定的消息而提前潜伏，那就是涉嫌内幕交易的违法犯罪行为了。

第三种叫统计套利策略，是通过对历史数据的统计分析，找出变量与收益之间的关系来指导套利交易。包括协整策略、均值回归策略、多因子回归策略等。因为越说越复杂，力哥就不展开了。

第四种叫算法交易策略，涉及大量算法和各种代码，是金融工程学的杰作。其可以分成交易量加权平均价格策略、时间加权平均价格策略等，我们经常听说的高频交易也属于这一类。

力哥在之前介绍过的大数据基金，模式是不是也有点像量化基金呢？其实随着大数据技术的不断发展，未来在量化模型中融入大数据技术也将是大势所趋。

量化基金的业绩也很"高大上"吗?

这类"高大上"的基金,它们的投资业绩是否也一样出类拔萃呢?

截至 2011 年年底,A 股市场上有 417 只偏股型基金,从 2012 年到 2016 年,5 年平均回报率为 86.22%,而同期上证指数累计涨幅只有 41.11%,说明在中国这个熊长牛短的市场中,单纯持有指数基金的长期表现很可能不如买主动操盘的主动型基金的表现。而在这 417 只偏股型基金中,有 14 只量化基金,你猜猜这 14 个量化基金的 5 年平均回报率有多高呢?

它们的平均回报率高达 136.24%,远远超过了普通偏股型基金的表现。在所有偏股型基金业绩排名中,前 5 名中就有 3 只是量化基金,其中排第一的是长信量化先锋混合 A,实现了 5 年 283.31% 的累计收益率;其次是大摩多因子策略混合,赚了 253.87%;再次是申万菱信量化小盘,赚了 242.64%。和前面力哥介绍过的避险基金、打新基金、生命周期基金、定增基金相比,量化基金的表现是不是更有吸引力呢?

虽然说过去 5 年量化基金的长期表现可圈可点,但这并不意味着在任何市场环境中,量化基金都能获得很优异的中短期表现。比如在 2011 年的大熊市中,上证指数下跌 23%,而同期 13 只公募量化基金则平均下跌了 25%。

在中国,量化基金还面临巨大的政策风险,因为大部分量化策略都需要股指期货、期权、融资融券业务的配合,尤其更需要可以做空的金融衍生品,这样才能起到对冲风险的效果。然而股灾过后,监管层对做空行为进行了严格的限制,导致以统计套利策略为代表的很多成熟的量化策略无法在国内应用,这类产品的收益也因此变得相对较差。

另外,量化基金还有一个巨大的潜在风险:由于它的赚钱原理是基于历史数据的量化模型,一旦市场走势发生超出预期的突然转向,模型可能来不及自我修正,就会形成"多米诺骨牌效应",从而可能会在短期内造成巨亏。

　　还有，量化策略模型并不是一成不变的，而是需要跟随市场不断升级换代，因为这就是一种聪明人赚钱的办法，然而当市场上运用这种复杂手段赚钱的聪明人越来越多时，过去能让你赚钱的量化策略可能就失效了。就像力哥常说的，任何一种投资机会，知道的人越多，赚钱的机会就越少。如果有个赚钱机会全世界的人都已经知道了，那也就没机会赚钱了。所以说，量化基金的世界是一个竞争非常激烈、非常残酷的世界，一旦你自我改良的速度慢了，别说赚不到钱，甚至还会亏钱。

　　上面这几点风险告诉我们，量化基金并没有多么神奇，归根到底，电脑也只是人脑的补充，想要第一时间应对市场变化，抵御各种风险，基金经理本身有丰富的经验才是最关键的。所以在挑选量化基金时，基金经理的历史业绩和基金公司的研发实力就很重要了。从择时角度看，量化基金更擅长赚市场波动的钱，所以单边上涨的大牛市和单边下跌的大熊市都不适合玩量化基金，而在震荡市中选择量化基金可能会更容易赚到钱。

第 15 章
资产全球配置第一步：QDII 基金

海外投资绕不过的资本开放问题

说到海外投资，就涉及资本开放的问题。在许多发达国家，由于金融体系已相对成熟，对于资本在境内外的流动就没有太多的管制，比如你想去美国投资，美国政府欢迎你；有一天你想把资本从美国撤出来，美国政府也会说，没问题啊，欢迎以后再来投资。这样的市场，就属于资本可以自由流动的高度开放的资本市场。允许资本自由流动，这本身也是资本主义的题中应有之义。

然而在很多发展中国家，由于经济相对落后，法制不够健全，金融体系也不够完善，一旦对资本实行完全开放，可能会导致一系列棘手问题。比如说经济发展好的时候，太多的境外资本涌入境内，会导致境内严重的通货膨胀、资产泡沫，同时会迫使本地货币迅速升值，这么一来就会让国内的出口企业蒙受损失；而一旦经济变差了，资本又容易集中撤退，产生"多米诺骨牌效应"，导致国内经济出现更大程度的衰退，导致股市、楼市和汇市都出现暴跌，进而可能产生严重的社会问题。另外发展中国家往往腐败问题更严重，一旦腐败贪官的违法所得很容易就能被转移到国外，惩治腐败和追讨赃款就变得更困难了。

所以资本的对外开放、货币的自由兑换，往往有一个循序渐进、逐步开放的过程。对中国来说，眼下为了保证中国货币政策的独立性和人民币汇率的稳定性，只能暂时牺牲掉资本的自由流动性。也就是说，咱中国老百姓在中国赚到的钱，不能不受限制地转移到境外，每个公民每年最高只有 5 万美元的换汇额度，一旦 5 万美元的额度使用完毕，你今年不能直接把境内的人民币换成外汇转移到国外了。

在经济学上有一个著名的"蒙代尔不可能三角理论"，又被称为三元悖论，这是由 1999 年诺贝尔经济学奖得主、"欧元之父"蒙代尔提出的。这个理论指出，一个国家在资本自由流通、保持货币政策独立性和汇率稳定性这三个政策目标之间，只能实现两者，不可能同时实现三者。这其中的复杂逻辑关系力哥就不展开了，你只要知道，眼下中国还不允许资本完全自由流动，是为了保证货币政策独立性和汇率稳定性。而未来，随着中国经济越来越融入全球化体系中，资本自由流动会是大势所趋，但代价是必须放弃货币政策独立性或汇率稳定性中的一条。

所谓货币政策独立性，就是我们的加息降息完全由我们自己的央行说了算，而像卡塔尔、阿联酋这些小国以及中国香港和中国台湾地区，为了保证资本自由流通和汇率稳定，就只能放弃货币政策的独立性，完全跟随美国的货币政策，也就是美国加息，我也得加息；美国降息，我也得降息。

作为在十多年后经济体量将会超越美国的超级大国，中国不可能放弃货币政策独立性，所以只能放弃政府对人民币汇率的控制权。这就是我们现在正在经历的金融体制改革：一方面，资本在逐渐对外开放；另一方面，人民币汇率的定价机制也正变得越来越市场化。

投资海外的过渡期：QDII 制度

为了满足国内投资者投资海外资本市场的需求，QDII 这种特殊的基金品种被引入了中国。

QDII 是 qualified domestic institutional investors 的缩写，翻译过来叫作合格的境内机构投资者，这是一种适合中国这种外汇管制国家的过渡性制度安排，在人民币和外币还没有实现完全自由兑换的情况下，先有限度地允许一些符合要求的中国境内的机构投资者，主要是基金公司和保险公司，用 QDII 这个渠道，去投资境外的资本市场。

QDII 制度的起源还要追溯到 1983 年中国台湾地区的做法。当时的台湾也和今天的中国大陆一样，还没实现完全的资本开放，所以就对外资实行 QFII 制度，即 qualified foreign institutional investors，翻译过来就是合格的境外机构投资者制度，持有 QFII 牌照的海外投资机构就可以进入台湾投资。后来就有人提出，既然境外投资者通过特定渠道到境内投资叫 QFII，那反过来，境内投资者通过该特定渠道到境外投资不就可以叫 QDII 了吗？所以从 20 世纪 90 年代初开始，包括中国台湾、韩国、智利、印度、巴西等许多当时资本项目并没完全开放的国家和地区便设立了 QFII 和 QDII 制度，统称双 Q 制度。

1997 年香港回归中国后，作为全球金融中心的香港和内地的经济发展联系越来越紧密，为了吸引更多内地的资本去香港投资，2001 年，香港特区政府向国务院呈交报告，建议在内地设立 QDII 制度，给国内资本"出海"提供一个特别通道。

2004 年 8 月，保监会和央行联合发布《保险外汇资金境外运用管理暂行办法》，给保险公司打开了一条境外投资的通道，作为 QDII 制度的试点。但保险公司只能用自有的外汇资金投资境外市场，不涉及换汇问题，所以不能算真正的 QDII 制度。

直到 2006 年 4 月 13 日，央行发布了关于调整外汇管理政策的第 5 号公告，这个被称为 QDII 开闸的"第 5 号公告"，正式允许符合条件的国内银行、证券公司、基金公司、信托公司和保险公司投资境外市场。最早开始行动的是工农中建四大行以及当时已经被允许进入中国展业的部分外资银行，他们纷纷推出了 QDII 型银行理财产品，但因为当时国内投资者对 QDII 这个概念还很陌生，而且投资门槛较高，所以最开始 QDII 型理财产品的销售并不火爆。

2006 年 9 月 6 日，国家外汇管理局发出了《关于基金管理公司境外证券投资外汇管理有关问题的通知》，对基金公司发行 QDII 基金的具体办法进一步做了明确规定。2006 年 11 月 2 日，中国第一只试点债券型 QDII 基金——华安国际配置基金正式发行。要注意的是，因为这只基金是试点，为了避免投资者一拥而上，所以认购条件比较高。首先是只能以美元认购，其次是最低认购金额高达 5000 美元，第三是投资周期长达 5 年，成立 6 个月后投资者才可以申请赎回，但不能再认购。这样的规则今天看来真的很"奇葩"，所以这只基金推出后同样没有引起太大的市场反响。

一炮而红的 QDII 基金

真正让 QDII 一炮而红的是 2007 年 9 月到 10 月间，第一批允许投资海外股市的 QDII 基金的正式诞生。

和之前银行系已经推出的 QDII 产品相比，QDII 型基金产品有几个明显优势：一是投资门槛较低，只要 1000 元就能购买；二是投资的流动性较高，普通开放式基金随时可以申购赎回；三是管理费率比银行系的 QDII 产品更低。但最重要的是，银行系 QDII 产品受限于银监会的规定，能投资海外市场股票的比例最高只有 50%，但 QDII 基金却可以满仓杀入，这对于激进型投资者来说吸引力大增。

直到 10 年后的今天，力哥依然对当时 QDII 基金市场的火爆景象记忆犹新。当时第一批放行的 4 只 QDII 基金分别是南方全球精选、华夏全球精选、嘉实海外中国和上投摩根亚太优势。前两只"出海"的基金作为探路者，选择了最中庸的全球精选策略，也就是平衡分布投资市场，哪里都买点，好也好不到哪去，坏也坏不到哪去。第三只出海的嘉实海外中国则另辟蹊径，选择了中国投资者最熟悉也最看好的海外中概股。最后一只出海的上投摩根亚太优势则选择了定向的海外市场，也就是中国香港、韩国、印度、东南亚、澳洲等亚太地区的股市。

由于这四家试点放行的基金公司都是当时国内最牛的基金公司，有着丰富的基金管理经验，更重要的是，2007 年 10 月 16 日，上证指数登顶 6124 点，也就是说，在这 4 只 QDII 基金发行的 9—10 月间，正是 A 股史上空前绝后的大牛市的最高峰。国内投资者被疯狂的赚钱效应所感染，早就群情激奋，极度贪婪，导致市场对这几只 QDII 基金的期望非常高。不但一天内抢光所有基金，而且还不得不采取按比例分配的方法。比如南方全球精选预定募集规模 150 亿元，发行第一天认购资金就高达 491 亿元。上投摩根亚太优势预定募集规模 300 亿元，结果发行当天认购资金就高达 1162.6 亿元，成为中国基金史上第一只认购金额突破千亿元的新基金。而这 1000 多亿资金里，也有力哥的 3 万元。

力哥亲历的惨痛教训

第一批出海的股票型 QDII 基金中最火爆的是上投摩根亚太优势，力哥自己当年也投资了。我为什么要买这只基金呢？主要原因有三：

一是因为 A 股市场泡沫太大，必须分散投资，规避风险；二是在这四只 QDII 基金中，上投摩根是唯一一家有外资背景的基金公司，理论上说，基金团队的海外投研实力会比其他几个本土基金公司更强；三是我本人也非常看好亚太市场。

然而非常可惜的是，这四只基金扬帆出海之时，不但是 A 股市场的牛市巅峰，也是美国、中国香港、欧洲等许多海外市场的牛市巅峰。众所周知，到了 2008 年，全球金融危机来袭，于是这几只高位入场的 QDII 基金全部损失惨重。惨烈到什么程度？截至 2017 年 7 月 31 日，南方全球精选的净值是 0.845 元，华夏全球精选的净值是 0.988 元，嘉实海外中国的净值是 0.834 元，上投摩根亚太的净值是 0.757 元，表现最好的华夏全球依然没有回到 1 元净值。

当时认购最火爆的被外界寄予最大希望的上投摩根亚太优势的表现最糟糕，2008 年 11 月最低跌到只有 0.34 元，后来长期在 0.6 元上下徘徊，哪怕中国香港、印度、越南等地的股市在这期间先后都出现了大幅上涨，但这只基金的表现却一直很糟糕，不断踩错节奏。直到最近半年，由于重仓了腾讯和阿里巴巴，赶上了这两家中国垄断型互联网企业股价疯狂上涨的机会，才让净值重新回到了 0.7 元上方，但距离回本依然还非常遥远。力哥也不记得自己是在哪一年对它彻底丧失了信心，将其全部割肉赎回了。

10 年前对上投摩根亚太优势的投资，可以说是力哥理财道路上最惨痛的一页，也因为这个非常糟糕的开局，中国投资者对 QDII 基金产生了难以磨灭的不良印象。

一朝被蛇咬，十年喘口气

2010 年以后，QDII 基金开始涉足黄金、石油、大宗商品等其他国际资本市场，但由于当年的"一朝被蛇咬"，加上 QDII 基金管理成本高，赎回速度慢，投资者对 QDII 了解较少，其发展依然缓慢。从 2007 年正式出海到 2014 年，尽管 QDII 基金数量在不断增加，但整体规模却在持续缩水。到 2014 年年底，QDII 基金总规模只有当年出海的四只基金规模的一半左右，QDII 基金占国内公募基金的比例也只有可怜的 1.71%。

这种局面直到 2015 年以后才开始逐渐改变。一方面，2015 年 A 股短命的牛市让越来越多的国内投资者意识到了资产全球配置的重要性；另一方面，与 A 股的短命牛市形成鲜明对比的，是美国、中国香港、德国等成熟市场股市的节节攀升，尤其是美国股市走出了一波持续 8 年的超级大牛市。2016 年，油价出现大反弹；2017 年，金价接棒出现大反弹。这些海外市场的赚钱效应，最终促使越来越多的国内投资者将资金投向这些 QDII 基金。2017 年 1—7 月，上证指数只涨了 5.4%，创业板指数更是下跌了 11.5%，而同期超过 85% 的 QDII 基金取得了正收益，55% 的 QDII 基金收益超过 10%，其中收益最高的是 2017 年 1 月刚成立的易方达中概互联 50ETF，截至 2017 年 7 月底，其净值增长了 42.6%。

目前国内投资者能买到的 QDII 基金已接近 200 只，既有投资全球股市的，也有投资特定区域股市的，比如亚太市场股票、大中华区股票、新兴市场股票、金砖国家股票、成熟市场股票等，也有投资单一股市的，比如美国股票、香港股票、德国股票等；另外，还有投资各类海外债券、贵金属、大宗商品、海外房地产等不同的基金，可以说品种已相对比较丰富，而且投资范围还在不断扩大。

QDII 基金同样分为主动型和被动指数型两大类，与 10 年前第一批出海的清一色的主动型基金不同，今天越来越受到青睐的 QDII 基金是指数基金。关于指数基金的优点，力哥之前已经介绍过了，而指数基金在海外投资上的优势更加明显。

正所谓"强龙压不过地头蛇"，中国的基金经理对海外上市公司的了解肯定不如当地的基金经理深，这意味着中国的基金经理在海外市场挑选股票看走眼的概率更高，与其花更多的管理费让不靠谱的基金经理挑选表现糟糕的股票，还不如直接买当地市场的指数。比如力哥之前介绍过的标普 500 指数、纳斯达克指数、德国 30 指数、香港恒生指数等等，简单粗暴，一目了然。

QDII 的特殊风险

相对于普通基金，QDII 基金有几个特殊风险要考虑。

首先，最大的风险是汇率风险。大部分 QDII 基金直接用人民币申购，然后换成美元、港币进行投资，换成外币投资时的汇率和将来你赎回基金兑换回人民币的汇率很可能是不同的。假如这期间人民币持续大幅升值，比如你一年前投资这个 QDII 基金时，美元兑换人民币的汇率是 1：7，现在要赎回这只基金时，汇率变成了 1：6，意味着当时你用 7 元人民币才换来 1 美元，现在 1 美元却只能换回 6 元人民币，平白无故就损失了 14.3%，如果这期间，这个 QDII 基金本身所买的股票涨幅低于 14.3%，你的实际投资反而是亏损的。反过来说，如果这期间人民币大幅贬值了，比如当年是 1：6，现在变成 1：7 了，则意味着你平白无故就多赚了 16.7%。所以，在预期未来人民币贬值空间大于升值空间的情况下买 QDII 基金会更划算，反之，则投资风险更大。

如果想要规避这种汇率风险，可以购买那些直接以美元或港币计价的 QDII

基金，当然前提是你手里本身就有这些外币可用于直接申购。一般来说，国内投资者没有必要特意去换汇投资 QDII 基金，因为最终你还是要换回人民币在国内消费的。只有那些已经移民海外、在海外留学或在海外打工，收入本身就以外币形式发放的投资者才适合这类 QDII 基金。

其次，要注意海外市场本身的风险，包括当地的经济发展、行业景气周期、人口红利、社会治安、政治稳定、法制环境、交易规则、文化习俗等。比如有些发展中国家虽然最近经济增长迅猛，但因为政局不稳，这种经济增长不一定能长期持续。再比如许多成熟市场没有涨跌停板制度，一旦遇到"黑天鹅事件"，市场就可能会出现暴跌。

再次，是政府资本流动管制风险，请你去投资的时候没有限制，等将来你想把钱拿出来时可能就有限制了，这也不是不可能的。反过来说，我们的 QDII 基金本身也经常会暂停申购或设置申购限额，这是因为我们是资本管制国家。如果申购资金太多，外汇额度耗尽，就只能暂停申购，这时就算你申购了基金，也没办法出海赚钱。

另外，QDII 基金的投资成本也高于普通基金。比如主动型 QDII 基金的管理费和申购费大多在 1.8%，而普通的主动型基金则只有 1.5%，而且 QDII 基金还会多出一项双边换汇成本，这个费用不额外收取，已经在基金净值中提前剔除了。

最后，是全球股市时差的问题，比如在我们这边股市开盘的时候，美国那边还是晚间，所以基金净值的显示存在滞后性，T 日的净值一般在 T＋2 日才能看到，也就是说，我们今天申购的基金，要 2 个交易日后才能确认份额；反过来说，赎回确认也是在 T＋2 日。只有完全投资香港市场的 QDII 基金可以做到 T＋1 日确认，因为完全没有时差。但这说的是赎回申请确认时间，赎回资金到账时间就比较长了，从发出指令到资金到账，不同产品的差异很大，最快的需要 4 个工作日，最慢的需要十几个工作日。考虑到赎回到账时间太长，时不时还会暂停申购，申购费又比较贵，所以力哥更推荐大家购买 ETF 或 LOF 型的 QDII 基金。

T＋0 QDII 的套利机会

QDII 基金也有特殊的套利玩法。

2015 年 1 月 19 日，证监会发布新规，为了配合海外市场的交易规则，特别是规避时差带来的交易风险，国内上市的 QDII－ETF 和 QDII－LOF 型基金开始实行 T＋0 交易。也就是说，QDII－ETF 和 QDII－LOF 都可以在场内当天买当天卖，这既增加了基金的流动性，也使基金价格的日内波动更加平滑。

那么，可以场内交易的 QDII 基金，也可以和普通的 LOF 一样玩套利。只不过由于外汇额度管制，投资者无法在一级市场申购该基金，只能到二级市场来买，从而形成了场内溢价。比如华宝油气就曾出现过 10% 以上的溢价，国泰商品在 2017 年 6 月初也出现了连续两周的高溢价。怎么查看这些基金的折溢价呢？老规矩，在集思录首页点击"T＋0 QDII"，可以看到所有场内 QDII 基金的详细信息，溢价率指标最重要，具体套利方法和普通 LOF 一样，这里就不重复了（见图 15.1）。

代码	名称	现价	涨幅	成交(万元)	场内份额(万份)	场内新增(万份)	换手率	净值	净值日期	估值	估值日期	估值溢幅	溢价率	相关标的	指数涨幅	申购赎	赎回费	操作
		1.511	1.68%	626.56	13485	0	3.09%	1.3890	2017-11-03	1.4128	2017-11-06	1.70%	6.97%	中证海外中国互联网指数	1.70%	暂停	0.5%	+
		0.439	2.57%	1553.43	41567	-509	8.51%	0.4440	2017-11-06	0.4309	2017-11-06	0.22%	1.88%	国泰大宗商品超额指数	0.22%	1.5%	0.5%	+
		1.001	2.25%	295.93	9672	-342	3.06%	1.0108	2017-11-06	0.9840	2017-11-06	0.53%	1.73%	标普500	0.53%	1.2%	0.5%	+
		0.607	0.17%	10.38	3612	1	0.47%	0.6040	2017-11-06	0.5080	2017-11-06	-0.17%	1.51%	标普金砖4国金融	-0.17%	0.8%	0.5%	+
		0.705	0.14%	49.83	6168	0	1.14%	0.7030	2017-11-06	0.7004	2017-11-06	-0.23%	1.38%	恒生进取	-0.23%	暂停	0.5%	+

图 15.1　T＋0 QDII 数据一览（来源：集思录）

在后续章节中，力哥会重点阐述资产全球配置的重要意义，而 QDII 基金无疑是我们普通人进行资产全球配置时门槛最低、成本最低，也是最方便的一种工具。

第 16 章
基金中的独行侠：REITs 基金

假如时光穿梭到十年前

提问：如果时光能倒流，回到十多年前，你只能做一件事，你最想做的是什么？

估计许多人的眼前都会跳出两个字：买房！

在过去十多年的中国，做什么投资理财都远远不如贷款买房的收益来得高。然而今天房价已经涨到天上了，很多人在大城市里连一套房子都买不起，但又不想错过房价上涨的潜在收益，怎么办呢？

REITs 基金就是帮你解决这个投资需求的。REITs 的全称为 real estate investment trusts，翻译过来叫不动产信托投资基金。顾名思义，这种基金就是集资去盖房子或者买房子，不管是住宅、写字楼、商铺、厂房，还是医院、商场、体育馆，统统属于不动产，然后你就能获得两种持有物业的收益，一种是租金收益，一种是房价上涨带来的收益。基金每年赚到的钱，往往都会通过分红的形式发放给投资者。

由于 REITs 从本质上看投资的是一栋栋由钢筋混凝土组成的真实的不动产，基金只不过是筹集资金的一种形式，这就和传统意义上的基金完全不同。力哥之前说过基金有四大分类——货币型、债券型、混合型和股票型，但纯粹的 REITs 基金无法被分到上述任何一类中。当然，考虑到不动产的流动性较差，还要应对投资者的赎回以及分散投资的风险，不少 REITs 基金也会把一部分资金拿去买股票、债券或货币类资产。但总体上看，REITs 和股票、债券的相关度都很低，股市和债市牛不牛和它的收益高低没有特别强的关系，从这个角度看，它就像是基金界的独行侠，只管自顾自地走。

力哥说过的永恒不变的投资三支柱，指的是股票、债券和房产，因为这三类资产的总规模都非常大，而且相互之间不是负相关，就是关联度很小，把这三者合在一起，能构建一个最稳健的资产组合。而这三类资产配置在基金上，就是股票型基金、债券型基金和 REITs 基金，从这个角度看，REITs 虽然听上去很小众，作用却很重要。

全民炒房的美国人

REITs 基金最早诞生于 20 世纪 60 年代的美国。因为房产的流动性很差，而且买一套房需要动用的资金规模也很大，很多穷人玩不起。而通过 REITs 基金，流动性差和门槛高的问题就能迎刃而解，用专业术语来说，就是把一套房子给资产证券化了，虽然房子不能分割，但基金可以分割，你手里的基金份额就代表你拥有这套房子几千分之一或几百分之一的所有权。

1960 年 9 月 14 日，美国总统艾森豪威尔签署了《房地产信托投资法》，允许公开向不特定公众募资组建大型不动产资产管理公司。后来随着相关法规政策的不断完善，REITs 基金成了美国开发商轻资产化运作的重要工具。

比如著名的酒店品牌万豪的扩展模式，就是先把旗下的酒店资产打包放到 REITs 基金里面上市，新建酒店的钱来自于 REITs 基金的投资人，这么一来，万豪就不需要背负沉重的债务负担来开拓业务，只要专注于酒店的管理和品牌塑造，让每一家酒店都能获得良好的现金流收入，并让 REITs 基金的投资人获得满意的回报，就可以在轻资产运作的前提下，实现酒店规模不断扩张的效果。所以，美国房地产企业很难成为全球 500 强，然而中国缺乏强大的 REITs 市场，这导致了中国的房地产企业虽然一个个看起来都是实力雄厚，拥有众多物业的所有权，但背后却背负了很高的财务杠杆，风险极高。

由于美国房地产行业已发展到高度专业化的阶段，写字楼、商场、住宅、公寓、别墅等各类物业都有自己相对独立的发展模式，经营和管理上的侧重点和要求也不同，而且房地产的地域特征也很强，所以 REITs 基金的分类也越来越细，具体分为工业 / 办公类、零售类、住宅类、多样类、住宿 / 度假类、医疗保健类、自用仓储类、特殊类和抵押类等。每只 REITs 基金旗下都有非常合理的资产组合，比如美国最大的零售地产 REITs 基金西蒙，旗下拥有远郊、近郊、大都会区和社区这四大类平台；医疗 REITs 基金龙头 HCP 旗下物业则包括了医院、养老院、专业护理机构、生命科学院和医疗办公大楼这五大类。除了传统意义上的不动产，有些另类资产，比如森林、牧场、高尔夫球场、停车场甚至监狱都可以打包成 REITs 基金上市。

从收益来源划分，REITs 基金可分为权益型、抵押型和混合型。其中权益型占 90% 以上，也就是力哥前面说的，赚房租和房价上涨的收益；抵押型则是把钱拿去发放房屋抵押贷款来赚钱，当然也会通过购买一些证券来平衡；混合型则是两种方式都有，事实上很多权益型 REITs 基金或多或少也会进行一些证券投资，一方面来对冲不动产的风险，另一方面也在谋求更高的收益。

截至 2017 年 3 月底，美国市场上市的 REITs 基金合计市值已超过 1 万亿美元，占全球市场的 60%。过去 20 年，美国市场 REITs 基金的平均年化投资回报率高达 14.3%，超过纳斯达克和标普 500 指数的长期收益，而且波动性要比股市小得多。低波动、高回报、低门槛、高流动性，再加上和股市关联度很小，这些优点聚集在一起，使得 REITs 基金在美国取得了巨大成功。

除了美国，欧洲、日本、新加坡、澳洲、中国香港等各大成熟市场的 REITs 基金也都有不同程度的发展。

姗姗来迟的中国房东

中国房地产市场的发展同样需要资金支持，但可惜的是，在过去的很长时间内，中国都没有出现真正意义上的 REITs 基金。开发商融资要么直接向银行借钱，要么就是借道信托或者私募这种面向小众的非标资产，然而这类产品的投资门槛高达 100 万元，和普通老百姓理财的关系很远。

直到 2015 年 6 月 26 日，国内第一只真正意义上的公募 REITs 基金才姗姗来迟，名叫鹏华前海万科 REITs 封闭式混合基金。

鹏华前海万科 REITs 的基金发行仅 4 天，募集规模就达到了 30 亿元上限，提前结束了募集，其中前海金融控持 3 亿元。这只基金有 10 年的封闭期，业绩比较基准是 10 年期国债收益率＋1.5%，封闭期结束后转为开放式基金。

作为第一个试点产品，鹏华前海的投资范围相对偏保守，用不高于基金总资产 50% 的比例投资深圳万科前海公馆建设管理有限公司的股权，来获得旗下商业物业的租金收益，另外不低于 50% 的资产投资股票、债券和货币市场工具。和国外成熟的 REITs 基金相比，这货虽然符合 REITs 基金的基本特征，但不动产的投资比例比股票债券的比例还要低，因此显得纯度特别低。而且投资门槛比较高，一级市场认购门槛是 10 万元，上市后在二级市场的单份基金价格基数是 100 元，由原本净值 1 元的 100 份基金份额合成 1 份，100 份起卖，所以门槛为 1 万元。之所以这么设定，恐怕和中国第一个 QDII 基金华安国际配置一样，本着"第一个试验品总得小心点"的原则。

根据合同约定，该基金要拿出年度可供分配利润的 90% 进行分红，每年至少分配一次。在 2016 年和 2017 年年初，分别分红 3.88 元和 5.43 元。眼下该基金价格还在 100 元上下波动，这意味着在不考虑捕捉波段收益的情况下，持有该基金的年化回报率不到 6%，这样的收益水平，甚至不如一些优秀的债券型基金和最普通的 P2P。

这只基金之所以表现一般，一方面是因为这两年国内的股市和债市都表现一般，占 50% 以上的这部分资产收益也就一般；另一方面是剩下不到 50% 的不动产投资只能分到万科前海公馆物业的租金收益，而无法分享物业升值的收益，这是最大的软肋。众所周知，中国的房价存在不小的泡沫，最典型的表现就是租金回报率很低，如果没有房价上涨的预期，单纯想靠租金获得收益，恐怕没有多少人愿意买房。这也是这款产品比较鸡肋的重要原因。

如今鹏华前海万科发行已有 2 年，中国 REITs 基金却后继无人，官方不愿放行有多方面原因。一是当年美国政府鼓励 REITs 基金发展的核心武器是免税政策，但中国政府可能不愿放弃税收这块肥肉，而且 REITs 基金主要是商业物业，在楼市高压调控的当下，政府在拼命给开发商去杠杆、收资金，怎么可能再通过免税政策给开发商这么大一块肥肉呢？二是中国特色的土地使用权性质和使用年期的问题是国外没有的，这也给物业升值收益打包进 REITs 基金制造了难度。三是成熟 REITs 基金对专业管理的要求特别高，国内这种专业的不动产资产管理公司还很少。所以，在中国当下这种特殊的楼市环境里，REITs 基金想要获得大发展并非易事。在 2017 年党的十九大报告中，习近平主席提出"坚持房子是用来住的，不是用来炒"的定位，在大力推进住房租赁市场的背景下，国内首单房企租赁住房 REITs 基金、首单储架发行 REITs 基金——中联前海开源—保利地产租赁住房一号资产支持专项计划在 2017 年 10 月 23 日获批。但公募 REITs 基金依然还有遥远的路要走。

虽然中国本土公募 REITs 基金短期内看不到大发展的希望，但国内早在 2011 年就出现了投资海外市场尤其是美国市场 REITs 基金的公募基金，名叫鹏华美国房地产基金。随后几年，又出现了诺安全球不动产、嘉实全球房地产、国泰美国房地产、广发美国房地产指数等多个投向海外市场的 REITs 基金。其中长期业绩最优秀的是国泰美国房地产、诺安全球不动产和广发美国房地产指数，截至 2017 年 8 月底，它们过去 3 年都获得了超过 24% 的回报率，年化投资回报率都超过了 7%。但千万别以为它和纯债基金一样波动很小，以最早发行的鹏华前海万科为例，它从 2012 年到 2016 年的年度收益分别是 5.71%、－0.66%、20.45%、－0.93% 和 9.94%。尽管从收益率上看，REITs 基金的吸引力似乎不是特别大，但从风险对冲的角度看，REITs 基金依然是我们今后资产配置时不可忽视的一环。

第 17 章
香港互认基金：境外投资新通道

除了 QDII 基金以及同样属于 QDII 基金的海外 REITs 基金，资产全球配置的第三类基金就是香港北上基金。

高度自由开放的全球金融中心

我们的 A 股市场开放度还不是很高，而香港作为全球金融中心，资本市场非常发达，高度自由，高度开放。在香港开设分行的外资银行里，有 85 家位列世界 100 大银行之列，西方国家通行的金融业务香港几乎都有，而香港可供选择的金融产品也非常丰富。之前力哥在介绍 ETF、避险基金、量化基金、REITs 基金等品种时，都提到了基金发展史，纵观历史我们会发现，香港基金的发展总是比内地领先一步。比如量化基金，内地由于能做空的对冲工具不多，所以很多量化策略没法实施或者实施起来要打折扣，但在香港就没有出现这个问题。

香港是中国的特别行政区，但在我们内地投资者看来，香港股市却和美国股市一样，都属于境外市场。这就导致过去我们内地投资者去投资香港股市不是很方便，必须亲自到香港去开户，还得办理香港的银行卡，资金的进出时间和成本也比较高。

在 2007 年 10 月第一批投资海外股市的 QDII 基金放行的同时，国内还盛传港股直通车即将放行，也就是内地投资者可以在内地直接开户买港股，当时香港股市受到这个重大利好消息的刺激，也在快速上涨，然而随后全球金融危机来袭，A 股和港股都跌得稀里哗啦，监管层意识到风险太大了，所以港股直通车就被搁浅了。

沪港通的缺点

然而青山遮不住，毕竟东流去，中国资本市场的对外开放是大势所趋。2014 年 11 月 17 日，搁浅 7 年的港股直通车终于以另一种形式放行了，那就是沪港通。

沪港通的全称叫沪港股票市场交易互联互通机制，指的是通过这套机制，上海证券交易所和香港联合交易所各自允许自己境内的投资者，可以通过当地证券公司买卖规定范围内的在对方交易所上市的股票。也就是说，有了沪港通，香港居民可以直接在香港券商开上海市场的股票账户，直接买上海证交所上市的股票，这叫沪股通；而内地居民也可以直接在内地券商开香港市场的股票账户，直接买香港联交所上市的股票，这叫港股通，两者合称沪港通。两年后的 2016 年 12 月 5 日，深港通也顺利推出，这次沪深港三地股市，或者说内地和香港股市实现了真正意义上的互通。而在 2017 年 7 月 2 日，中国人民银行与香港金融管理局发布公告，批准香港与内地"债券通"上线，这意味着香港和内地金融市场的互通进一步深化了。

不过对我们内地投资者来说，沪股通和深股通的意义仅仅在于通过观察香港流入资金的变化，对预测未来短期股市涨跌产生一定的参考价值，真正有价值的是港股通，因为这意味着我们可以以相对最便捷的方式，以相对最低的交易成本，以光明正大的合法合规方式，投资香港股市。

然而港股通还有三个问题：一是开户门槛很高，开户时必须在证券账户里存 50 万元以上的资金，这样大部分普通投资者就被拦在了门外；二是港股的交易制度和 A 股不一样，没有涨跌停板制度，可以 T ＋ 0 日内回转交易，开盘时间也不同，受到全球股市影响也更大，而且香港的垃圾股可以跌到几毛钱甚至几分钱，这些都和 A 股很不一样，我们普通老百姓直接买香港的股票，无论是选股还是择时，风险都非常高；三是港股通并不能买香港全部的股票，也不能买在香港上市的基金，而只能买类似恒生指数成分股这样业绩比较好的蓝筹股，这就大大限制了投资空间。

基于这三个原因，对于内地的普通投资者来说，力哥其实并不建议大家玩沪港通，除非你是准备长期持有腾讯的股票。而代替方式一就是力哥前面介绍的QDII中投资港股的那些基金，代替方式二就是力哥将要介绍的香港北上基金。

基金版港股通：香港北上基金

香港北上基金，顾名思义，就是被允许北上内地销售的香港基金，相当于基金版的港股通，官方说法叫作香港和内地基金互认业务。因为开放是对等的，所以基金互认也分成了内地南下基金和香港北上基金两部分，香港居民可以直接在香港买内地基金公司发行的基金，内地居民也可以直接在内地买香港基金公司发行的基金。沪港通于2014年放行，深港通于2016年放行，而内地香港基金互认则在2015年5月22日正式落地，中国证监会和香港证监会签署备忘录并发布《香港互认基金管理暂行规定》，于2015年7月1日起实施。

初始投资额度为资金进出各3000亿元人民币，两地市场采用一致标准，审核互认基金资格。互认基金要求在当地运作、获得当地监管部门批准公开销售及监管，并且获得当地资产管理牌照。内地的公募基金实行注册制，这点完全没问题。但对香港基金来说，这条规定就限定了必须是在香港注册、香港制造的基金才能北上，所有离岸基金全都被排除在外，很多全球大型基金公司的产品暂时都不能进入互认行列。

这里顺便说说香港基金的分类。香港市场能买到的公募基金分为两类：一类是香港本地基金，就是在香港注册、香港制造的本土基金；一类是离岸基金，指在香港境外注册，由跨国资产管理公司运作，基金的交易和投资决策都不在香港本土的基金。作为高度开放自由的全球金融中心，今天香港有70%的基金都是离岸基金，而这些基金暂时还不能北上。

2015 年 7 月 1 日互认基金施行后，两地基金公司纷纷提交申请，例如内地的华夏、工银瑞信、上投摩根、广发、汇丰晋信、中银、南方、景顺长城、易方达等基金公司向香港证监会提交内地互认基金的注册申请，每家申报了 1～3 只基金，总共有 30 多只基金产品，主要是主动型的偏股型基金。在香港方面，也有恒生、摩根、慧理、东亚银行等多家资产管理机构向中国证监会提交了 17 只香港基金申请互认。经过 6 个月审核期后，2015 年 12 月 18 日，首批互认基金名单公布，内地有 4 只获批，分别是华夏回报混合基金、工银瑞信核心价值混合基金、汇丰晋信大盘股票基金、广发行业领先混合基金，清一色是偏股型基金。作为第一批南下基金，香港证监会总不能把香港投资者给坑了吧，这是内地和香港手牵手、心连心的形象工程啊，必须得优中选优，严格把关，相当于证监会给我们先把了一道关。所以，这些被证监会放行南下的基金，我们也可以重点关注。

而香港那边获批的基金只有 3 只，分别是恒生中国 H 股指数基金、行健宏扬中国基金和摩根亚洲总收益债券基金，分别是股票指数型、股票型和债券型。中国证监会在审批时优先选择了成立时间早、历史业绩优异、市场上有声望的老牌基金公司的基金，而且在三个主要基金门类中各选了一个代表产品。在这三只基金中，恒生中国 H 股指数基金没有什么特点，因为内地也有，而且申购费率更低，所以如果要投资香港市场的指数基金，根本没必要特地买香港基金。而摩根亚洲总收益债券基金也没有太大优势，因为内地的债券型 QDII 基金也有类似的产品了，再说债券型基金潜在收益率也较低，所以对投资者吸引力本来就不高。真正值得一说的是行健宏扬中国基金。

表现抢眼的行健宏扬中国基金

行健宏扬中国基金来自一家小而美的基金公司，名叫行健资产管理公司，它家一共只有 2 只公募基金，另一只叫行健沪深港基金。其基金经理蔡雅颂也是这家公司的创办人，之前是香港本土最著名的港股投资基金公司惠理基金的执行董事和基金经理。说到惠理基金，这家公司的创始人谢清海因为推崇价值投资理念而被港人誉为"东方巴菲特"，蔡雅颂就是当年谢清海手下的得力干将，2009 年自立门户后的行健资产也依然坚持价值投资的理念。

截至 2015 年 10 月 31 日，在 5 年时间里，行健宏扬中国在香港同类 77 只基金中，风险收益比排名第一，累计回报排名第三，在晨星评级和理柏评级中，都获得了"五年五星基金"的最高评级，非常了不起，可以说是香港市场的网红基金。

北上之后，行健宏扬中国的表现是不是依然抢眼呢？

从 2006 年 1 月 1 日到 2017 年 8 月 31 日，20 个月的时间里，扣除管理费和摩擦成本后，其基金净值涨了 36.7%，而同期香港恒生指数的涨幅是 29.6%。要知道，主动型基金在牛市里要跑赢指数并不容易。

香港基金值得买吗？

香港互认基金放行近两年来，中国证监会对香港基金的放行速度却并不快，截至 2017 年 8 月，已经上市的香港互认基金只有 11 只。这主要是因为和内地基金相比，香港基金的可投资范围更广，投资工具更多，所以业绩分化得更加明显，不同品种或者投向不同市场的基金业绩也大相径庭。比如 2013 年日本股市大丰收，涨幅排名前十的基金里 5 只都是投资日本股市的。而那一年黄金等大宗商品跌幅巨大，相应的，这一类基金就损失惨重。内地投资者的成熟度远不如香港投资者，许多基民喜欢追涨杀跌，把基金当作股票一样短线炒作，所以证监会放行香港基金的速度就比较慢，希望有一个渐进的过程。

目前已经上市的 11 只基金中，有 6 只基金是摩根出品的，分别是摩根亚洲总收益现金红利、摩根亚洲总收益和摩根太平洋证券，每种用人民币和美元计价的各 1 只，合计 6 只；另外还有施罗德亚洲高息、中银香港高息债、建银国际国策主导以及最早发行的恒生 H 股指数和行健宏扬中国。由于港股在过去一年处于整体上涨的牛市阶段，所以其中的几只股票型基金都获得了不错的收益。截至 2017 年 8 月底，过去一年获利最多的是以人民币计价的摩根太平洋证券基金，累计获利 26.9%，表现非常不错，而以美元计价的这款基金则只赚了 22.8%。同一款基金为何收益会差这么多呢？主要是因为 2016 年 12 月人民币兑美元升值后，以人民币计价的基金就能获得额外的汇率收益，而以美元计价的基金就会遭受额外的汇率损失。那几只收益率较低的债券基金则更明显，比如摩根亚洲总收益基金，过去一年以人民币计价赚了 5.6%，以美元计价才赚了 2.1%，相差巨大。所以，就像力哥在 QDII 基金一章里说的，购买投资海外市场的基金，汇率风险相当大。而香港北上基金则属于一种比较特殊的 QDII 基金，用一种比较形象的说法，就是普通的 QDII 基金就是一艘我们自己人造的船，载着我们扬帆远航，出海淘金；而基金互认后北上的香港基金，则相当于有一艘香港造的船从香港出发，特地来内地接我们出海淘金。随着中港互认基金的不断发展，未来我们可以投资的香港基金会越来越多。

还有一点要注意，这些代码统一以 968 开头的香港基金，因为并不是内地基金公司发行的，所以每只基金都有自己指定的代销渠道，并不是在哪里都能买到。比如说中国最大的基金代销平台天天基金网目前就只能买行健宏扬中国和以人民币计价的摩根太平洋证券，蚂蚁财富上则可以买到行健宏扬中国，还有都以人民币计价的摩根太平洋证券和摩根亚洲债券。

对于我们内地投资者来说，香港互认基金推出后，除了 QDII 和港股通之外，我们又多了一条合法合规而且成本很低的海外投资渠道。相比直接投资港股，买香港基金的风险更低；相比 QDII 基金，则不用担心因为外汇额度不足而出现暂停申购的烦恼，而且香港基金背后的管理团队就在香港，更熟悉香港的上市公司和港股的游戏规则，"港人投港"，理论上说，表现会更好一些。

投资香港基金要特别注意的几点

第一，目前北上的香港基金主要是混合基金、股票基金和债券基金，货币基金还没来，但不排除未来香港货币基金也北上内地的可能性。很多人可能认为像余额宝这种货币基金风险极低，是活期储蓄的替代品，可以闭着眼睛随便买。但香港的货币基金可不一样，是有可能亏损的。这是因为香港是高度自由开放的国际金融中心，货币基金的币种非常丰富，2008 年全球金融危机后，许多国家为了刺激经济和投资，维持着很低的利率，导致货币基金收益率较低，再加上不同币种之间的汇率波动也会影响收益，不少货币基金都曾出现过亏损。虽然现在互认基金中还没有香港的货币基金，但力哥的预防针要打在前面，如果今后这类基金也能买了，建议大家也不要买，没必要去冒这个风险。

第二，我们也要了解一下香港基金的投资成本。和内地一样，香港基金主要收取的是申赎费用和管理费用，前者一次性收取，需要额外支付；后者按年收取，但这笔费用已经在公布的基金净值中提前扣除了，无须额外支付。但有一点不同的是，内地基金往往需要支付申购费和赎回费，但香港基金一般付了申购费后就不另外收赎回费了，如果不收申购费则在赎回的时候收取赎回费，只有极个别基金会两头都收费。当然，按照我们内地的说法，你也可以理解为，香港基金不收取赎回费，只收取申购费，只不过申购费的收取方法分为两种：一种叫前端申购，是指在你买基金的时候就先把申购费给付了；另一种叫后端申购，是指在你将来赎回基金的时候再付费。为了鼓励投资者长期持有，让基金公司赚到尽可能多的管理费，采取后端申购计费模式的基金，往往投资期限越长，后端申购费越低。

这么说起来，好像香港基金的收费比内地低，可事实恰恰相反。

内地货币基金不收申购费，但香港货币基金要收 0 ～ 2% 不等的申购费，管理费则在 0.25% ～ 1%，都高于内地；香港债券型基金申购费一般在 3% ～ 5%，管理费则在 0.5% ～ 1.5%，同样都高于内地；香港股票型基金申购费更高，能达到 5% ～ 6%，而管理年费则一般在 1% ～ 2%，还是远远高于内地。要知道，内地的股票型基金申购费大部分只有 1.5%，而且以前最低还可以打 4 折甚至 2 折，而自从蚂蚁财富首先把所有基金申购费统一降到 1 折后，现在 1 折卖基金已经成为行业标配，也就是说，股票型基金的申购费只有 0.15%。香港是 5% ～ 6%，我们是 0.15%，这差别也忒大了。所以香港基金到内地销售时，也不得不入乡随俗。比如行健宏扬中国，过去在香港本地购买需要支付高达 5% 的申购费，而到了内地后，不管是在蚂蚁财富上还是天天基金网上购买，都只要付 0.15% 的申购费。而且其在香港的申购起始门槛是 5 万元港币，而到了内地后，也不得不降低到了 100 元人民币，变得非常亲民。

力哥不得不感慨两句，我们常常会羡慕香港投资者能买到那么丰富的投资产品，殊不知，他们反而羡慕咱们居然能以那么低的投资成本和投资门槛买到那么好的香港基金，他们除了眼红也只能眼红。所以，我们真的应该感谢以马云的余额宝为代表的互联网金融对传统金融市场的改造。

第三，除了收取高昂的基本费用，许多香港基金的合同中还设置了表现费条款，也就是在基金赚钱比较多的时候，基金公司有权再按照一定的比例抽取收益提成，这种情况在内地公募基金中非常少见。

第四，香港互认基金牵涉两地的跨区域金融管理，所以香港互认基金的申购和赎回确认时间都比普通基金更长，和 QDII 基金类似。例如行健宏扬中国的申购和赎回都需要 T ＋ 2 日才能确认，赎回申请提交后，资金到账时间也很长，最长需要一周时间。

第18章
基金中的基金更靠谱吗？

什么是 FOF ？

FOF 是英文 fund of funds 的缩写，直译过来就是基金中的基金。

其他基金都是把钱拿去直接投资股票、债券或者货币市场工具，唯独这类基金，会把钱都拿去买基金。基民把钱交给基金经理去帮我们买股票，这本身就是间接投资，而 FOF 则相当于基民把钱交给基金经理，这个基金经理再帮我们去挑选市场上几个比较牛的基金产品，再让那些基金的基金经理帮我们去买股票，相当于是二次间接投资。

听到这样的描述，不知道你有没有联想到什么？

没错，力哥前面介绍过的 ETF 联接基金就是把绝大部分钱拿去买对应的 ETF，从字面上看，也属于"基金中的基金"。但是 ETF 联接基金相当于是 ETF 的影子基金，它只买唯一对应的那个 ETF，不会再买其他基金；而 FOF 却会买若干个不同的基金。所以 FOF 又叫母基金，而它所投资的基金则叫子基金。

力哥之前介绍生命周期基金时也说过，从全球范围看，生命周期基金基本上都是 FOF，而只有中国的生命周期基金比较特别，是直接去买股票和债券的。

FOF 有哪些优势？

你可能会说，这些基金公司难道是吃饱了撑的吗？已经有基金了，为什么还要搞出基金中的基金呢？买 FOF 和我们自己直接买基金到底有啥区别呢？

这就要说到 FOF 的优点。力哥曾讲过，投资有两大核心原则：一条叫三性合一，另一条叫资产配置。意思是说，投资就像球场上的排兵布阵，不同流动性、不同潜在风险和不同预期收益的资产需要合理搭配起来，才能组建成一个有攻有守、攻守兼备、最后能够赢球的球队。

力哥之所以要花那么多时间详细讲解各种各样的特色基金，目的就是让你这个"主教练"能够充分认识到，你手里究竟拥有哪些球员，这些球员各自都有什么特点，什么球员适合什么位置。当你搞明白这一切以后，是不是就可以在基金这个最重要的投资门类中，自己组建一个最适合你的超级基金组合呢？

没错，理论上说，FOF 想要做到的就是这个。

不需要我们自己把各种各样的基金投资知识搞得门清，只要买一只 FOF 型基金，基金经理通过他的排兵布阵，就能让你的基金投资获得相对更高的投资性价比，也就是在获得相同投资收益的前提下，承受相对更低的投资风险。

具体来说，FOF 的基金经理会纵观市场上的各种基金，会根据基金的历史业绩、持仓股票的潜力、基金经理的运作水平、基金公司背景等等相关指标，从海量基金中挑选出业绩优良、增长潜力大的品种。所以，FOF 的基金经理相当于你的投资顾问，而一名优秀的投资顾问就像一支球队的教练，是这支球队的灵魂，他并不是球技最好的，但一定是看人最准的，最懂得如何把球场上 11 个人的力量整合起来，发挥最大的威力。

FOF 的投资类型与管理模式

FOF 的灵活度非常高，它不仅能买基金，也可以拿出一部分资金直接买股票、债券、银行存款甚至拿去打新股或新债，所以 FOF 的投资结构也是最多样化的。

根据主要投资的资产类别不同，FOF 可以分成好几种类型。股基、债基和货基等等都有配置的，即混合配置型 FOF，比较适合平衡型投资者；如果专门挑选股票型基金投资，那就是股票型 FOF，更适合激进型投资者。此外，还有债券型 FOF、货币型 FOF、REITs 型 FOF、量化型 FOF、私募股权 FOF 以及另类投资FOF 等很多种类，从它们的分类上就能看出子基金主要的配置范围了。

换个角度看，根据基金管理人是来自公司内部还是聘请第三方投资顾问机构，FOF 又可以分为内部管理 FOF 和外部管理 FOF。根据 FOF 只在自家旗下的基金里挑还是在市场上所有的基金里挑，FOF 又分为内部配置 FOF 和全市场配置 FOF。

排列组合一下，FOF 就有四种管理模式。

内部管理加上内部配置的 FOF，这种基金收费最低，因为都是自家人嘛，收一次钱就可以了，但对基金管理人自家基金产品线的复杂程度，要求就比较高了。

内部管理加全市场配置的 FOF，比较适合那些旗下基金产品没那么丰富的公司，它需要到全市场去挑选基金，从而实现更高的回报率。这种 FOF 的优点是能避免道德风险，比如明明自家基金并不好，市场上有更好的替代品，但为了"肥水不流外人田"，宁愿牺牲投资者利益也要买自家基金。

但这种 FOF 的缺点也很明显，就是非常考验基金经理的尽职调查能力，是不是真的能在全市场中慧眼识珠，找到最优秀的基金。另外，选择买其他公司旗下的基金时，子基金本身就有申购赎回管理费等成本，这些费用都逃不掉，而 FOF 本身也有成本，这就面临双重收费的问题。整体收费变高，也就意味着投资者赚到的钱变少了，很多投资者就不乐意了。

而外部管理加内部配置的 FOF，就是聘请第三方投资顾问团队，在自家旗下的基金产品中做投资组合。前两种类型的优点它都具备了，一是买的还是自家基金，所以费率更低，不涉及双重收费；二是由第三方做投资决策，在一定程度上避免了道德风险。但它的缺点还是有的，一是要额外支付第三方投资顾问的费用，这会摊薄投资者权益；二是买来买去买的还是自家基金产品，依然无法完全规避道德风险。这种模式适合自身基金产品线丰富，但自身投研实力没有那么强的公司。

搞明白了前三种 FOF 的优缺点，最后一种——外部管理加全市场配置的 FOF——的优缺点就很简单了。其优点是投资决策独立性最高，可投资范围最大，基本杜绝了道德风险，缺点是整体收费也最高。这种模式一般适合自身投研实力比较弱，但是资本雄厚或拥有强势渠道的公司，例如银行、保险公司等。

哪一种 FOF 的模式最好？

哪种模式最好，并没有一定之说。

但不管哪种 FOF，因为你都需要人家给你提供额外专业的选基服务，所以你的投资成本都会比自己直接买基金更高。

内部管理加上内部配置的费用相对最低，外部管理加全市场配置的费用相对最高。虽然前一种 FOF 一般不会二次收费，但很多 FOF 都设置了业绩提成条款，也就是在 FOF 帮你赚的钱比较多的时候，除了收取基本费用外，还要额外抽取一定比例的收益提成。这在私募基金领域很普遍，但在公募基金中还非常少见，很多基民在心理上很难接受这一点。

FOF 发展史

国际上的 FOF 诞生于 20 世纪 80 年代的美国，进入 90 年代后，FOF 开始在美国市场大放异彩，后来欧洲、中国香港、日本等其他成熟市场的 FOF 基金也进入到发展快车道。

截至 2016 年年底，美国 FOF 数量超过 1400 只，总规模达到 1.87 万亿美元，占美国共同基金总规模的 11%；欧洲 FOF 超过 3900 个，规模近 6000 亿美元；香港地区由于 2000 年开始实施的强积金政策，FOF 规模也达到了 50 亿美元。

由于没有政府在养老金制度上的支持，我们内地的 FOF 起步很晚。

2005 年起，券商、银行、信托公司、私募基金等先后开始发行这类产品。然而由于在很长时间内，监管政策模糊不清，为了规避监管风险，这些产品也不敢直接自称 FOF，而是以语焉不详的"理财计划""理财产品""集合资管计划"等名称存在。

这些类 FOF 都存在一些问题，比如投资门槛过高，一般至少要 10 万元起，私募和信托类 FOF 的投资金额则至少在 100 万元甚至 300 万元以上，离普通大众太远。此外，由于 FOF 投资存在透明度较差，双重甚至多重收费，专业的 FOF 管理人才匮乏等等问题，所以 FOF 在中国的发展一直处于不温不火的尴尬状态。

直到 2014 年 8 月 8 日开始实施的新的《公募证券投资基金运作管理办法》，才首次对公募 FOF 进行了明确规定。新规中关于 FOF 最重要的规定是以下四条：

第一，将 80% 以上的基金资产用于投资其他基金份额的基金，就属于 FOF。

第二，FOF 持有其他单只基金的最高比例不得超过 20%。

第三，FOF 不能再投资其他 FOF。

第四，基金管理人、托管人不得对基金中基金的管理费、托管费以及销售费双重收费。

其中最关键的就是这第四条，但这一条想要落地却并不容易。

国内 FOF 的尴尬处境

为什么双重收费实际上很难避免呢？假设 A 是只 FOF，B 是只普通基金，A 投资了 B，按照新规，管理费、托管费和销售费，也就是申购赎回费只能收取一次，那么请问到底是 B 可以向 A 收费，A 不能再向投资者收费，还是 B 不能向 A 收费，A 可以向投资者收费呢？

海外成熟市场因为是金融混业经营，所以 FOF 牵涉的是内部管理还是外部管理的问题；但中国是分业经营，公募基金的发行人只能是公募基金公司，所以都是内部管理。

所以问题就只是到底是选择内部配置还是全市场配置，如果是内部配置，自然好说；但如果是全市场配置，A 基金是一家基金公司发行的，B 基金是另一家发行的，大家都要挣钱，让谁不收费都不合理。所以这套原则性的管理办法实际上没办法落地。

直到 2016 年 9 月 23 日，证监会发布并实施了《公开募集证券投资基金运作指引第 2 号——基金中基金指引》，进一步明确指出，FOF 不得投资分级基金（此举是为了规避分级基金的杠杆投资风险，也是为了进一步把分级弄死）；FOF 也不得持有运作时间少于 1 年、最近定期报告披露基金净资产规模小于 1 亿元的基金，这一条既是为了防止基金规模过小导致的流动性风险和清盘风险，也是为了防止 FOF 成为新基金或迷你基金的帮忙资金而产生道德风险。

最重要的一条是，FOF 不得收取投资了自家基金产品部分的管理费、托管费和销售费。这就很清楚了，FOF 买自家基金不许双重收费，买别人家的基金可以双重收费。但 FOF 一旦双重收费就失去了对投资者的吸引力，而不收费则相当于亏本赚吆喝，不划算。

2017 年 9 月 26 日，华夏聚惠稳健 FOF、嘉实领航资产配置 FOF、南方全天候策略 FOF、建信福泽安泰 FOF 和海富通聚优精选 FOF 等 5 只 FOF 基金首发，这也意味着第一批公募 FOF 问世了。

正是由于我说的这些原因，首批发行的公募 FOF 基本上都处于语焉不详的混合型 FOF 状态，既以自家旗下基金为主要投资标的，又不排斥市场上其他基金公司发行的优秀基金。

这种希望两头讨好，既不得罪客户，又不把自己"钱途"堵死的模式，其实仔细一想，反而两头不讨好。

如果只买或者主要都买自家基金公司旗下的产品，难免会让投资者觉得你是"胳膊肘往里拐"，容易面临道德风险指责。

如果真的大公无私，完全以基金本身优劣为选择依据，买入大量其他基金公司旗下的产品，一来是在给竞品做嫁衣，涨敌方气焰，灭自家威风，还不怎么赚钱，这种做法太蠢了；二来是买其他基金公司旗下产品难免要支付手续费，这钱最后还是由投资者买单，相当于提高了投资成本，降低了潜在回报，同样会得罪投资者。

综合上述分析，力哥不建议大家投资公募 FOF。

第19章
力哥私房菜：原创基金全球配置大法

看到这里，想必大家对市面上各种门类的基金都已经了如指掌了，然而面对这么多种基金，我们到底应该把钱投给谁呢？或者说，如何才能成为一名优秀的主教练，打造一个专属我们自己的成本低、走势稳、回报高的FOF组合呢？力哥就来和大家分享一下我个人总结的基金全球配置思路。

二维三核＋左右护法

所谓"二维三核"，参照的是传统的核心—卫星资产配置理论，也就是把大部分钱放在你最信赖、最看好的核心资产中，但为了规避核心资产风险，同时将其余少部分钱放在周边的卫星资产中，从而组建出一个既有重心又总体平衡的资产结构。力哥所说的"二维"，指的就是一个核心维度，一个卫星维度，而"三核"指的是这种"一个核心＋一个卫星"的二维结构一共有三组，一共有三个核心，从而形成"三位一体"的稳健构架。

投资的核心是资产配置，资产配置的含义是把钱分布在相关度较低或者呈现负相关的不同资产类别中，比如股票和债券、美元和黄金等都属于这类完美的组合。而从基金这个投资品类的角度看，股票型基金无疑是潜在回报最高的，但也是潜在风险最高的，其中最大的风险，就是单一市场的系统性风险。比如我们的A股市场：在1999—2001年、2006—2007年以及2015年上半年这几次大牛市中，傻子都能躺着赚钱；但在剩下的更漫长的熊市中，哪怕再优秀的基金也很难给投资者带来非常满意的回报，这就叫作"看天吃饭"。长期看，股市投资的系统性风险往往比非系统性风险大得多。而基金全球配置的目的，就是通过把钱分散到全球各地的股市，从而有效规避单一市场的系统性风险。即使某个市场出现了前所未有的股灾，像 A 股在 2015 年年中时那样，投资者也不用太过恐慌，因为 A 股基金只占你基金投资组合中的一小部分，大部分资金分散在其他股市上。事实上，2015 年之后，美股、港股、德股甚至印度股市都走出了牛市行情，你在 A 股市场亏掉的钱，能在其他市场弥补回来，甚至还能赚更多，这才叫"不要把鸡蛋放在一个篮子里"。

纵观全球股市，可以把它分为成熟市场和新兴市场两大类。按照地区划分，成熟市场主要有三部分：一是以美国为主的北美市场，二是以德国、法国和英国为核心的西欧市场，三是日本市场。北美、欧洲和日本也是今天全球最主要的三大发达经济体。新兴市场则大体可以分为亚太市场、中东市场、东欧市场、拉美市场以及撒哈拉沙漠以南的非洲市场，但是由于地区政治经济发展还非常不稳定，因此新兴市场总体上还没有完全进入全球投资者的视野。在这几个新兴市场中，我们中国投资者最熟悉的无疑是亚太市场，亚太市场又可以进一步细分为以中国为主的东亚市场，以越南、泰国、菲律宾、印尼、马来西亚为主的东盟市场，以印度为主的南亚市场和澳新市场等。总体上看，这个地区是今天全球人口最密集、经济最有活力的地区。

相比而言，中东地区受伊斯兰教影响巨大，伊斯兰教义并不十分鼓励民众积极入世拼搏创造财富，也不是十分鼓励创新，这在一定程度上限制了这一地区的经济活力。东欧市场一方面由于欧盟东扩，整体上越来越接近于西欧的成熟市场，另一方面又面临着和西欧一样的人口快速老龄化的巨大挑战。而俄罗斯的经济过度依赖石油等大宗商品的出口，所以经济波动非常剧烈，投资风险非常高。拉美市场除了暂时没有遇到人口老龄化的挑战外，其他问题一个不少，包括政治腐败和恶性通胀导致的社会动荡，过度依赖石油、铁矿石、农产品出口所导致的经济波动以及拉美人民骨子里乐天、享受、不是那么勤劳的基因，这些都对这一地区经济的长期发展造成了负面影响，所以投资拉美股市也要特别谨慎。

综上所述，最后力哥选出了 6 个市场作为基金全球配置的长期投资标的：三个核心是中国、中国香港和美国，对应的三个卫星是印度、东盟和德国。

其中，中国、印度、东盟属于新兴市场，中国香港、美国、德国属于成熟市场。新兴市场经济更有活力，潜在回报更高，但经济和股市的波动更大，投资风险也更高；成熟市场没有那么多潜在的高回报投资机会，但总体上波动较小，走势更加稳健。"三个新兴市场＋三个成熟市场"，就能构建一个攻守兼顾、相对平衡的基金组合。

第一组 CP：中国和印度

作为中国投资者，我们的 A 股市场肯定不能缺席。力哥认为，中国经济未来的发展潜力依然不可限量。

而今天，越来越多的人提到了 21 世纪的"龙象之争"，印度也是我们不容忽视的竞争对手和合作伙伴，毕竟在未来两三年，印度人口将会大概率超越中国，成为世界人口第一大国。而且印度人口结构比中国更年轻，在中国人口红利逐渐消失，逐步陷入老龄化危机，印度的这一优势无疑显得格外宝贵。当然，和中国相比，印度在很多方面还要落后得多，例如基础设施建设和基础教育都远不如中国普及，印度在语言、民族、宗教、种姓制度上存在严重的分裂和冲突，甚至连税收都是分裂的。印度想要建设成像中国这样高效率的大一统国内市场，还有很长的路要走。所以对聪明的投资者来说，不会为了到底中国模式更好还是印度模式更好，中国更有前途还是印度更有前途争得面红耳赤，毕竟全球只有这两个人口超过 10 亿的超级大国，那就不妨把印度股市作为中国股市背后的备胎，两头下注，那么不管未来 50 年"龙象之争"的结果如何，我们的投资都将立于不败之地。

第二组 CP：香港和东盟

之所以力哥要用香港代替日本作为成熟市场的长期投资标的，是因为日本从

1990年经济泡沫破灭后，股市的长期表现始终无法让人满意。1989年12月29日，日经225指数达到了历史最高的38957点，而在过去28年中，日经225指数突破20000点的时间屈指可数，到2017年年底依然只有19000多点，只有当年的一半。而今天日本经济已完全陷入老龄化泥潭，整个社会暮气沉沉，年轻人缺乏创新勇气，所以相比于美国和德国，日本股市可能并不是最适合的投资标的。

相反，香港恒生指数在过去50年总体上还是呈现出曲折向上的态势，虽然2017年，恒指还是没有超过10年前全球金融危机爆发前夜所达到的31958的历史最高点，但距离30000点也已经不远了。尽管这几年由于故步自封、内耗严重，外界唱衰香港的声音很多，但香港还是有日本不具备的两个巨大优势。一是香港终究是比东京更重要的高度自由开放的全球三大金融中心之一，这种长期积累的金融中心势能不可能在短期内被上海或者深圳化解，今天香港依然是中国内地与全球金融市场对接最重要的桥头堡，我们的钱要想进入海外投资全球，香港往往是绕不过去的第一站；二是香港是中国的一部分，祖国内地经济的持续腾飞能惠及香港，大量内地优秀企业在香港上市，也会激活香港股市活力。最典型的就是今天香港市值最高的恒生指数第一大成分股——腾讯控股。由于历史原因，大量中国企业同时在A股和港股两地上市，于是就产生了AH股的折溢价现象。由于我们内地投资者总体上更加浮躁，喜欢炒作，而香港投资者相对更理性、稳健，所以同样一只股票，港股价格大多时候比A股更低，于是产生了折价，所以很多时候，港股就成了比A股性价比更高的投资标的。这也是我们有必要把香港股市作为核心之一的重要原因。

再来说东南亚，这是个很独特的地区，历史上同时受到儒家文化、印度教文化、中东传来的伊斯兰文化以及西方殖民者带来的基督教文化的多重影响，所以这个地区的文化异常丰富。今天的东盟十国中，除了新加坡，剩下的9个都是发展中国家，人口结构相对年轻，老百姓想发家致富的愿望也比较强烈。其中以越南、泰国、菲律宾、印尼等国的人口红利最明显，而从文化基因上看，越南和中国最接近，中国人勤劳勇敢、吃苦耐劳、积极入世的性格特征越南人都具备。力哥前面提到过当年投资 QDII 基金的往事，那时力哥选择投资上投摩根亚太优势，很重要的原因就是我比较看好东南亚地区经济的长期发展潜力；10 年后的今天，这个观点依然没变。

从地理上看，中国香港位于南海北岸，面对的就是南海四周的东南亚国家，所以中国香港和东南亚关系密切。香港的企业在东南亚国家做了大量投资，许多东南亚国家的人也喜欢去香港工作旅游。所以投资东盟股市特别是越南股市，并且可以将其视为香港股市的备胎来实现风险对冲。

第三组 CP：美国和德国

美国是全球霸主，在政治、经济、文化、军事、科研、教育等各个领域都全方位碾压其他国家，未来 20 年唯一会对美国产生挑战的国家，只有中国，所以中美两国的股市都得放在核心位置。而德国是欧盟的发动机，德国经济是欧洲最好的，德意志民族在欧洲也是最勤劳聪明的，德国股市也可以说是欧洲股市的代表。

但德国的发展模式和美国还有点不同，德国是坚守工业强国、实业立国的不二典范，这一点连日本都做不到。用最时髦的话来说，德国最符合不忘初心的工匠精神。我们只要看一下 A 股、港股、美股和德股大盘蓝筹股的行业分布就懂了。

A 股最典型的大盘蓝筹股就是上证 50 指数成分股，在最新的上证 50 成分股中，金融行业占了 24 只，"买上证 50 指数相当于买金融股"这句话到今天依然没有过时。

港股最典型的大盘蓝筹股是恒生指数的 50 个成分股，力哥数了下，有 12 只金融股、10 只地产股、23 只工商业股和 5 只公共事业股。金融股不再一家独大，但和地产加在一起，也还是占了将近半壁江山。

美股最典型的大盘蓝筹股是道琼斯指数的约 30 个成分股，高盛、摩根大通等金融股有 5 只，埃克森美孚、通用电气等能源重工业股有 7 只，强生、辉瑞等日化健康医疗行业股有 5 只，可口可乐、麦当劳等大众消费品行业股有 6 只，剩下的是微软、苹果这样的科技股。

对比一下就会发现，中国股市是金融股一家独大，说明虚拟经济占比过大，做实业不赚钱，全民都热衷投机炒作。

香港则是金融和地产双寡头，说明香港的产业结构也不够健康。尤其是香港地产股中除了长和、新鸿基、九龙仓等本地开发商，还有恒大、绿地、碧桂园等许多内地开发商，说明香港和内地的经济都过度捆绑在房地产的列车上了。

再看美国，产业结构相对就平衡得多了，金融业虽然很厉害，但轻工业和重工业也不差，而且还有执全球牛耳的高科技公司。

那么德国呢？

德国大盘蓝筹股的代表——DAX30 指数的成分股的大概构成是这样的：

巴斯夫、汉高等能源化工类占了 5 只，蒂森克虏伯、西门子等电子机械建筑类占了 5 只，汽车工业类占了 4 只，这些重工业股就占了半壁江山，而以日化、健康、医疗为代表的轻工业也有 5 只，包括拜耳、拜尔斯道夫等，还有代表公用事业的德国邮政和德国电信，汉莎航空、阿迪达斯以及从事软件服务业的思爱普（SAP）。当然，德国的金融业不差，德意志银行、安联保险、慕尼黑再保险等全球知名的金融机构也占了 5 只。

你会发现，德国有非常强大的高端制造业和现代服务业体系。德国经济比美国更加稳健，底盘更扎实。虽然德国也在努力发展现代金融业，但它的重心始终放在实体产业，更准确地说，是放在现代工业领域的精益求精和不断创新上。

力哥在介绍 REITs 基金时提过，很多欧美开发商都采取轻资产运作模式，所以美国和德国都没有特别强大的房地产企业，这让我感到比较安心。今天的中国经济已经过度捆绑在"金融＋地产"的利益共同体上，就算投资港股，情况也差不多，而投资"美股＋德股"的组合，以"美股为主，德股为辅"，一方面可以最大限度地对冲中国经济增长模式的潜在风险，另一方面也可以在其内部实现美国经济和欧洲经济、美国模式和德国模式、美元和欧元之间的对冲平衡。

预防风险的稳定器：黄金和大宗商品

然而，就算我们把资金分散到这 6 个已经形成多维度风险对冲的市场上，在经济全球化的今天，我们依然无法规避全球经济同步震荡的风险，最典型的例子是 2007 年 10 月 16 日，上证指数创下史上最高的 6124 点；14 天后，到了 10 月 30 日，恒生指数也创下了史上最高的 31958 点；而美国标普 500 指数和纳斯达克指数同样在 2007 年达到了那轮漫长牛市的最高峰，紧接着就是 2008 年全球金融危机，三地股市一起暴跌。如果我们手里的三个核心同一时刻一起暴跌，这个风险又该如何对冲呢？

所以在"二维三核"的基础上，我们还需要配上两个和股市本身无关的大类资产作为稳定器，一类叫黄金，一类叫大宗商品（其中以石油为代表），我称之为"左右护法"。黄金往往被誉为避险之王，当全球经济发生剧烈动荡时，黄金走势往往都不赖，所以在基金组合中配置一点黄金，能起到非常重要的平衡作用。而以石油为代表的大宗商品走势同样与全球股市的走势的关联度不高，往往会走出自己的独立行情。2008 年上一轮全球大宗商品牛市谢幕后，今天大宗商品的价格从历史上看，依然处于中低位置，也是我们对冲全球股市风险的有力武器。

可供选择的指数基金

具体投资这些市场的基金，力哥建议大家选择指数基金，尤其是成本最低的可以场内交易的 ETF。理由在前面的内容中已多次说过——我们的基金经理总体上靠不住，跑到海外市场去投资，就更靠不住了。

A 股的指数基金有非常多的选择：沪深 300、中证 500、创业板指数以及其他更细分的指数都有对应的指数基金，这些力哥后面讲解七步定投策略时再细说；投资港股的 QDII 基金也很多，比较有代表性的是 159920 恒生 ETF 和 510900H 股 ETF；投资美股的也有，比如 513500 标普 500ETF 和 513100 纳斯达克 100ETF；投资德股的目前国内只有一只 QDII 基金——513030 德国 DAX30ETF；黄金和大宗商品类资产也有很多基金可以选择，比如 518880 华安黄金易 ETF、159934 易方达黄金 ETF、162411 华宝油气、160216 国泰商品、501018 南方原油等。

不过可惜的是，目前国内还没有推出定向投资印度和东盟股市的 QDII 基金，虽然国内有几只跟踪金砖四国指数的 QDII 基金也投资了一些印度股票，但实际上基金前十大持仓股几乎全是 A 股和港股。

解决办法有二：一是耐心等待，力哥相信未来这类 QDII 基金一定会出现；二是直接开设港股或美股投资账户，借道香港或美国市场的 ETF 实现全球投资。作为全球最成熟的资本市场，香港和美国都有非常丰富的基金产品线，可以满足我们各种细分的投资需求。但需要注意的是，由于牵涉换汇手续费，港股或美股 ETF 券商佣金也比内地贵得多，所以投资成本更高，另外操作便利性也要差一点，而且还存在外汇监管风险，我们的政府并不希望我们这么做，所以还需要谨慎考虑。

投资比例的配置原则

至于说这个"二维三核＋左右护法"的基金全球配置大法，具体该如何配置各市场的投资比例，这就得综合考虑你的风险偏好和各个市场的估值高低了，不能一概而论。

力哥希望传授的是长期有效的投资知识体系，所以无法对眼下你的基金配置比例给出明确的建议。但配置原则是：一方面，估值越低越多投，估值越高越少投，高到一定程度后就要果断清仓；另一方面，到底最多能投多少比例，也不是你拍脑袋决定的。核心卫星资产的配置结构中，核心资产最低不能低于50%，卫星资产最高不能高于50%，一般以三七开或者二八开为宜。所以中国—印度、香港—东盟、美国—德国这几个"核心—卫星"组合内部的投资比例就应该遵循这个大原则，而"二维三核"这些股市资产和"左右护法"这些商品类资产之间同样遵循这个原则。在金价、油价高涨时，"左右护法"可以只占5%～10%；相反，金价、油价低迷时，"左右护法"占比提高到15%、20%甚至30%都是合理的。

另外这三组"核心—卫星"股市资产之间也要进行平衡，但平衡绝不是平均，绝不是以1：1：1的比例这样均等分配就能分散风险的。在美股泡沫、港股适中、A股超跌的时候，可以清仓美股，给港股25%的适中配比，而给A股40%甚至50%的高配比；反过来也一样。

第20章
场外基金开户和买卖实操攻略

如何购买普通的场外基金？

场外基金就是不能在交易所上市交易的基金。它们的购买渠道有很多，总体上分成直销和代销两种。直销就是在基金公司自家的官网或官方 App 里购买；代销又可以分为银行代销、券商代销和第三方基金销售平台代销。但不管你在哪种渠道买基金，开户时都必须做一份风险测评，如果测评发现你想要购买的基金超出了你的风险承受能力时，系统就会提示你不要购买，甚至有时会直接禁止你购买。

我们先来看直销渠道，比如说你想买华夏基金公司的某一款基金，直接百度"华夏基金"，登录华夏基金官网，随后点击右上角的"开户"。开户步骤很简单，一般就三步：第一步，选择你要绑定的银行卡；第二步，输入你的姓名和身份证号来通过身份验证；第三步，填写手机、地址等相关资料并设置密码。

一般来说，在基金公司的直销渠道买基金，基金公司不需要额外支付渠道费或营销费给代销机构，而且基金公司还能独享完整的客户信息。为了吸引投资者走直销渠道，基金公司会把申购费降到最低，有时候甚至还会免收申购费，在牛市里，有些特别受到市场追捧的明星基金也只有在直销渠道才能买到。

但直销渠道也有缺点，因为我们不只是需要买一只基金，而是要构建一个基金组合，而这些基金不太可能都是同一家基金公司的，这么一来，基金投资管理就会很麻烦，直销账号太多很容易搞混，尤其是采取定投策略时，资金调度会更麻烦。所以力哥更建议大家在一站式的代销平台上统一购买，比如力哥多次提到过的目前市场上比较知名的基金代销平台——天天基金网、蚂蚁财富、雪球蛋卷基金等，通过这些平台往往能享受到最优惠的申购费率，因此都是不错的选择。

当然，如果在费率相同的情况下，你原本就是某个银行或者证券公司的忠实用户，经常用这家银行的网银或这家券商的交易软件，或者你下载了这个银行或券商的 App，也完全可以通过这些渠道买卖场外基金。

券商软件买基金详解

天天基金网、蚂蚁财富的开户流程都比较简单，和力哥上面演示的基金公司直销账户开户差不多，所以就不细说了。稍微复杂点的是券商交易软件，力哥还是以华泰证券为例来演示一下。

如果我们想在 PC 端的华泰证券交易软件里买场外基金，首先要点击软件左下角的"基金"这一栏，如果你从来没有在你想要买的基金所对应的基金公司开过户，就要先点击画面左侧的"基金开户"，勾选对应的基金公司，然后点击，开户，下一个交易日开户成功后，这家基金公司旗下的所有在华泰证券代销的基金都可以购买了（如图 20.1 所示）。

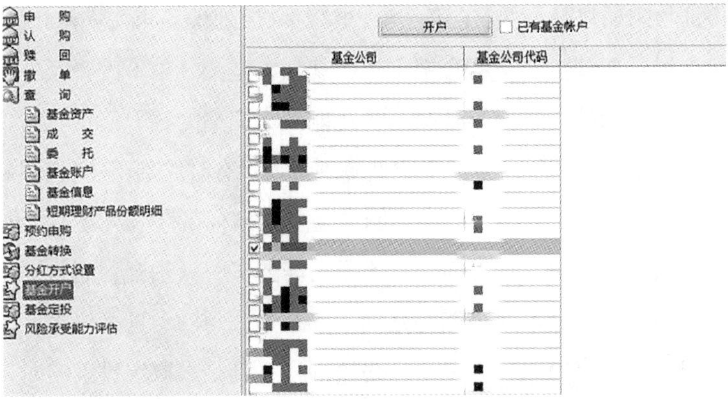

图 20.1　券商软件场外基金开户（来源：华泰证券交易软件）

如果新发行的基金处于认购期，点击"认购"，输入基金代码，填好认购份额，确认下单。如果是已经在运作期的基金，就点击"申购"，其他步骤也和认购一样。

想要赎回的话，就点击赎回，剩下的步骤也一样（见图 20.2）。

图 20.2　券商软件场外基金申购（来源：华泰证券交易软件）

如果你用华泰证券手机端涨乐财富通 App 买卖场外基金，就更简单了。登录账户后，在下方菜单栏中点击"理财"，随后点击"基金"，就能看到各种类型的基金，如果你有明确想要买的基金，输入基金代码或基金名字中的关键词，就能轻松找到。

天天基金网的妙用

为了增加用户黏性，有些基金销售平台会把货基和其他基金对接起来，一方面加快了赎回到账速度，另一方面还能避免资金站岗，获得更多收益。

比如你在天天基金网上赎回基金时，有三种选项：一是直接赎回到银行卡，但速度最慢；二是赎回到活期宝，所谓活期宝，是天天基金网自己建立的货基品牌，里面有几十只表现优秀的货基，可以任选一款作为你的活期宝基金。如果选择赎回到活期宝，就能比资金打到银行卡后再重新买入货基节省 2 个交易日，也就是你可以多享受 2 天的货基收益。另外，现在天天基金网还推出了极速回活期宝的服务，可以多享受 4 天的货基收益。但这项服务实际上是天天基金网按照你赎回时的基金净值，估算一个赎回资金数额，并自己垫资充值到活期宝里，等赎回金额确认后，再多退少补细微差额。对天天基金网来说，这个功能实际上是亏本赚吆喝的买卖，目的是让投资者的钱能始终留在天天基金网的体系内。目前的推广期内是免费的，今后有可能会收费。

天天基金网还提供第三种赎回方式：如果你不是要用钱，而只是对现在买的这只基金不满意，想换只基金，就可以选择转入其他基金的方式，这相当于同时下达了赎回和申购指令，不需要等到赎回资金到账之后再买，从而提高了资金调度效率。现在很多基金公司都推出了基金内部转换功能，如果你想转换的两只基金都属于同一家基金公司，就不需要赎回一只基金后再申购另一只，直接做基金转换就行了。至于手续费的优惠幅度，不同基金公司有不同的规定。大多数公司采用转出基金的赎回费加上转出和转入基金原申购费的差额，相当于只收取一笔申购费，而把赎回费给免了。

这种资金调度效率更高而且费用更便宜的内部转换功能，许多基金公司直销平台上都有，而天天基金网也有这个功能。天天基金网是中国目前最大的基金销售平台，代销的基金产品数量众多，为了进一步方便投资者，它就推出了支持在不同基金公司之间转换基金的功能，同步扣除基金的赎回费和申购费。虽然这个功能不能节省手续费，但资金调度效率还是有所提高的。

具体操作是这样的：点击基金交易栏菜单下的"基金转换"，可以看到目前持仓的基金，点击"普通转换"，就可以进行同一基金公司旗下基金的内部转换；点击"超级转换"，就可以在不同基金公司之间转换基金（见图20.3）。

1.选择转出基金	2.选择转入基金	3.预览确认	4.转换申请受理

普通转换：根据基金合同约定提供的基本功能，仅支持同一公司旗下部分产品之间转换。

超级转换：天天基金独家功能，支持跨基金公司及同一公司产品间进行转换，T日发起，T+1日即可确认，转换更快捷，投资更灵活。了解详情

▶ 您当前持有开放基金份额　　　　　　　　　　持有基金筛选：全部基金 ▾

基金代码	基金名称	支付账户	单位净值 日期	持有份额（份）	可用份额（份）?	参考市值（元）	操作
		浦东发展银行 | 1277	1.3300 11-08	5347.78	5347.78	7112.55	普通转换 超级转换
		浦东发展银行 | 1277	1.0709 11-08	1908.54	1908.54	2043.86	普通转换 超级转换
		浦东发展银行 | 1277	1.1240 11-08	1982.41	1982.41	2228.23	普通转换 超级转换
		浦东发展银行 | 1277	1.0590 11-08	4950.50	4950.50	5242.58	普通转换 超级转换

图20.3　基金转换操作（来源：天天基金网）

要注意的是，老基金赎回款还没到账，新基金申购款就已经打出去了，这中间的资金差一样是天天基金网垫资的。为了控制风险，天天基金网会按照申请赎回那只基金当天收盘估值的 90%，垫资发起新基金的申购，然后再多退少补。如果实际赎回的资金小于平台垫付的资金，不足的部分将会从你的活期宝余额里扣除；如果实际赎回的资金大于平台垫付的资金，多出来的差额会充值到你的活期宝里。一般来说，赎回的资金都会大于平台垫付资金。

基金分红方式如何选?

基金有两种分红方式：一种叫现金分红，一种叫红利再投资。前者的意思是直接把分红以货币的形式打到你的账户上，后者则是直接用分红资金再次买入该基金，相当于没有分红。基金一般的默认分红方式都是现金分红，分到的红利直接打到你买基金的银行卡上。但如果你眼下并不缺钱，不希望分到一笔现金，而且你觉得这只基金表现挺好的，还会继续持有，那就可以选择红利再投资，省得红利到账后再重新申购，还需要额外支付一笔申购费。

不同平台修改默认分红方式的地方不一样，以天天基金网为例，点击基金交易菜单栏下的分红设置，就能看到你的持仓基金，点击相应基金后面的修改按钮，然后选择你希望的分红方式，提交确认就可以了（见图20.4）。

基金代码	基金名称	当前分红方式	操作
		现金分红	修改
		红利再投资	修改
		现金分红	修改
		红利再投资	修改
		红利再投资	修改

图 20.4 修改基金分红方式（来源：天天基金网）

另外，货币基金净值恒定在 1 元时，所有收益都会自动变成新的基金份额，所有货币基金的分红方式统一为红利再投资，无法修改。

方便的自动定投功能

除了直接申购基金，今天几乎所有的直销和代销机构都已经支持基金自动定投功能，一般每次定投的门槛是 100 元，像蚂蚁财富推出的"轻定投"，门槛更是降到了 10 元，定投周期一般有每天、每周、每双周和每月这四种。由于设置定投计划的操作方法非常简单，力哥就不再举例了。

要注意的是，设置定投计划和我们买储蓄型保险不一样，它是不具有强制约束力的投资承诺。哪天你不想定投了，取消定投就可以了。如果你忘了取消定投，而且约定的扣款账户里没钱了，这样也没关系，因为连续几次定投扣款不成功，定投计划也会自动取消，所以不用有什么心理负担。

关于定投，还有很多更高级的玩法，比如蚂蚁财富的"慧定投"，蛋卷基金的"蛋定投"等，后面的章节里会再专门介绍。

第21章
场内基金开户买卖实操攻略

场内基金 vs 场外基金

场内基金相对于场外基金的优点力哥之前都说过，一是手续费更低，二是操作更灵活，三是还可以玩一些高级的套利玩法。但缺点也很明显，一是场内基金数量远不如场外基金，所以选择面相对就小得多；二是场内基金无法自动设置定投，必须手动操作，所以相对更费精力；三是因为买卖灵活，手续费低，又必须手动操作的特点，容易激发投资者内心的贪婪和恐惧，"小白"投资者容易把持不住自己，不按照既定策略执行，总想着不断地去交易，结果越折腾越亏钱，收益可能反而不如场外基金。所以，到底选择玩场内基金还是场外基金，还是得因人而异。

具体说来，买场外基金有很多投资渠道，买场内基金只能通过券商的交易软件，也就是必须在某一家证券公司开立一个证券账户。

券商开户详解

券商开户具体说来是开两个账户：一个叫证券账户，分为沪 A 和深 A 证券账户；另一个叫资金账户，是用来对接你的存管银行的专用账户。从 2006 年起，为杜绝不法券商挪用客户账户资金的潜在风险，规定所有券商必须为客户开通银行第三方存管专用账户，从而做到券商管券：银行管钱：券和钱彻底分离。按照有关规定，开立资金账户免费、开立证券账户的收费标准是 40 元，也就是沪 A 和深 A 各 20 元。但由于竞争激烈，今天我们在网上开户时，这笔费用券商都帮我们免了。

很多"小白"习惯在蚂蚁财富或天天基金网的 App 里买卖场外基金，对券商开户这事觉得很陌生，有一种畏难情绪，其实根本没必要。过去证券公司开户的确很复杂，需要亲自跑一趟证券公司营业部，但现在都可以网上开户。还是以华泰证券为例，在华泰证券官方网站或涨乐财富通 App 上都可以轻松开户，几分钟就能搞定。在电脑上开户的话，只需要准备身份证、银行卡以及配有高清摄像头和麦克风功能的电脑；App 开户的话，只需要准备身份证、银行卡和一台智能手机。

具体操作上也很简单，只要跟随系统提示一步步走就可以了。大体上是填写个人基本信息、银行卡信息，设置密码，上传身份证，视频认证等，然后完成风险测评，提交资料后会有一两天的审核期，审核成功后会短信通知。通过审核后，还需要确保三方存管功能已经激活。有些银行会自动激活，有些银行需要客户登录网银，找到对应的三方存管，手动点击激活才行。深市账户开户当天就可以买卖深交所上市的证券，沪市账户第二天可以买卖上交所上市的证券。而为了确保客户拥有银行账户的支配权，一般激活三方存管功能后，会要求第一笔从银行账户到三方存管账户的转账，必须由网银那边完成。随后的转账，不管是银行转券商还是券商转银行，都可以直接通过券商交易系统完成，在转账流水一栏中能看到详细的转账记录。

如何用券商账户买场内基金？

开完户，我们就该来买基金了，由于涨乐财富通 App 的操作界面更加简单，一看就懂，力哥就以相对更复杂的 PC 客户端交易界面为例。

首先买基金账户里得有钱，在左侧股票一栏，点击"银证转账"（见图21.1），其中银行到券商，也就是资金的转入，是把钱从你绑定的银行卡里转到用于证券交易的第三方资金存管账户里；券商到银行，就是资金的转出，重新把钱划入银行账户。银证转账的时间一般是每个交易日的早上 8 点半到下午

4点。也就是说，资金的进出只能在这个时间段操作，像周末或春节、国庆长假股市休市期间，券商资金存管账户里的钱是没办法转出到银行卡的，我们要特别留意这一点。

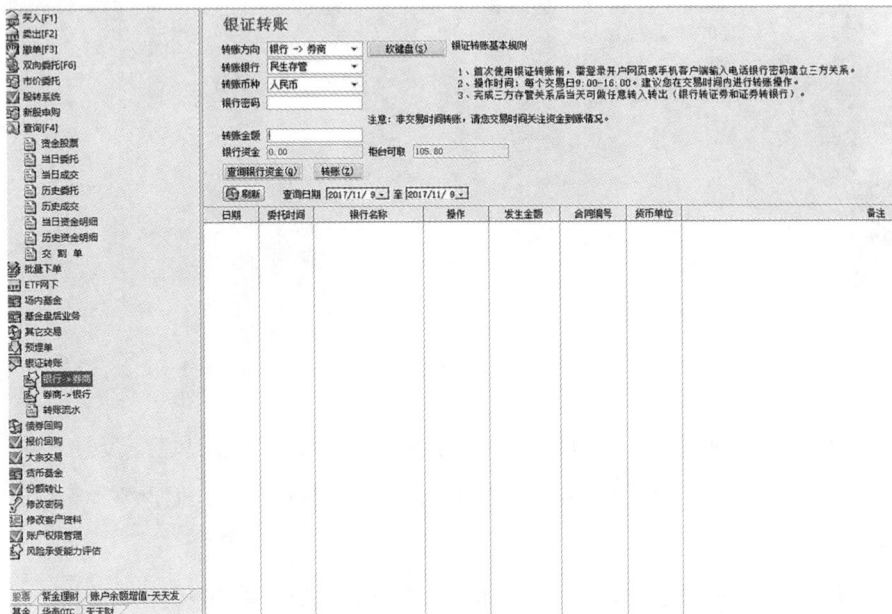

图 21.1　券商软件银证转账（来源：华泰证券交易软件）

买卖场内基金千万要记得要通过股票这一栏目下的"买入"和"卖出"两个入口，和股票的交易一模一样，千万不要去基金栏目下买卖场内基金，那样是没办法成交的。在股市开盘时间，点击"买入"，输入基金代码，就能看到该基金的名字以及当下这一时刻买一到买五和卖一到卖五挂出的价格和数量（见图 21.2）。

当我们买入基金时，想要以最快的速度成交，就应该挂卖一价，也就是在买入价格一栏中填入当前的卖一价；卖出基金时则应该挂买一价。如果你没有那么着急成交，比如现在买一价是 1 元，卖一价是 1.001 元，你买入的心理价位是 0.998 元，你就可以挂 0.998 元，如果接下去这只基金的走势跌到了 0.998

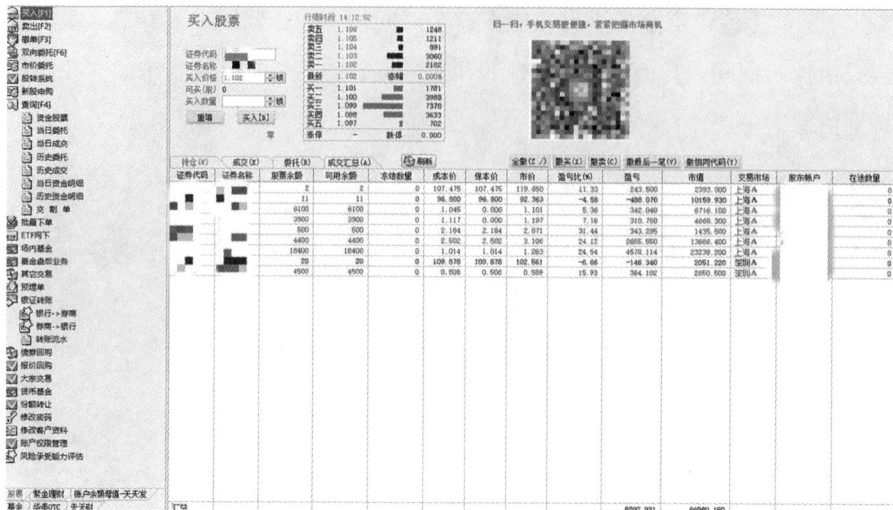

图 21.2　券商软件买卖场内基金（来源：华泰证券交易软件）

元，就会成交，如果没有跌到 0.998 元，你就要承担无法成交的风险。反过来说，你要卖出基金，嫌现在的价格太低，也可以把价格挂高一点，但也要冒无法成交的风险。

　　另外，如果你不懂瞎填或者手误填错了价格，比如你买基金时挂的价格比卖一价还要高，或者你卖基金时挂的价格比买一价还要低，是不是就会亏大了呢？一般不会，系统会为你自动匹配最优价格。还是上面那个例子，如果当下卖一价是 1.001 元，你挂的买入价格是 1.002 元甚至是 1.1 元，系统也不会真的让你以 1.1元的价格买入基金，而是优先以最低的 1.001 元的价格和你撮合成交；如果你要买 10000 份基金，而挂卖一价 1.001 元的只有 5000 份，全卖给你也不够，那就会撮合挂卖二价 1.002 元的卖家和你成交；如果还不够，就撮合卖三价，以此类推。

　　填写买入价以后，系统就会自动显示当前可用资金所匹配的最大可买数量，你填写的买入数量不能超过最大可买数量。另外力哥之前说过，场内基金和股票一样，一般也是 100 份为一手，最低成交单位就是一手，所以你填写的数量必须是 100 份的整数倍，否则就是无效的申请。

最后点击"买入"，这样你的买入委托单就完成了，相应的资金也会被冻结起来，不能再作其他用途。

不能成交怎么办？

要注意的是，有时候我们急于买入基金，而且自己明明挂的是卖一价，可怎么就是无法成交呢？因为交易所撮合成交虽然遵循价格优先原则（优先撮合出价最高的买家和出价最低的卖家），但如果有好几个买家都和你挂一样的最优价格，而此时卖家挂的基金数量又不足以满足所有的买入需求，那就要遵循时间优先原则，也就是得排队，谁先挂单就给谁先成交，挂得晚，就只能排在后面等着。如果你挂卖一价还不能马上成交，往往说明这只基金的成交量比较小，活跃度不够高，这时候你有两个选择：一是继续耐心等待；二是挂一个更高的价格，超过其他所有买家，让你优先成交，但你需要付出更高的买入成本。卖出和买入一样，只不过挂的价格高低要求正好相反。

在买入和卖出标签下面，还有一个"撤单"按钮。当天已经提交的交易申请，只要还没有成交的，都可以在这里选择"撤单"，取消这笔委托交易，同时冻结的资金恢复可用状态。撤单也是我们经常会用到的功能，比如上面说的买入时发现自己价格挂低了，没希望成交了，就赶快撤单重新挂一个更高的价格（见图 21.3）。

如何查看账户里的资金情况？

我们更常用到的是下方查询一栏里的各项功能，如最常用的"资金股票"里，可以一目了然地看到资金余额、可取余额、冻结金额、可用金额、股票市值和总资产。这其中股票市值也包含场内基金市值、股票市值等，它再加上账户里的现金等其他资产，就是总资产（见图 21.4）。而资金余额指的是账户里的全

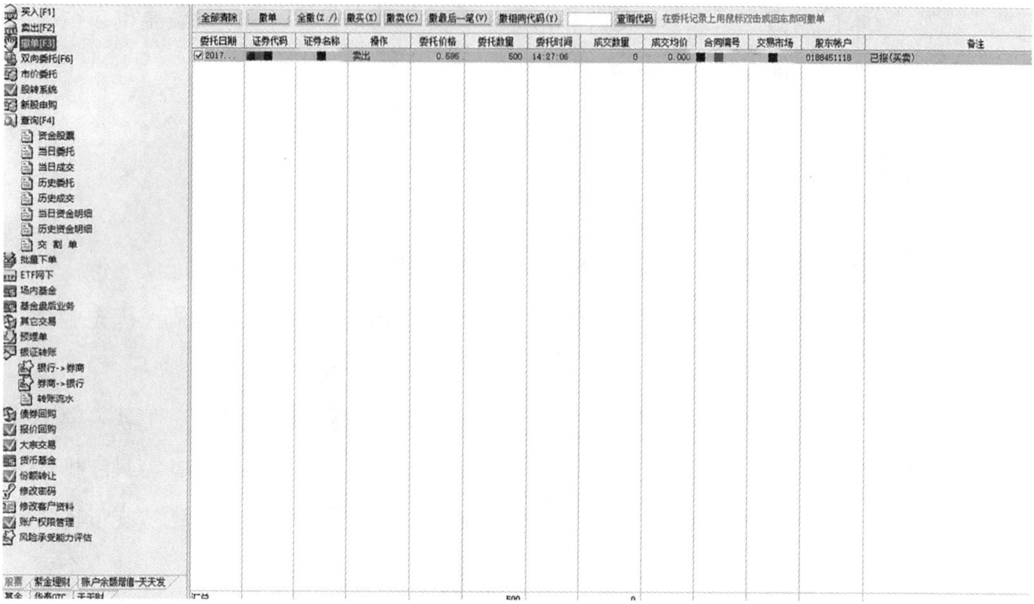

![力哥说理财 手把手教你玩转基金]

图 21.3　场内基金委托交易撤单（来源：华泰证券交易软件）

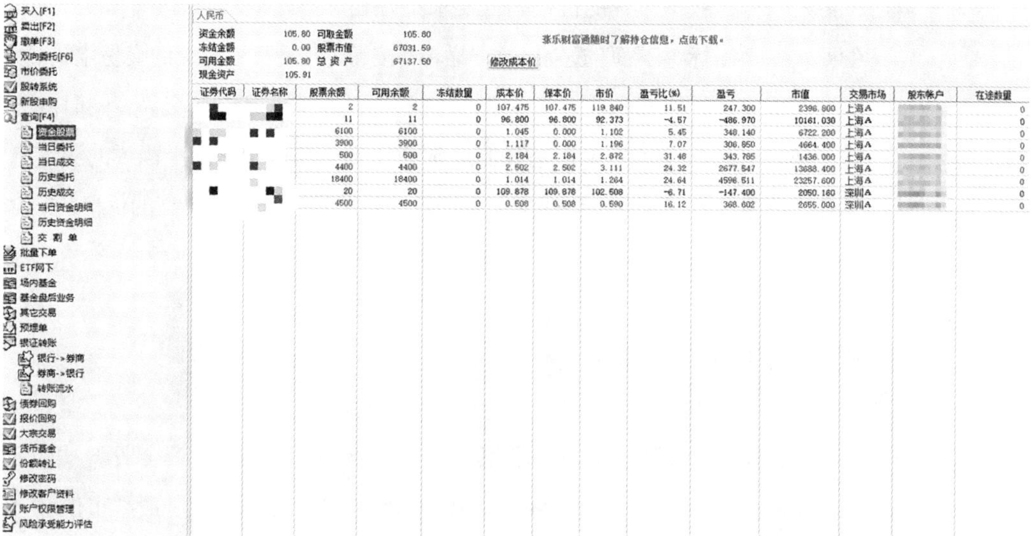

图 21.4　证券账户查询总资产（来源：华泰证券交易软件）

部资金；可取资金是针对 A 股市场 T ＋ 1 交易制度而言的，你当天卖掉的证券，只有到第二个交易日才能把钱从第三方存管账户里转出到银行卡上；冻结资金指的是你正在挂单买入的资金；可用资金则是你现在就可以拿去买入证券的资金，一般当天卖出证券获得的资金，当天就可以再买入其他证券。场外基金赎回时，资金到账往往要好几天，QDII 基金尤其慢，会影响我们的资金利用效率；而场内基金卖出后资金当日可用，次日可取，效率就高多了。

最后的交割单也很重要，输入相应日期，你就可以看到每一笔交易的具体时间、成交数量、成交价格、成交金额以及最重要的手续费到底是多少。

另外要注意的是，场内基金分红时，默认的是现金分红，不能更改。如果你不想拿到现金分红，想把分红的钱继续投资下去，就只能手工操作，用这笔现金分红重新买入基金份额。

总之，买卖场内基金比场外基金稍微更耗费时间，但对于有自控力和时间的人来说，力哥更推荐用场内基金定投，它成本更低，效率更高，灵活性更好。

第22章
如何看懂股票行情软件

在上一章里，力哥讲解了场内基金的买卖操作方法，你会发现买卖场内基金和买卖股票方法其实差不多，所以想要玩好基金，我们也要学习一下如何看懂股票行情软件。

有些券商会开发自己的股票行情软件，也有的会直接对接功能更强大的第三方股票行情软件，比如同花顺、大智慧、通达信、钱龙等。力哥还是以华泰证券为例来讲解，首先我们需要打开华泰证券官网，点击"软件下载"，下载好网上交易系统，安装到电脑里。

K 线图是什么?

打开券商的交易软件，最常看见的就是黑色的屏幕上出现了一个个红色和绿色交织在一起的小柱子，也有的券商用的是红色和蓝色，这就是股民经常说的 K 线图（见图 22.1）。

K 线图的这种表现形式最早是由日本德川幕府时代的米市商人用来记录米

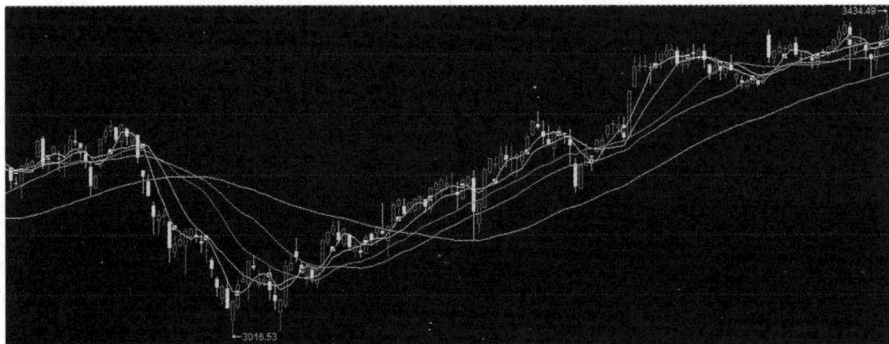

图 22.1　K 线图（来源：华泰证券交易软件）

市价格波动的，因为这种表示价格波动的图线既直观又细腻。现代金融市场建立后，K线图就被广泛应用在股票、债券、基金、期货、外汇甚至比特币市场中。而K线图这个名字的由来和英文字母K没关系，因为当时日本人把这条线称为罫线，中文里读 guai，日文里读 kei，和英文字母K的发音差不多，就直接翻译成K线了。

因为画出来的图形很像一根根蜡烛，尤其是红色的线，所以K线又叫日本蜡烛线。其中有些线是实心的，叫阴线，有些是空心的，叫阳线，所以K线也叫阴阳线。

K线是我们投资理财时必须掌握的最重要的图形指标。每一根蜡烛都记录了4个重要价格信息，分别是开盘价、收盘价、当日最低价和当日最高价。柱子的顶和底记录了开盘价和收盘价，谁高谁就在上面，如果开盘价比收盘价高，也就是开盘价在上面，收盘价在下面，说明当天的价格是下跌的，用实心填满柱子，这就是阴线，大部分软件会把它涂成绿色；相反，如果收盘价比开盘价高，当天的价格是上涨的，这就是阳线，大部分软件会用红色的线表示，有些软件为了图吉利，也会用实心的红色柱子表示。这里顺便说一句，在西方国家，绿色表示顺畅安全没毛病，比如绿灯意味着通行，所以价格上涨时用绿色表示；而红色常常用来警示危险，所以价格下跌亏钱时用红色表示更醒目。但中国文化认为红色表示喜庆，过年放的爆竹、结婚送的红包都是红色，反而绿色不招人待见，所以这套红绿价格识别体系到了中国就被彻底颠倒过来了，变成了红色表示涨，绿色表示跌。

除了柱子本身，你还会发现它上下两端各有一根竖着的线，上面那根叫上影线，下面那根就叫下影线，上影线的最高点表示当日最高价，下影线的最低点表示当日最低价（见图22.2）。如果当天的开盘价或收盘价就是最高价，则没有上影线，俗称光头；反之，则没有下影线，俗称光脚。如果开盘价和收盘价比较接近，从盘面上看，蜡烛线中间的实体部分几乎就消失了，变成了一根横线，再加上上下影线，就成了十字星。如果上下影线都很长，就叫大十字星；反之，就叫小十字星；只有下影线没有上影线，叫 T 型光头十字星。最极端的情况是，当天价格几乎没有波动，这一天的 K 线就像一根很短的直线，就叫一字线。

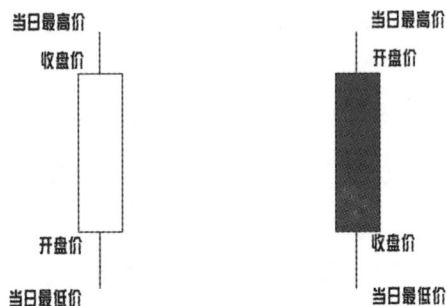

图 22.2　蜡烛线

另外，我们将日涨跌幅在 1.5% 以内定义为小幅波动，在 1.5% ～ 5% 则为中幅波动，5% ～ 10% 为大幅波动，所以就出现了所谓大阳线、小阴线这类的说法。而把每一个交易日的蜡烛线连接在一起，形成一张完整的图谱，就像一张心电图一样，能最直观反映某只股票、基金或任意投资品在一段时间内的整体价格走势。比如"一阳吞三阴"，指的是一根大阳线能把之前三天中阴线或小阴线的跌幅全

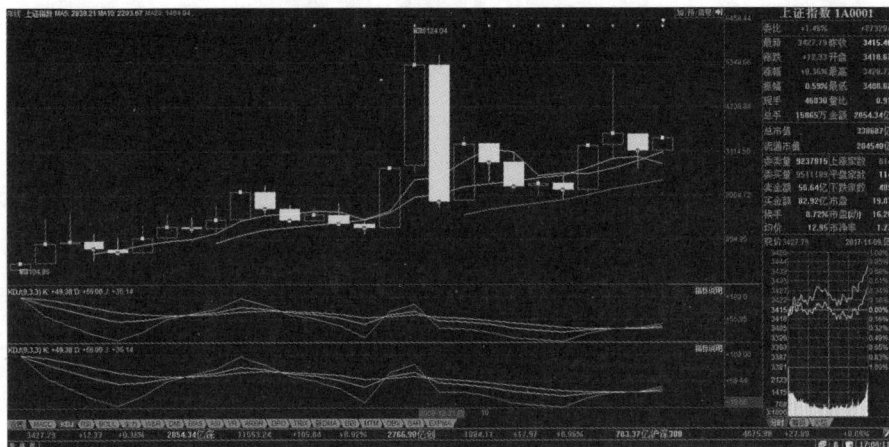

图 22.3　证指数年 K 图（来源：华泰证券交易软件）

部弥补回来，这么一来排列组合就更多了。K线图中的每一根蜡烛代表一天的话就是日K线，每根蜡烛也可以代表一周、一个月、三个月、半年甚至一年的变化，比如我们看上证指数的年K线，一共就只有27根蜡烛（见图22.3）。

其中蜡烛线的上影线飙升最厉害的就是2007年，其次是2015年。而且这两年还不一样，2007年是柱子本身就很高，说明这一年全年涨势都不错，而2015年的柱子很短，上影线很长，说明这一年年中虽然疯涨过一阵子，但后来又跌下来了，原因就是2015年的股灾。而2008年则是一根更显眼的大实心阴线，上下影线都很短，说明这一年从头跌到尾，是超级大熊市。掌握了这套图形语言，就能让一个原本对中国股市毫不了解的"小白"，一眼就能看明白中国股市过去20多年的发展历史，哪几年是熊市，哪几年是牛市，一目了然。

K线图技术分析

有人长期观察这些K线的变化，慢慢就总结出一些规律，通过这些规律去预测股市，于是就形成了一门叫作技术分析的投资流派。力哥举个最简单的例子，比如看到一根只带下影线的阳线，它所表达的字面意思是开盘价在下面，收盘价在上面，而盘中曾一度跌破过开盘价，但最后价格一路向上，并以最高价收盘。而在技术分析语境中，就会做更复杂的解读，也就是开盘之后，曾经有段时间买的人少，卖的人多，市场信心不足导致盘中价格跌到比开盘价更低的位置，但随后涌入一大拨人，不断"买买买"，价格就再也跌不下去了，还不断往上涨，最后这个凶狠的涨势一直持续到了收盘，以最高价结束了当天的交易。这一切都说明这只股票上涨的势头很强劲，今天的买盘力量并没能在交易时段内完全宣泄出来，所以明天开盘后，这只股票大概率还会继续上涨。

当然，这只是日K线指标中一个最简单的分析，经过百年传承的技术分析，到今天已发展出了很多更细分的流派，各个流派重点关注分析的指标也不一样，比如在上面这个例子中，真正的技术流高手绝不会因为这样简单的分析就认为这只股票明天会涨，还会综合考虑下影线的长度、前几日的 K 线走势、当天的分时图、成交量等各种指标来综合判断。

但力哥不准备详细介绍技术分析。一是因为基金投资一般不需要用到技术分析；二是股票投资虽然可以用技术分析做参考，但力哥不建议普通人直接投资股票，对技术分析的有效性也持保留态度。不过，我们还是要能看懂这些指标。

复权让 K 线图更真实

K 线图还有个非常重要的功能是复权，在定增基金一章中，力哥提过，除权除息之后，股价会下降，相应地在 K 线图上就会出现一个特别大的断崖式下跌，用专业术语来说，叫向下跳空缺口，好像投资者一夜之间亏了很多钱，但事实并非如此，所以如果不把除权除息这个因素考虑进去，K 线图就失真了。

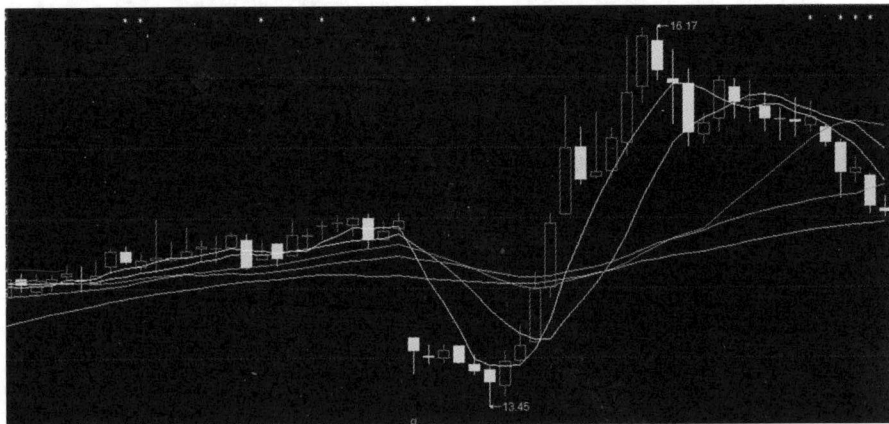

图 22.4　向下跳空缺口（来源：华泰证券交易软件）

通过 K 线复权就能解决这个问题，K 线复权具体分为向前复权和向后复权，向前复权就是保持现有价位不变，将以前的价格折算相应缩减，这时除权前的 K 线就会整体下移；向后复权，就是保持先前的价格不变，将除权后的价格增加修复回去。比如万科 A 的股价如果不复权，现在股价只有二三十元，但如果做向后复权处理，价格能有三四千元，这才是长期持有万科 A 能获得的真实回报。所以，经过复权后看到的 K 线图更能真实反映股票的长期走势（见图 22.5、图 22.6）。

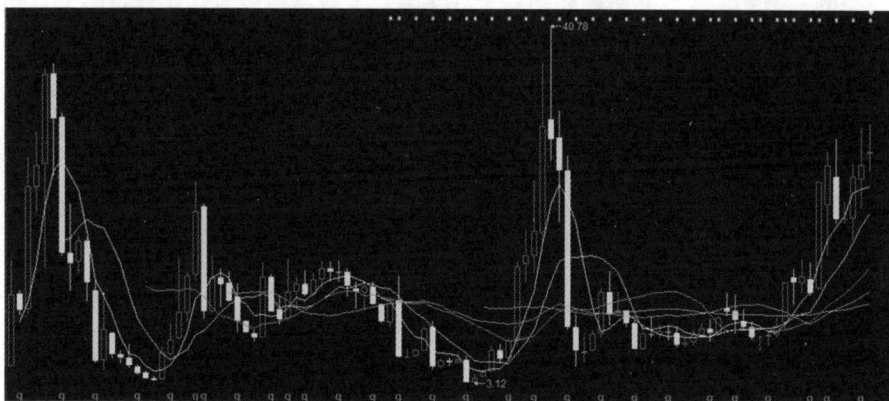

图 22.5　万科 A 复权前 K 线图（来源：华泰证券交易软件）

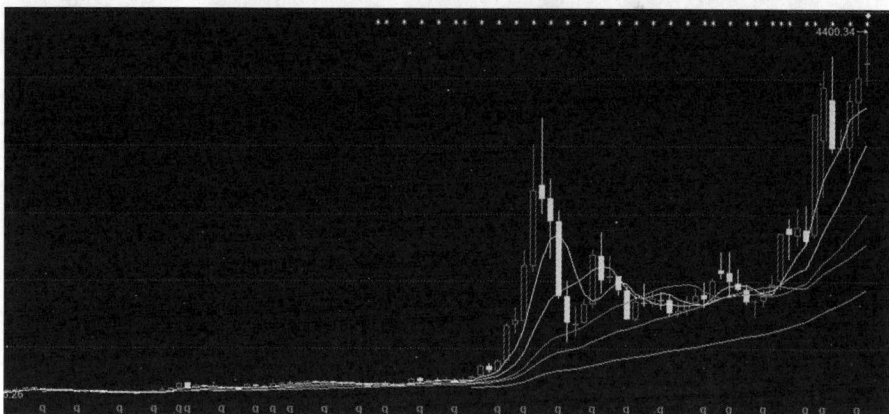

图 22.6　万科 A 复权后 K 线图（来源：华泰证券交易软件）

必须了解的指标：移动平均线

在 K 线图上往往还有许多曲线，其中最基础的就是移动平均线（Moving Average，MA），简称均线，把鼠标移到这些线上会显示这条线的标签，以 MA 开头的，表示均线，它后面还跟一个数字，这个数字代表着这条线是多少日的均线。比如 MA20，就是 20 日均线，它代表包含当天收盘价在内的 20 个交易日的平均值，按照这个算法，每个交易日能得出一个点，用一条平滑曲线把这条线连起来就是 20 日均线（见图 22.7）。以此类推，MA5 就是包含当天收盘价在内的 5 个交易日收盘价的均值连成的一条线。常用的均线有 5 日、10 日、20 日、30 日、60 日、120 日和 250 日的指标。5 日、10 日属于短期移动平均线，是短线操作的参考指标，也叫作日均线指标；30 日、60 日是中期均线指标，也叫作季均线指标；120 日和 250 日是长期均线指标，也叫作年均线指标，其中 250 日均线一般就是年线。

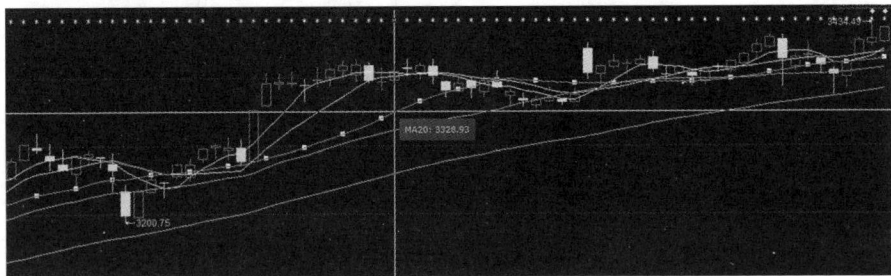

图 22.7　移动平均线 M20（来源：华泰证券交易软件）

在软件中也可以自定义设置一条均线。在 K 线图的空白处点击右键，选择修改指标参数，就能设置你想要看的均线了。K 线和均线往往要配合起来看，在技术分析中，短期均线超越中长期均线叫金叉，预示趋势可能向上；反之，则叫死叉，预示趋势可能向下。

必须了解的指标：成交量均线

在 K 线图和均线图的下方，是代表成交量的柱形图，柱形图上也有两根线，把鼠标移到线上会显示线的标签，以 MAVOL 开头的，是成交量均线，后面跟着的数字代表几日的平均线，其原理和上面说的均线一样。技术分析本质上就是研究股票的量、价、时、空这四个因素的动态变化，所以成交量也和成交价一样，是很重要的指标。而在买卖场内基金时，成交量决定了这只基金的流动性，同样不能忽视。当然，在股票行情软件里还有很多更复杂的技术分析指标，力哥就不一一介绍了。

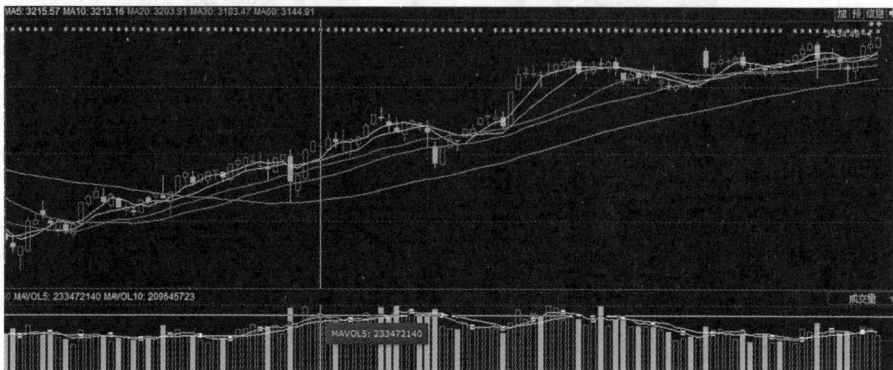

图 22.8　成交量均线（来源：华泰证券交易软件）

如何查看 K 线图?

接下去你肯定想问，我要怎么找到我想买的股票或基金的 K 线图呢？很简单，直接在键盘上敲出股票代码或者名称首字母，就会弹出一个搜索窗，选中搜索出的股票或基金双击，就可以调出这只股票或基金的行情界面了（见图22.9）。

用键盘上的上下箭头，可以对 K 线图进行放大和缩小。按左右箭头，界面

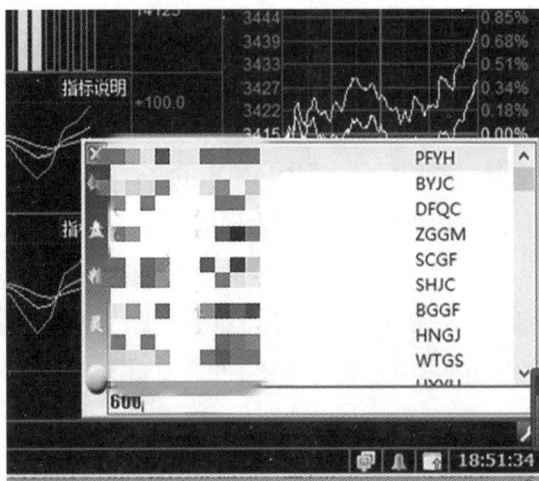

图 22.9 搜索股票 / 基金（来源：华泰证券交易软件）

上会出现白色的十字坐标线，十字的中心可以定位 K 线图上的某个点。用鼠标在 K 线图的空白处点击一下，然后在 K 线图上移动可以达到同样的效果，屏幕的左边会出现对应这一点的信息。最顶上的是时间和数值，时间对应目前十字中心对应的横坐标，数值对应的是纵坐标。接着是开盘、最高、最低、收盘。涨幅就是当天的收盘价相对前一个交易日收盘价的涨幅，振幅就是当天最高价和最低价的差额相对于前一个交易日收盘价的百分比。比如昨天收盘是 10 元，今天最高上涨到 11 元，涨 10%，最低到过 9 块，跌 10%。那么今天的振幅就是 20%，振幅体现的是股票的活跃性。

如果你想长期关注这个股票或基金，可以在 K 线图空白处点击鼠标右键，选择加入自选股，以后你在自选股列表中就能看到它了。

第23章
基金投资防忽悠指南

在这一章中，力哥想和大家聊几个最实用的话题，让大家在基金投资中少走弯路，少入坑。

关于基金投资实战技巧，前面力哥已经穿插提过一些。

比如，是买老基金还是买新基金？除了标准化的指数基金，在其他条件相同的情况下，当然要选有历史业绩供参考的老基金，而基金公司和银行之所以总喜欢给你推销新基金，是因为卖新基金能获得更高比例的佣金。比如有个货基，宣称短期收益高达6%，是不是就能说明它是好货基？当然不是，恰恰相反，应该远离这种人为制造营销噱头的货基。

比如很多基金公司宣称股票型基金风险高，债券型基金更安全，但这不代表买债基就不会亏钱，尤其是那些可以买股票和可转债的债基，亏起钱来也是毫不含糊，只有不投资可转债的纯债基金长期看是最安全的。

再比如宣传单页上吹嘘某只基金去年同类收益排名第一，是不是就应该赶快买呢？也不是，花无百日红，风水轮流转，主动型基金从来就没有常胜将军。

这里，力哥再强调三条"小白"买基金时最容易犯的错误。

误区一：基金一定要长期投资吗？

这是基金公司最喜欢给"小白"灌输的投资理念，说人家巴菲特就是坚持长期投资才赚大钱的。但这话只说对了一半，巴菲特选择了最优秀的股票标的并在最佳时机进场，然后才能通过长期投资赚大钱。他会在金融危机前的疯狂泡沫时高歌进场吗？不会。更何况巴菲特也有看走眼的时候，他发现自己买错了一样会立马走人。虽然力哥一直说基金投资是一辈子的功课，但不代表我们买的每一只基金都必须长期持有。长期投资理念本身没有错，它要传递的核心思想是我们要有足够的耐心，但为了长期投资而长期投资就变成毫无意义的抠字眼了。

春天到了要及时播种，秋天到了要及时收割，冬天到了就要保住本金，谨慎投资。投资节奏不能错，如果你选择秋天播种，还坚持长期投资，那非得在冬天冻死不可。当然基金公司希望你一年四季都持有基金，这样他们就能一直赚管理费了。

误区二：买基金时，净值是不是越低越好？

在我们的常识里，总觉得便宜的东西更值得下手，基金净值低意味着下跌空间小、上涨空间大，花同样的钱可以买更多份额，但这只是个错觉。一只基金值不值得投资和它的基金净值高低没有半毛钱关系。如果两只基金的投资完全一样，一只净值1元的基金涨到2元和一只净值3元的基金涨到6元是同步的，净值低不代表便宜或上涨空间大，净值高也不代表贵或上涨难度大。事实恰恰相反，净值低，只有三种可能：第一种是新基金，不推荐；第二种是本身业绩差，涨不动，不推荐；第三种是老基金，业绩也不错，但通过分红拆分强行把净值降下来做二次营销，这可能会摊薄老基金持有人的利益，同样不推荐。

反过来说，净值高的基金必然是业绩优秀也不经常分红拆分的老基金，这种基金难道不是更值得珍惜吗？不过场内基金必须100份起卖，如果净值或者说价格太高的话，基金定投的门槛就比较高了，比如159943深成指ETF的净值现在高达11块多，510500中证500ETF的净值也高达6块多，这种场内基金一般也不太适合定投。

误区三：是不是分红越多的基金就越好呢？

首先，是否分红和基金的好坏没有直接关系。分红的动机主要有两种：一是基金经理觉得股市指数已经太高，于是卖掉一部分股票将收益落袋为安，这钱放在兜里是赚不到钱的，还不如通过分红的方式将这部分收益返还给投资者，这是良性分红；二是担心净值太高，很多"小白"基民"恐高"，所以通过分红来做二次营销，让更多的投资者"买买买"，这就是恶性分红。

在潜意识里，听到"分红"二字，人们的第一反应就是天上掉馅饼，不拿白不拿，觉得这是好事。但实际上，基金分红和股票分红不一样。上市公司如果不分红，这钱就永远留在上市公司里，你作为股东就永远分不到实在的收益，只能靠股价上涨获利；而基金本身就是你的资产，无论基金公司分红或者不分红，这钱都是你的，你如果要用钱，随时可以把基金卖了。分红并不会给你增加半毛钱的收益，只不过是把钱从你的左口袋放到了右口袋，还会额外增加一些财务成本。

更准确地说，基金分红是一种财务把戏，强制投资者把一部分基金卖了，然后再给出一个所谓红利再投资的选项，让你可以不花手续费就把分红的钱重新买回基金，这不是吃饱了撑的，闲得没事干吗？所以，千万不要以为从不分红的基金就是一毛不拔的铁公鸡，更不要以为经常分红的基金就是良心好基金，分不分红和基金好坏没有必然联系。

第24章
我买的基金套牢了怎么办?

看这本书到现在,你是不是有一种相见恨晚的感觉?力哥,我在没看这本书之前,已经稀里糊涂入坑买了基金,这些基金现在被套牢了,我到底该怎么办呢?

面对套牢的基金,你可以选择的策略无非有四种:加仓策略、装死策略、换仓策略和止损策略。

套牢第一招:加仓策略

所谓加仓策略,就是通过不断地以更低的成本价买入更多份额的该基金,来摊薄该基金的整体持有成本。比如你原本买了10000份净值为1元的基金,市值为10000元,但因为股市大跌,净值跌到0.5元,你的基金市值就只剩下5000元了。这时你再拿出20000元,在0.5元的价位买入该基金,一共能买40000份,这么一来,你总共持有的基金份额就增加到了50000份,而你总共投入的本金是30000元,30000÷50000=0.6,你持有该基金的成本就被摊薄到了0.6元。只要基金净值涨到0.6元,你就能解套了,这要比原本要涨回1元才能解套容易得多。这其实和力哥后面重点要讲解的基金定投是同一个原理。

那什么情况下适合加仓策略呢?

首先,你套牢的得是个质量不错的好基金。用力哥之前教过你的识别一只基金是不是好基金的方法,先确认它值不值得你用更多的资金去营救。如果分析下来,发现这只基金本身不行,那就不适合采用加仓策略了。

其次,得看你手上还有没有足够多的可以长期投资的资金。定投策略的本质就是一种提前计划好的加仓策略,一步一步主动买套,短期套牢是预料之中的事，而套牢后不断加仓摊薄成本也是既定计划。但套牢后的加仓策略，则是你不愿割肉认输的无奈之举，这么一来，操作难度就很大了。假如你一共只有10万元本金，6万元已经深度套牢，手里还剩4万元，这4万元援军能否把6万元友军给解救出来，是很难说的。如果时机没踩准，过早把援军全部投入战场，没准会再次陷入包围圈，导致解套不成，反成炮灰。有计划的投资和盲目的投资最大的区别就在于仓位控制和投资节奏，一旦之前胡乱投资用力过猛，后备弹药不足，就很难用加仓策略了。

所以制定加仓策略时最好也要提前规划。基本原则是套牢得越深，需要投入的援军越多，当亏损比例逐渐缩小时，援军投入速度就要放慢。还要保证援军数量不能太少，保存救援资金和套牢资金比例至少是1：1，如果是超过20%的深度套牢，提前准备好的救援资金至少得是套牢资金的2～3倍。

总之，加仓策略是基金套牢后最难操作的一种策略。没有提前制定好救援计划，千万不要盲目加仓；就算制订了计划，很多人也很难执行下去。有些人看到今天跌多了，心一黑，可能加仓就加多了，子弹一下子就打光了，再跌就傻眼了；也有些人胆子小，看到今天跌多了，担心还要大跌，原本应该加仓的也不敢买了，错过了最佳救援时机，一样会造成悲剧。

套牢第二招：装死策略

装死策略很好理解，就是死猪不怕开水烫，我两眼一闭不管你了，说不定过两年你自己就解套了，这种策略的本质是鸵鸟心态——我不愿割肉认输，又不想或者没有能力投入更多的资金去摊薄成本，积极解套，所以就耗着，我就不信股市不会再次走牛，我就不信等不到回本的那一天。这种策略是普通基民最常用的。

乍一看装死策略最简单，什么都不用做，可实际上却可能是所有应对策略中成本最高的。一方面，你的时间成本难以控制。没错，股市永远在牛熊之间转换，也许新一轮牛市到来后，你的基金是可以回本的，但却会耗费你很长的时间。比如在 2007 年牛市高峰入场套牢的基金，大多要等到 2015 年新一轮牛市到来后才能解套，一等就是七八年。假如你原本深套 30%，果断止损后重新布局，只要买个优秀债基，获得年化 8% 的普通回报，8 年后，不但能回本，而且还能赚 30%。和一直等到 2015 年回本后才卖掉相比，这难道不是更聪明的选择吗？货币是有时间价值的，回本后再卖掉，只不过能让我们心理上好受些，但七八年时间过去了，物价涨了那么多，到头来只是回本，不还是很失败吗？

另一方面，你套牢的基金本身未来走势也有巨大的不确定性。如果这只基金本身很烂，就算你长期扛着，等到下一轮牛市来了，能不能回本也还不一定呢。

所以，选择装死策略的前提和加仓策略差不多：首先，你套牢的资金可以长期不用，耗得起；其次，你已经套牢的基金本身质量优良。如果你有足够多的后备资金，那建议还是选择加仓策略，好基金在被低估的时候，难道不应该更贪婪地买入吗？但如果你没有足够多的后备资金，但又很看好暂时套牢的基金，则可以采取装死策略。另外，为了规避基金经理的选股风险，套牢的指数基金比主动型基金更适合装死策略，因为下一轮牛市来临后，指数基金的涨幅一般不会差到哪里去。

套牢第三招：换仓策略

再来看换仓策略。如果你发现套牢的基金质量并不好，但又不想认输离场，那最好的办法就是换仓。

普通投资者之所以那么看重"回本"这两个字，是因为人性天生对盈利和亏损有不同的接受度。比如一只原本你赚了 50% 的基金，突然遭遇"黑天鹅"事件，账面只剩下 20% 的盈利，这时你怕了，把基金全部赎回，这样你就不会整天对失去的 30% 盈利懊恼不已，因为毕竟你还赚了 20%，知足吧。如果赎回后，这只基金继续大跌，你还会庆幸自己卖得早。但反过来，被套牢的时候你就不是这么想的。如果原本一只基金巨亏 50%，突然一轮上涨后亏损减少到 20%，这时你还是不愿割肉走人，因为你还有 20% 的亏损没有弥补，心理上还是接受不了。

再举个例子，你有两个选择：一是有 50% 的概率赚到 100% 的回报，二是有 100% 的概率赚到 50% 的回报，你会选哪个？大部分人都会选择第二个，因为 100% 的回报虽然看起来更诱人，但有一半可能得不到，而 50% 的回报则是一定能拿到的。反过来，你还是有两种选择：一是有 50% 的概率亏掉 20% 本金，二是有 100% 的概率亏掉 10% 本金。和上面的例子一样，这两种选择中，你面对的数学期望也一样，但大部分人会选择第一种，因为选择第二种你必然要亏 10%，这让人太难以接受了，第一种选择至少保留了 50% 的不亏的可能，说不定运气好就不亏钱了呢？这说明人在面对盈利时，会更倾向于追求确定性的回报和保守的投资风格；而面对亏损时，会更倾向于追求不确定的回报和激进的投资风格。

为什么绝大多数赌徒总是会越陷越深呢？因为输得越多，越想回本；越想回本，输得越多，在心理学上这叫锚定效应。我们的成本价是我们心中的锚，这个在我们主观意识中塞进去的锚，会让我们在投资时做出错误的判断。而在技术分析理论中，之所以认为看均线能预测出未来的走势，就是因为均线代表的是市场中大多数投资者的成本，当大多数之前套牢的股民面临回本临界点时，股市很有可能就会出现巨幅波动，因为许多人在回本后就会选择卖出。而一旦在这个临界点上站稳了，也就是短期均线明显超过了长期均线，就意味着市场中大量新进资金处于盈利状态，未来市场进一步向上时的抛售压力就会小很多，也就是所谓的上升空间被打开了。你看，技术分析乍一看是理工科思维产物，但本质上依然是对人性弱点的深刻解读。

所以，一个成熟的投资者，一定要学会做到"忘记本金"，把回本这两个字从自己的大脑里删除，一旦你把钱投入到市场中，只需要记住市值，只有市值才是你当下最真实的财富。

采取换仓策略就是忘记本金的一种体现，它强调不再执迷于回本，拒绝鸵鸟心态，接受现实，换个赛道重新出发，期待未来能赚到更多的钱。

套牢第四招：止损策略

最后一个止损策略是力哥最不推荐的。技术派股民特别强调止损的重要性，但力哥推崇的投资理念是止盈不止损。每次止盈，都是一次真实的盈利，积少成多，最后数量可观；每次止损，都是一次真实的亏损，积少成多，最后亏损大得吓死人。

总结一下，如果看好套牢的基金，有钱就采取加仓策略，没钱就采取装死策略；如果不看好套牢的基金，就采取换仓策略。

03

定投技巧篇

For a
better life

「力哥說理財」

看完了前面的两部分知识，我们将进入本书的第三部分——定投实操技巧篇，这也是力哥这本书中最有价值的一部分。这部分的内容分为三块：一是普通的定投知识，二是目前市场上流行的智能定投策略，三是力哥自己独家原创的七步定投策略。

第25章
最有效的基金投资大法：基金定投

前面力哥多次提到过"定投"这两个字。它是个缩写，全称叫定期定额投资。这是什么意思呢？比如你每天要吃三顿饭，雷打不动，这叫定期吃饭；每顿饭要吃三两，这叫定额吃饭。你向你老妈保证："妈妈，我今后保证每天吃三顿饭，每顿饭吃三两。"这就叫定期定额吃饭，简称吃饭定投。把吃饭换成买基金，把你妈妈换成基金公司，就是基金定投了。

定投就像遛狗

人人都说定投好，那基金定投的原理究竟是什么呢？那就是通过定期定额投资，不停地分批次小额买入基金，使基金的收益曲线更接近宏观经济的走势，变得比较平滑。这是什么意思呢？我们常说，股市是宏观经济的晴雨表，说明股市表现和宏观经济表现有内在的关联。但实际上，从短期看，股市涨跌和 GDP 走势之间看不出明显的关联，可能 GDP 创新高的时候，股市反而"跌跌不休"；宏观经济遭遇金融危机的巨大冲击的时候，股市反而异军突起。那是不是说"股市是宏观经济的晴雨表"这个宏观经济学理论是骗人的呢？

非也。用显微镜看，股市和宏观经济的确很难看出关联；但用望远镜看，就能发现这两者之间的内在联系了。

举个例子，如果把宏观经济或者说 GDP 比作一个遛狗人，将股市比作一条狗，遛狗人是一步一步往前走的，比较平稳。但是狗会一会儿发疯似的冲到前面，回头看看主人，发现跑太远了，再快速跑回来。有时候又盯上了什么新鲜玩意，流连忘返，一看主人走远了，又赶紧追上去。只要把观察周期拉得足够长，就能发现，狗狗总是围绕着遛狗人的位置做往复运动，股市也总是围绕着宏观经济的表现上下波动。

股市的走势就像狗狗一样前突后冲，上蹿下跳，越是新兴的市场，投资者越是不理性，这种波动就会越剧烈。所以一次性买入的基金，就面临巨大的不确定性，我们很难确定这时股市这条狗是跑在主人（宏观经济）的前面还是后面。但通过持续不断地小额买入，基金的波动就不会那么大，整体走势就会更加平稳，更接近宏观经济的走势，我们的收益曲线就会变得更加平滑，投资风险就会更低。

高位少投，低位多投

假如你今天以每份 1 元的价格买了 100 份基金，也就是投资 100 元，如果明天股市突然暴跌，这只基金跌到只有 0.5 元，那你不就损失了 50 元了吗？但这时假如你再投资 100 元，因为基金每份只需要 0.5 元，所以同样投资 100 元却可以买到 200 份基金，你其实是以更低的成本买到了更多的基金，所以赚了呀！

结果，你一共投资 200 元买回了 300 份基金，你持有一份基金的成本就是 200÷300=0.66 元，只要第三天这只基金从 0.5 元涨回到 0.66 元，你就解套了；等它涨回到 1 元时，你可不就赚翻了？

假如很不幸，第三天这只基金继续下跌到 0.2 元，如果你继续投资 100 元，就可以得到 500 份基金。三天下来，你花了 300 元，买到了 100 ＋ 200 ＋ 500=800 份基金，300÷800=0.375 元，你持有基金的成本就进一步下降了，只要基金从 0.2 元反弹到 0.375 元，你就解套了。

这里大家很容易就能发现，在高位投资越少，在低位投资越多，最后持有基金的总成本就越低，就越容易赚到钱。也就是说，想要通过定投赚到钱，和炒股票一样，需要低买高卖，而不是追涨杀跌。

别人恐惧时我贪婪，别人贪婪时我恐惧

基金跌得越惨，越是人心惶惶没人敢买的时候，就越应该贪婪，买得越多；反过来，基金价格涨得越高，越是大家都抢着买的时候，就越应该恐惧，买得越少。等基金价格涨到很高了，已经赚了一大笔钱的时候，就应该停止定投，甚至把所有基金全部赎回，获利了结。

还是拿上面那个例子来说。假如基金净值 1 元时我买了 100 元，等跌到 0.5 元时，我不但不恐惧，反而更贪婪了，拿出 200 元买了 400 份基金，这时我一共投资了 300 元，买到了 100 ＋ 400=500 份基金份额，等于一份基金的买入成本才 0.6 元，比之前要涨到 0.66 元才能回本又低了 6 分钱。

如果基金继续跌到 0.2 元的话，我再翻个倍，买 400 元基金，就意味着我总共花了 100 ＋ 200 ＋ 400=700 元，买了 100 ＋ 400 ＋ 2000=2500 份基金，我

的单份基金成本只有 700 ÷ 2500=0.28 元，只要基金净值从 0.2 元涨到 0.28 元我就解套了；当基金重新涨回到 1 元时，我能赚到 357% 的惊人回报！

但如果我在基金净值 1 元的时候就把所有钱都投了进去，手里没有更多的弹药可以补仓了，或者虽然我手上还有钱，但因为看到这只基金一直在跌，自己之前买的基金亏损不断扩大，就因为害怕而不敢再买了，那就算将来这只基金回到 1 元，也只是刚刚解套而已。

这就是基金定投的奥妙所在。

但反过来说，如果现在正好是牛市，你在基金只有 1 元的时候没有全仓杀入，而是采取定投策略，一点点买，结果看着它从 1 元一点点涨到 1.5 元、2 元，3 元，定投的结果反而是你用相同的资金，以更高的价格买入了更少的基金份额，你实际上赚到的钱还不如在 1 元的时候一次性买入来得多。

所以，基金定投的效果不是让你赚更多的钱，而是将收益曲线变得更平滑。这句话的意思是双向的：在下跌的时候持续买入，会让你亏损的比例变得越来越小；在上涨的时候持续买入，也会让你盈利的比例变得越来越小。可见基金定投不见得能比一次性买入获得更高的回报，但在获得相同潜在回报的前提下，比一次性买入基金冒的风险更低，投资性价比也更高。

只要宏观经济的长期趋势向好，长期看，坚持基金定投至少能获得不低于 GDP 增速的回报，如果你选择的定投标的更优秀的话，获得两倍于 GDP 增速的回报也很正常。虽然说基金定投的标的可以是主动型基金，也可以是指数基金，但如果我们着眼于经济长远走势，希望定投标的能获得宏观经济蓬勃发展的整体经济红利，那就应该选择指数基金。因为买指数基金就是买大盘，大盘就是由这个国家优秀的大型企业所构建的一篮子股票组合，只要国运昌盛，这些指数基金长期看就有巨大的投资价值。所以巴菲特才说，买指数就是买国运。

什么样的基金适合定投？

换个角度看，定投的作用就是把原本波动剧烈的基金收益曲线变得平滑，所以波动小的基金，比如债券型基金，一般就没有定投的必要；越是波动剧烈的基金，使用定投策略的效果越显著。指数基金由于仓位最高，波动最剧烈，所以相对更适合定投。按照这个原理，除了基金，像股票、黄金、石油等其他波动比较剧烈的资产同样也可以做定投。

除了选择一个适合定投的基金种类，基金定投要不要择时呢？有些基金公司在宣传基金定投时说，定投的目的就是让你放弃择时投资，因为既然你没本事买在最低点，抛在最高点，就不要去挑选最好的投资时机，只要坚持一点点买入，总是能赚钱的。但这话只说对了一半，因为基金定投只是放弃对市场短期波动的择时，而绝不是放弃对整个牛熊大趋势的择时。还记得力哥在防忽悠指南里和大家说过的长期投资的坑吗？基金定投不是万能药，只有选择合适的时机进场，才能使基金定投发挥更大的效用。

搞明白基金定投的原理后，在一个合适的时机开始画这条平滑的收益曲线，然后充满信心、耐心和恒心，坚定地执行自己的定投计划，就是靠基金定投赚到钱的关键所在了。

力哥的定投第一桶金

力哥的上一轮定投开始于 2011 年 5 月，因为那时距离 2007 年 10 月牛市顶点已经过去快 4 年了。2007 年之前的熊市持续时间大概也就 4 年，所以力哥在 2011 年时判断，下一轮牛市可能不远了，是时候可以开始定投布局了。

但其实在 2011 年，A 股市场表现得很糟糕，而此后的 2012 年和 2013 年，市场表现得更糟糕，人气更低迷。事实上那轮熊市比我预想的还要长得多，从我开始定投算起，直到 3 年后的 2014 年 7 月，新一轮牛市才姗姗来迟。正是因为我也不能确定下一轮牛市究竟什么时候才能到来，所以当时用定投来缓慢建仓，不断摊薄成本，的确是最合适的策略。

2011 年的 A 股市场，远没有力哥前面讲到的那么丰富的指数基金品种，所以我只能老老实实地定投最具代表性的两个指数基金——一只是沪深 300 指数基金，一只是中证 500 指数基金。力哥之前说过，前者是跟踪大盘股最具代表性的指数，后者是跟踪小盘股最具代表性的指数，这两个指数搭配定投，能规避大小盘股轮动的风险，最大限度地做到风险对冲平衡。

普通的定投周期是一个月定投一次，这主要是配合大部分人每月发一次工资的节奏。比如你每月 15 日发了 5000 元工资，你就可以设定 16 日自动扣款 2000 元去定投基金。

不过力哥当时设定的定投节奏不是每月投一次，而是每天投一次，每次就投 100 ~ 200 元，这是因为基金定投每次最少也要买 100 元。每月定投 2000 元和每天定投 100 元有什么区别呢？

因为定投的作用是降低风险，平滑收益曲线，所以你定投的频率越高，这条曲线就越平滑、越漂亮。每个季度定投不如每个月定投，每个月定投不如每周定投，每周定投不如每天定投。就像我们看股票行情软件里的均线图一样，5 日、10 日这种短期均线一定是上蹿下跳波动很大的，而 1 年、2 年的长期均线看起来就比较平滑，顶部和底部都没有那么尖锐。

不过投资又不是搞艺术创作，没必要为了追求收益曲线平滑好看的效果而缩短定投频率。它真正的意义在于：股市行情瞬息万变，行情说来就来，说走就走，一个月里市场可能会发生很大的变化。如果我每天都在定投，就可以随时根据市场变化，灵活调整定投金额。假如今天股市突然大跌，我当天马上就能增加定投金额，以更低的价格买到更多基金；假如今天股市突然大涨，我又能马上减少定投金额，避免在高位买太多基金。

传统定投策略是每个月买一次，你有可能正好买在这个月里的低点，也可能正好买在高点。运气好买在低点自然好，但如果恰巧买在高点就比较郁闷了。

所以长期看，每月定投成本摊薄的效果可能不如每天定投好。当然，如果把定投周期拉到足够长，按月定投和按天定投的收益差是极小的，我们其实没有必要刻意每天都去定投，所以力哥还是建议普通投资者每周或每月做一次变额定投就可以了，或者你直接选择现在市面上很普遍的智能定投服务，一样能自动做到跌了多投、涨了少投的变额定投效果，大幅节省我们的时间和精力。力哥在下一章节就会专门来讲这个话题。

记得我刚开始定投的时候，沪深 300 指数在 3300 多点，我就把 3800 点设定为安全边际线，超过 3800 点便不再定投，指数在 3700 点到 3800 点之间时，每天定投 100 元；指数在 3600 点到 3700 点之间时，每天定投 110 元……以此类推。指数每下跌 100 点，定投金额增加 10 元。

但只要看一下过去几年沪深 300 指数的走势图就知道我的人品比较差，开始定投的时间点正好是那几年熊市里指数涨到相对最高位的时候。从 2011 年 5 月开始，沪深 300 指数就一直在往下走，到 2013 年 6 月最低跌到只有 2023 点，指数绝对跌幅高达 40%。那是什么时候才重新涨回到 3300 点上方的呢？一直要等到 2014 年 12 月蓝筹股行情爆发后才涨回来。

假如我当时没有选择定投，而是一次性把钱统统投进去，或者看到指数一直在跌，自己的定投一直在亏钱，很快就放弃定投的话，那得直到三年半以后才刚刚回本。但因为我采取的是变额定投的方式，这三年时间里一直是严格遵守纪律，雷打不动，所以你猜猜我这只基金到 2014 年年底，收益有多少？

将近 60%！就算你采取的是最普通的每月定期定额投资的方式，收益也能超过 40%！这就是定投的神奇之处。

而且你要知道，因为我始终坚持跌得越多、买得越多的策略，所以我实际持仓成本只有 2100 多点，因此在持仓的 3 年多时间里，我手里这只基金大部分时间都是处于小幅盈利或不赚不亏的状态，只要少部分时间有小幅亏损。假如牛市还没来，我临时急用钱不得不把这笔基金赎回的话，也没有什么大损失。

你发现了没有？只要坚持变额定投，熊市中，我的投资也亏不到哪里去，但只要牛市一来，马上就赚大了。这种投资策略能让投资者达到最高的投资境界，那就是涨跌不惊，盈亏随意。

当然，另一个中证500指数，在2011年4月也是涨到了那轮熊市里的最高位，但它随后几年的走势要明显强于沪深300指数，所以我定投的中证500指数基金，在很长一段时间里都是赚钱的，到2014年年底，已经赚了超过70%。

张梦翔的赚钱奇迹

如果你觉得我这个定投的时间还太短，没有很强的说服力，那我再举一个更神奇的例子——张梦翔的故事。

1990年，台湾股市和日本股市几乎同时经历了史上规模最大的一次股灾，许多台湾股民在股市里输得倾家荡产。当时的台湾股民也和今天的大陆股民差不多，还很不理性。当时台湾的投资界也开始鼓吹基金定投的理念，但许多人都不懂。到了1996年，有个叫张梦翔的人抱着试试看的心理，去定投了一个投资日本股市的基金。

1990年，日本股市从40000点高位跌下来后，就一直在20000点以下徘徊，可以说长期处于熊市周期中。为什么日本企业都喜欢到海外去投资，日本大妈不喜欢炒股票而喜欢炒外汇，就是因为日本股市二十年如一日，一直都在做着俯卧撑。没办法，日本人只能想办法到海外去淘金。

话说张梦翔这个人运气也比较差，定投第1个月，日股就大跌8%；接下来两年也是一路跌，最惨的时候，基金亏了40%。到1998年亚洲金融危机的时候，外面一片腥风血雨，鬼哭狼嚎，张梦翔心里也怕啊，他在想他是不是应该停止定投，愿赌服输呢？因为这股市往下看，黑不溜秋根本看不到底在哪里，何必继续往这个无底洞里砸钱呢？

但后来他领悟到，基金定投的精髓就是越跌越要买，越是困难的时候，越是要咬紧牙关！就这样，在连续坚持定投38个月之后，日经指数再次突破

18000 点，虽然这时指数比他第一次定投时要低，但因为他在之前跌得很深的时候坚持加码定投，所以这时张梦翔一看自己的基金账户，傻眼了，居然赚了90%！于是他马上获利了结。

因为尝到了定投的甜头，所以虽然他已经把之前赚到的钱都拿了出来，但张梦翔每个月还是坚持定投，接着日本股市又是连续 3 年狂跌，指数再次被腰斩。不过张梦翔这次有经验了，还是很有纪律地坚持定投。到了 2005 年 8 月，日经指数再次涨到 13000 点，比上次的 18000 点又低了 5000 点，但他手里的基金已经赚了 100%！

基金定投之所以能化腐朽为神奇，并不是因为这是一种多么复杂精密的投资技巧，相反，而是因为它是一种最简单、最不用动脑子的傻瓜式投资策略，任何人都能掌握。但就算你明白了基金定投的原理和优点，也不一定能做得到。

因为股市并不是你和其他投资者之间的战场，而是你和你的心魔较量的战场。你有两个心魔，一个叫恐惧，一个叫贪婪，而定投的作用就是帮你战胜那个名叫恐惧的心魔。

很多人定投之所以最后会亏钱，之所以画虎不成反类犬，就是因为他战胜不了内心的恐惧。看到股市涨了，开始学别人定投；看到股市一跌，马上就不敢再定投了。所以他开始定投的点位永远在高位，停止定投赎回的点位永远在低位。老是高买低卖，和定投原理反着来，怎么可能赚钱呢？

不管是做基金定投还是做任何投资，都是人性的修炼场，只有能战胜人性弱点的强者，才能最终笑傲理财江湖。

第 26 章
基金定投 2.0：智能定投

与传统的定期定额投资相比，定期变额投资能进一步提高定投收益率，但变额定投也有两个问题：一是怎样设定定投金额变化的规则，这需要我们自己动脑筋；二是如果要不断变化定投金额，操作上势必会更麻烦。但既然有需求，市场自然就会有供给。感谢这几年互联网金融的大发展，现在市场上已经有许多智能定投产品，能帮我们轻松解决这两个问题，做到一键定投，轻松搞定。

市面上的智能定投产品

今天国内推出智能定投产品的主要有这么几类公司：一是基金公司自家的直销平台，比如南方基金的 e 智定投、嘉实基金的理财嘉止盈定投、汇添富基金的添富智投、富国基金的目标盈等，但这些智能定投服务只针对自家旗下的基金，选择面比较狭窄；二是银行、证券公司等传统的基金代销机构，它们能突破单一基金公司的产品限制，给投资者提供海量候选基金作为定投标的，其中最有名的是招商银行推出的摩羯智投；三是第三方基金代销机构，比如蚂蚁财富的慧定投、腾讯理财通的目标盈定投、中国最大的投资者社区雪球旗下蛋卷基金的蛋定投以及京东智投、宜信集团旗下的投米 RA 等。

光看这些五花八门的名字，你可能完全不知道它们有什么特点和区别，更不知道该如何选择，所以我们还是得从智能定投的设计原理出发，才能真正搞明白这其中的奥妙。

力哥上面说了，智能定投就是通过一定的算法来实现价格越低买得越多、价格越高买得越少的变额定投效果。

围绕这个核心目的，智能定投主要运用的是这三种策略：均线策略、风险偏好策略和动态再平衡策略。

智能定投策略一：均线策略

均线策略，泛指一些运用移动平均线作为参考指标来指导投资的策略。在基金定投中，就是利用均线来判断当前股市到底是处于相对高位还是相对低位，并且设置一个变额的梯度标准，即低于目标均线多少比例，定投资金就加大多少比例，高于目标均线多少比例，定投资金就减少多少比例。比较保守的投资者可以把变动的比例设置得小一点，反之则可以设置大一点的变动比例。

比如蚂蚁财富的慧定投，用的就是均线策略。打开蚂蚁财富 App，用支付宝账号直接登录。点击首页上的基金，随后选择一只你要定投的基金。

点击"定投"按钮，再点击右上方"慧定投"按钮，就进入到了慧定投的介绍和设置页面。输入每次的基础定投金额，慧定投就会自动乘以 60%～210%，作为每期实际投资的下限和上限。比如设基础定投金额为 500 元，实际定投金额就会在 300～1050 元波动。定投周期可以选择每周、每两周或每月一次。

在高级设置中，你可以选择具体的参照指数和参考均线。参考指数可以选沪深 300、中证 500 或创业板指，如果你买的基金是偏大盘的，用沪深 300 指数作为参照最合适；投资中小盘的基金就选中证 500 指数；主要投资创业板股票的基金就选创业板指数。参考均线则有 180 日、250 日和 500 日，均线越长，指数波动相对越平滑，判断长期合理估值的参考价值越高。

假如我们选择沪深 300 指数和 180 日均线，就意味着如果在你定投日的前一天，沪深 300 指数收盘价高于它的 180 日均线，系统就会认为目前股市估值偏高，定投风险上升，定投金额会自动按高出的程度相应减少。慧定投规定，高出 0～15%，定投 90% 的基础定投额，也就是 450 元；高出 15%～50%，定投 80%；高出 50%～100%，定投 70%；高出 100% 以上，定投 60%。这就做到了有据可循的涨越多、投越少、高位少投的效果。

反过来，如果定投日前一天沪深 300 指数低于 180 日均线，则认为股市估值偏低，定投风险降低，定投金额会自动按比例增加。

为了防止股市短期暴涨暴跌导致跟踪误差太大，系统发出错误指令，一旦指数在过去 10 天内振幅超过 5%，就是大涨大跌超 5%，哪怕指数低于 180 日均线，实际定投金额也会反而减少。只有在过去 10 天内振幅小于 5% 的情况下，定投金额才会增加。比如指数低于 180 日均线 5% ～ 10% 但振幅大于 5%，则只定投 70% 的基础定投额；振幅小于 5%，才会定投 170% 的基础定投额，以此类推，最多定投 210% 的基础定投额。

但这类采取均线策略的智能定投有两个缺点。

一是没有充分考虑到定投开始时指数点位的估值因素。其中最长的 500 日均线也只能反映过去 2 年的指数走势，但对 A 股来说，2 年的参考期太短了。比如 2006—2007 年那波大牛市之前有长达 4 年的熊市，直到 2005 年 6 月股市才触底。如果按 500 日均线计算，到 2006 年 3 月，沪指就突破了 500 日均线，按慧定投的设置，这时定投金额就要开始减少了。但实际上此时沪指只有 1200 多点，距离 6124 点的牛市顶峰还有 5 倍上涨空间，牛市也还有一年半的时间可以慢慢跑，这时恰恰是曙光初现、加码定投的最佳时机，但按照职能定投策略，慧定投却会在此后 2 年里一直降低定投金额，完美跑输大盘和普通定投。

2014—2015 年的牛市也是如此。按照 500 日均线，从 2014 年 7 月开始，定投金额就要降低，但这时沪指只有 2100 点，牛市才刚刚启动。定投真正赚大钱的时间就是在 N 年一遇的大牛市中，如果牛市刚启动就开始减少定投，绝不是智能定投，而是愚蠢定投。

所以力哥认为，真要用均线策略定投，对于 A 股来说，别说 500 日均线，1000 日均线都不够，至少得用 2000 日均线，也就是回顾过去 8 年的指数走势，才真正有参考价值。

第二个缺点是慧定投还是没有解决止盈问题。股市里有句话："会买的是徒弟，会卖的才是师傅"，在定投上也一样。在 A 股市场，不懂得及时止盈，定投指数基金就是在反复地坐过山车，账面上的浮盈随着牛市越来越高，又随着牛转熊离你而去，没意义啊。

慧定投的这两个缺陷，力哥的七步定投策略都完美解决了。

智能定投策略二：风险偏好策略

风险偏好策略，是根据投资者的风险承受能力以及投资时长来选择基金类别和配置比例。风险承受能力高，就可以多配置一些高风险高收益的股票型基金；风险承受能力低，投资债券型、货币型的基金的比例就可以更高一些。

比如招商银行推出的摩羯智投（见图 26.1），将风险分为 10 个等级，通

图 26.1　招商银行摩羯智投（来源：招商银行 App）

过测试可以知道自己最适合哪种风险等级，然后投资者可以选择投资期限——1 年以内的短期、1～3 年的中期以及 3 年以上的长期。根据这两个因子，系统会在股票类、固定收益类、现金及货币、另类及其他这四个大类中配置出合适的比例，并且列出具体投资的基金名称。扣款之后，系统会自动将你的钱按比例投向这些基金。理论上风险承受能力越高，可投资周期越长，根据历史业绩预测出来的收益更高，但要注意，这只是根据风险定价模型算出的理论数值，未来定投的实际表现会怎样，没人敢打包票。

这类主打风险偏好策略的智能定投，实际上是更复杂的变额定投。乍一看，你每次定投的金额好像没变，但这点钱只有一部分是投向了真正有必要做定投的偏股型基金，还有相当一部分是投向了没必要定投的货币基金和债券基金，而真正投向偏股型基金的金额也在变化，不同偏股型基金的具体投资金额也在变化，所以这不是简单的定投，而是一种更高层次的资产配置服务。

但这类智能定投也有两个缺陷：一是门槛较高，摩羯智投的投资门槛是 2 万元，虽然比银行理财产品 5 万元的门槛低，但还是比普通定投 100 元的门槛高出很多。这主要是因为你定投的不是一只基金，而是一篮子基金组合，这个基金组合会不断自动变化，如果门槛设得太低，比如只要 1000 元，这点钱就不够分配到那么多基金上，就没办法玩这种高级定投。

二是摩羯智投推荐给投资者的主要是主动型基金，相对于指数基金，主动型基金的申购赎回费和管理费都更高，这就提高了我们的定投成本，而由于主动型基金的表现主要依赖于基金经理，这其中有很大风险，所以摩羯智投推荐的基金池也会定期更新，每次更新就意味着重新买卖一次基金，就又增加了一笔成本。还有些类似的智能定投，甚至会像香港的基金那样额外收取业绩提成，我们就要再被扒一层皮。可最后这些额外成本能否给我们带来超额回报，现在还是未知数，毕竟 2016 年 12 月摩羯智投才刚刚上线，历史太短。而门槛高和成本高这两个问题，力哥的七步定投策略同样可以解决。

智能定投策略三：动态再平衡策略

平衡是这个世界的基本规律，所以理财的核心同样是平衡。平衡又分为静态平衡和动态平衡。假如中国有 10 亿人口，5 亿在农村，5 亿在城市，农村和城市人口之间互相不能流通，一直保持着 5 ：5 的比例，这就叫静态平衡；但如果农村和城市人口可以不断流动，有人不断来到城市，也有人不断从城市回到农村，最后总体上看，还是 5 亿在农村，5 亿在城市，这就形成了动态平衡。

在理财上，假如你有 10 万元，计划按照 1 ：1 的均等比例分配到股票和债券上，所以拿 5 万元买股票，5 万元买债券，这就在股票和债券这两类负相关的资产上形成了静态平衡；假如过了一段时间，股票市值涨到了 8 万元，债券则跌到了 4 万元，原本的静态平衡被打破了，需要重新恢复到恒定的 1 ：1配比上，就需要卖掉 2 万元股票，买入 2 万元债券，这就叫静态再平衡；但如果我们不想那么机械地执行 1 ：1 的配比，在股市暴涨后，我们觉得股市风险太大，下跌概率极高，虽然已经做了静态平衡，卖掉了一部分股票，但手上50% 的资产仍是股票，觉得还是太多了，想要把股票占比降低到 40% 甚至是30%，相应地把债券比例提高到 60% 或 70%，从而进一步优化整体资产配置，谋求更好的风险收益比，这种更灵活的再平衡策略，就叫动态再平衡。

将动态再平衡理念运用到基金定投上，就要选择关联度不大或呈负相关的基金品种，比如股票型基金、指数型基金搭配债券基金或货币基金，来构建一个基金定投组合。

比如蛋卷基金的蛋卷斗牛动态平衡和蛋卷斗牛 500 动态平衡都属于这类产品。

斗牛动态平衡选择了景顺长城沪深 300 增强型基金作为高风险资产，选择景顺长城景兴信用纯债 A 作为低风险资产。每天收盘后，根据当日涨跌幅计算最新的 250 日涨跌幅标准差，然后将计算出的日标准差转换为年标准差，再用 0.1除以年标准差获得当日股票基金的比例，剩余部分就是债券基金的比例。

看了上面这段话你是不是快抓狂了，完全不知道力哥在说什么？没关系，你只需要明白，你的股债比例会紧紧跟随着股市每天的行情变化而做出相应调整。当股债比的偏差超过 10% 的时候，会触发再平衡机制，进行基金转换，使持仓比例接近目标比例。理论上，这样做更贴近动态再平衡的原理，能够更好地获得动态再平衡带来的超额收益。但在实际执行过程中，我们每次转换基金都涉及申购赎回，如果行情变动较大，就会导致频繁调仓，会大幅增加交易成本。虽然蛋卷基金考虑到了这个因素，特地选了同一基金公司旗下的两只基金，互相转换只要补差价，但成本依然比较高。

斗牛 500 动态平衡的操作规则与斗牛动态平衡一样，但选的标的不一样。它投资的一只是泰达宏利量化股票，这是一只中证 500 指数增强基金；另一只是泰达宏利养老混合 A，是采用固收加打新策略的绝对收益型基金。

那这个策略组合的收益怎么样呢？截至 2017 年 9 月 14 日，蛋卷斗牛动态平衡近一年的收益为 21.02%，近两年的收益为 31.47%，近三年的收益为 84.66%。蛋卷斗牛 500 动态平衡成立时间比较短，自 2016 年 8 月 29 日成立以来，共获得 13.12% 的收益。在这两年的熊市中，这样的表现只能说还行，近三年收益明显提高，主要还是托上一轮牛市的福。

从严格意义上说，蛋卷基金这种基于特定策略的基金组合产品并不是 FOF，也不会额外收取管理费。你对这种基金组合进行定投，就是"蛋定投"了。所以虽然每次"蛋定投"的金额可能是固定的，但其实你投出去的钱有一部分是买了股票型基金，一部分是买了债券型基金，两者的比例一直在动态变化，所以实际上你依然是在做变额定投。

动态再平衡策略之"二八轮动"

当然，"蛋定投"所对应的采取动态再平衡策略的基金组合产品还有好几个，最有名的是蛋卷斗牛二八轮动、经过改良后的蛋卷斗牛二八轮动 plus 和蛋卷斗牛八仙过海。

二八轮动策略的本质是力哥在量化基金中介绍过的量化选股策略中的一个动量效应的量化模型。通俗点来解释动量效应，就是过去一段时间涨得猛的就预期未来一段时间继续强势上涨，反之则预期未来一段时间会继续萎靡，所以二八轮动策略就是用量化模型去追涨杀跌，如果发现追错了就会毫不犹豫地马上掉头，通过多次轮换来不断积累收益。其中的"二"指的是 A 股中只占 20% 数量的大盘股，"八"则指占 80% 数量的中小盘股。从历史上看，A 股市场经常出现二八轮动效应，所以这个策略的有效性很高。

蛋卷斗牛二八轮动选了三只基金作为投资标的，分别是代表大盘股的天弘沪深 300 指数基金、代表中小盘股的天弘中证 500 指数基金和充当低风险资产平衡器的天弘永利债券 E。当天收盘后对比沪深 300 指数、中证 500 指数的收盘价与前 20 个交易日的收盘价，谁走势强第二天就买谁，如果两个都很弱，就买债券基金。

二八轮动策略在单边行情中效果显著，上涨时总能切换到涨势最猛的基金上，下跌时也能在小幅亏损后及时止损，躲进债基里避风头。所以无论是 2015 年上半年的单边牛市，还是之后疯狂下跌的股灾，这个策略都很适合。但如果遇到上蹿下跳的震荡行情，二八轮动策略就不灵了，一方面会不断认错止损，反复"打脸"，一方面还要承担频繁换仓的交易成本。

为了降低试错成本，蛋卷基金推出了二八轮动的 plus 版，其交易规则变为在当天收盘后计算沪深 300 指数、中证 500 指数的涨跌幅阈值，并与第 19、20、21 个交易日前的收盘价均值对比，这样就能避免某一天突然大幅涨跌造成的干扰，这样一来，换仓指标敏感度下降了，换仓次数和成本也降低了。指标钝化后，二八轮动的 plus 呈现出更稳重慢热的特点，而经典的二八轮动则更灵敏。然而在震荡股市中，两者的表现都不够理想。

动态再平衡策略之"八仙过海"

在趋势投资中再加入行业指数的轮动再平衡，就成了"八仙过海"策略。蛋卷斗牛八仙过海选了 8 个行业指数基金作为轮动标的，分别是招商中证大宗商品指数分级、招商沪深 300 高贝塔指数分级、招商中证全指证券公司指数分级、招商沪深 300 地产等权重指数分级、招商中证银行指数分级、招商中证煤炭等权指数分级、招商中证白酒指数分级、招商国证生物医药指数分级，同时还加上了招商信用添利债券作为低风险资产平衡器。

该策略中买入或卖出的信号，是依据上证 50 指数日 K 线与修正后的 40 日均线走势的关系。如果上证 50 指数日 K 线上穿修正后的 40 日均线并在下一个交易日站稳，则买入；如果上证 50 指数日 K 线下穿修正后的 40 日均线，则卖出。当买入信号出现时，资金就从债基中转出来，买入 8 个行业指数基金中近 10 个交易日涨幅最大的 3 个主题指数；当卖出信号出现时，就将指数基金全部卖掉，转回到债基中。相比二八轮动策略，"八仙过海"策略使用的信号相对频率更低，换仓不那么频繁，交易成本更低。这 8 个行业指数各有特色，在牛市里往往会风水轮流转，八仙过海，各显神通。它们的资金总在伺机而动，一上来就咬住最火热的主题行业，紧跟趋势；在熊市中躲得也很快，能保住大部分收益。

但和"二八轮动"一样，"八仙过海"不怕单边牛市也不怕单边熊市，就怕熊市中反复折腾的震荡市，或者叫猴市，一旦趋势刚刚确立就遭到翻转，就会被反复"打脸"。而力哥的七步定投策略能够解决震荡市定投不赚钱的问题。

说到底，目前市场上出现的林林总总的智能定投产品，虽然各有特色，而且大多的确比传统的定投效果更好，但都有各自的软肋，无法让力哥完全满意。所以经过反复思考、打磨、实践、总结，最后力哥创立了一套自己的定投理论：七步定投策略。

第27章
力哥原创：七步定投实战攻略

在本书的尾声也是高潮部分，力哥为你送上原汁原味的、你在市场上任何一个老师那里都学不到的、力哥原创的七步定投策略。

七步定投策略核心："2457"

七步定投策略的核心可以用 2457 这四个数字来表示：

"2"表示把七步定投策略的思想运用到市场实践中，长期看，能帮你实现 15%～25% 的年化回报，平均能获得 20% 左右的回报。再牛的定投策略也不能让你一夜暴富，理财师不是魔术师，力哥也一样，只能帮你掌握一套能受用终生的、在风云莫测的投资市场中屹立不倒的投资思想。

"4"，指的是七步定投策略必须遵循的四大原则。

第一，长期坚持定期不定额投资，这是定投的根本，如果无法长期坚持投资，那一切都是浮云，这个最重要的原则力哥已经一再强调了。

第二，长期坚持止盈不止损投资。力哥在前面的内容中也说过，止损策略是力哥最不推荐的。在力哥的投资思想中，只要你在投资之前就做好了完整的计划，你投下去的每一分钱都是经过七步定投思想检验，能经得起理性推敲的，那"止损"这两个字从此以后就可以从你的字典里消失了。不止损意味着你能够克服恐惧，止盈意味着你能够战胜贪婪。

"克服恐惧，战胜贪婪"——投资赚钱的精髓无非就是这八个字，而七步定投策略则能帮助你更轻松地战胜人性的弱点，做到这八个字。

第三，只问贵贱，不看趋势。对未来趋势的预判永远比对当下价值的判断难得多。但也正因为我们知道很难预测未来的趋势，所以才放弃预测，安心定投。

一旦你对趋势进行了预测，你的主观情绪就会干扰你的投资决策，因为你的预测可能会错，最后有可能会让整套定投体系崩溃。所以，最安全的方法就是永远只在便宜的时候买入，在贵的时候卖出。便宜的时候哪怕趋势很糟糕，也要坚定买入；贵的时候哪怕趋势还在向上，也要坚定卖出。

第四，越跌越买，越涨越卖。这也是力哥之前强调过的，也是智能定投能战胜普通定投的最重要的原因，而七步定投策略能把这个定投原则落到实处。

"5"，指的是七步定投策略内部所包含的五种具体投资策略，分别是：全天候配置策略、低估值择时轮动策略、价值平均策略、网格交易策略和动态再平衡策略，五个策略搭配使用，形成"五位一体"的乘数效应。它们就像投资收益放大器一样，让你获得稳健的超额定投收益。

注意，这五种投资策略都不是力哥原创的，但力哥是第一个把它们融合在一起使用的。

最后的"7"自然就是七步定投策略所指的七个步骤。

七步定投策略第一步

完成风险偏好测试，搞清自己到底是哪类投资者。每个人对风险的偏好不同，有的人信奉"富贵险中求"，愿意冒比较高的风险去博取相对更高的投资回报；但有的人胆子比较小，信奉"青菜萝卜保平安"，不求大富大贵，但求安安稳稳，在投资的问题上，不求有功，但求无过。

一个人的投资风险偏好，由低到高依次是保守型、稳健性、平衡性、进取型和激进型。越是偏向激进的投资者，可承受的投资风险越高，他的资产中可以拿来做定投的比例就越高。

七步定投策略第二步

全面统计家庭财务信息，搞清楚到底有多少钱可用于金融投资。理财的第一步是学会记账，而投资的第一步则是非常清晰地统计出你的全部家庭资产、负债状况以及每月的收支结余状况。这是你制定理财规划或者说制定定投计划的基本前提条件，如果在你脑子中连这些家中的基本财务信息都是一笔糊涂账，那你就根本没办法好好理财，更不可能制订出定投计划了。

七步定投策略第三步

做好家庭资产配置方案。这又可以进一步细分为三小步。

资产配置的第一小步是在你的金融资产中提取一定的生活紧急备用金，以备不时之需，放在基本没有亏损风险同时又有极高流动性的货币基金中。

普通工薪阶层家庭的备用金是 3 ～ 6 个月的家庭支出金额。这部分钱要永远放在紧急备用金账户中雷打不动，如果家庭遭遇突发状况动用了这笔钱，必须要在获得新的收入后，第一时间把这部分资金填补回去。紧急备用金之外的其他资产，才可以放在投资规划中统一安排调度。

第二小步是购置合适的保险。

从在未来不出险的情况下，保险公司会不会把钱再还给你的角度看，保险可以分为消费型保险和储蓄型保险两类，前者是不出险这钱就打水漂了，后者则是不出险也能把钱还给你。

保险是理财中最复杂的一块知识体系，这里只说一个原则，那就是不建议会理财的人买储蓄型保险，只需要买比较便宜的消费型保险让你获得基本保障，剩下的钱应该自己拿去投资，获得更高的投资回报；不会理财或者没时间理财的人，则可以考虑储蓄型保险，相当于你花钱雇别人帮你理财。储蓄型保险需要以保险的现金价值来计入你的资产中，而消费型保险不属于资产，无须计入，但如果你每年都要缴纳一笔消费型保险的保费，那这笔支出也需要提前预留出来，不能算入可以长期投资的资金中。

第三小步是把剩下的钱分成短期要用的钱和长期不用的钱这两大类。

其中未来3年内可能或者必然会出现的家庭大额消费支出，必须放入短期要用的钱这个口袋里，剩下多余的钱，才能归入长期不用的钱这个口袋。只有长期不用的钱才可以进入包括定投在内的长期资产配置计划中，而短期要用的钱就必须要放入流动性和安全性都比较高的投资产品中。

在许多技术派股民看来，别说3年了，3个月都算是长线投资了；而在许多基本面派股民看来，1年以上的投资就可以看成长期投资了。可力哥怎么把3年以内的投资都算成短期投资呢？

一是因为从投资者的需求侧来看，3年内的消费计划，许多人是可以提前预估到的。

比如当年力哥和力嫂谈了几年恋爱以后，双方都有走入婚姻的意愿，这时候我就要预想到未来几年内必然会出现的结婚买房支出。我记得很清楚，我和力嫂是在2010年上海举办世博会的时候，请双方家长见面并确定要结婚的，但直到2011年才正式领了结婚证并买到满意的婚房；因为订婚宴场地一般至少要提前1年，所以又过了一年，到2012年才正式完婚。如此看来，从力哥最初开始进行结婚消费规划到全部完成这一系列配套的消费行为，前后用时超过2年。

再比如说孩子出生以后，往往在孩子两三岁的时候，一些经济条件比较好的父母就会产生为孩子换一套学区房的想法，但此时距离孩子真正上小学还有四五年时间，所以从开始产生买房意愿到实施买房计划，前后可能也会有两三年的时间差，这些都是你可以提前预料到的。

另外像买车、出国旅行、留学等可以预期的大额消费，也要提前把钱留出来。而更长远的消费需求，我们能提前预料到的一般只有父母的养老和看病支出，自身未来的养老支出和子女未来的教育支出，这些消费都属于长期消费，不用那么着急提前把钱留出来。

对于突发的意外消费需求，比如突患重病或者遭遇车祸，这种风险就可以靠我们提前购买的健康险和意外险来抵御，不用太过担心。

而突发的创业资金需求，不属于消费行为，而是属于高风险投资行为，应该算在长期投资规划中进行统筹考量，也不需要提前预留出来。

换个角度，从投资市场的供给侧来看，3 年的投资期限同样是一个非常重要的分水岭。力哥之前介绍保本基金时说过，保本周期大多是 3 年，这是因为从保本基金的设计原理上看，3 年以内的投资依然存在一定的风险，想要在保本和尽量提高潜在收益之间进行平衡，把保本周期设定在 3 年是统筹考虑流动性、安全性和收益性这三个方面之后，找到的一个比较合适的平衡点。

而从基金定投的角度看，坚持 3 年以上的智能定投，几乎不太可能会出现亏损的情况。而 3 年以内的定投，市场有可能会出现只跌不涨或波动极小的情况，依然可能会造成一定的浮亏。

所以 3 年以内要用到的钱，不能参与定投等长期投资，只能用于购买货币基金、纯债基金这种流动性和安全性都没有太大问题的投资品种，或者是根据你预期的消费时间，购买相应投资期限的定期理财产品，比如银行理财产品、券商理财产品、网贷产品、信托产品等。

七步定投策略第四步

设计存量资金定投计划。直到这一步，我们才真正进入了七步定投的正题。正题部分可以分成四个部分，分别是计划定投阶段、布局定投阶段、维持定投时期和调整定投阶段。每一个阶段对应七步定投策略中的一个步骤，所以第四步对应的就是计划定投阶段。

首先，存量资金定投这个概念是力哥原创的。因为在传统的定投理念中，定投的钱就是你每个月的工资结余，比如你每个月赚 5000 元，花 3000 元，还剩 2000 元拿去定投。但问题是现实世界并非如此，只有"一穷二白"刚刚大学毕业的年轻人才符合这个假设，如果我已经是一名 40 岁的成功人士，家里攒了几百万元资产，那这套赚 5000 元投 2000 元的原理就不适合我了。

所以我们必须把钱分成两部分：一部分是你现在手里已经掌握的资金，比如，去掉房子这类不动产及车子、金银首饰、古董字画收藏品之类很难变现的固定资产之后，你可以动用的金融资产假设一共有 110 万元，而在满足了现金口袋、保险口袋和消费口袋这三个口袋的需求之后，假如你还有 100 万元可以装进储蓄口袋用于长期投资，那这 100 万元就是你现在可以马上用于定投的理论上的最高金额，这叫作存量资金定投；而你接下去每个月工作还能赚钱，这部分收入结余就是你今后可以继续用于定投的本钱，这就叫作增量资金定投。所以在从零开始操作七步定投策略时，我们必须先从你已经有的存量资金入手设计。

如何设定存量资金投资比例？

可长期投资的资金，理论上都可以用作定投，但这么做风险太高。虽然力哥的七步定投策略已经对风险进行了高度分散，但定投的标的终究是风险极高的指数基金，所以还是需要做一个合理配比，把钱分成两大类：一类是以定投为策略投资股票型基金这种权益类资产，另一类投资那些固定收益资产。

权益类资产和固定收益资产的比例应该如何设定呢？这主要取决于两个因素，也就是你在之前第一步和第二步工作时得出的数据——你的风险偏好和资产规模。

风险偏好是一个偏主观的考察维度，而资产规模则是一个客观的考察维度。风险偏好越高，越是不怕波动，越是追求高收益，用于定投的资金比例就可以设置得越高；反之，则需要设置得低一些。而资产规模越大，越经受不起亏损，可用于定投的资产占比就要越低；反之亦然。这就叫"光脚的不怕穿鞋的"，穷人可以搏一把，因为本来就一无所有，输了大不了从头再来，增值比保值重要得多；但土豪可万万搏不得，因为已经拥有很多，保值比增值更重要。

把这两个因素进行排列组合，最后就形成了表 27.1。

表 27.1　不同风险偏好和资产规模投资者对应的定投资本占可长期投资资本比例

可长期投资资本	10 万元以下	10～50 万元	50～100 万元	100～200 万元	200～500 万元	500 万元以上
保守型	65%	60%	55%	50%	45%	40%
稳健性	70%	65%	60%	55%	50%	45%
平衡型	75%	70%	65%	60%	55%	50%
进取型	80%	75%	70%	65%	60%	55%
激进型	85%	80%	75%	70%	65%	60%

在资产规模相同的情况下，从保守型到激进型的投资者，风险偏好每提高一个等级，最高可投资资金比例相应可以提高 5%，所以保守型投资者和激进型投资者相比，投资比例就差了 20%。

资产规模的几个类别

根据中国社会当前的财富分配情况，力哥把人群分成了 6 类。

如果你眼下可用于长期投资的金融资产还不到 10 万元，说实话，在今天的中国，和赤贫没有太大区别，这时候你的资产增值需求非常迫切，投资风格也应该相对最激进。对于激进型的人群，最高可以拿出 85% 的资金投入定投中，比如你有 8 万元，最多可以拿 6.8 万元做定投。

而 10 万～50 万元的级别，面对今天的高房价，还是只能算"贫困"，但是已经有点原始积累了，此时资产增值依然比资产保值重要得多，在同等风险偏好下，这一人群可用于定投的最高资金比例就要比"赤贫"者低 5%。

50 万～100 万元级别的，属于正阔步行走在进军中产阶层的阳光大道上，力哥把这部分人群称为进击的人群，只要再勇敢进击一下，往前迈一步，就能名正言顺地进入中产阶级行列了。这一阶段，努力让资产增值依然是第一要务，但你的风险承受能力就要比上一级别更低了，所以定投比例要再下降 5%。

100 万～200 万元级别的，在一线城市也算是"入门级"中产了，在小城市则已经算是富人了。所以保值和增值这两件事就显得差不多重要了，定投的最高比例要再下降5%。

200万～500万元级别的，哪怕你生活在房价最高的一线城市，手里有那么多金融资产，也不太可能一套房子都没有。所以你已经是名副其实的标准中产阶级，在小城市和农村则可以说是入门级的土豪了。土豪能承受的风险和穷人就完全不同了，可用于定投的最高比例又要再下降5%。这时资产保值的目标已经比资产增值更加重要，所以就要尽量避免你的资产暴露在巨大的风险敞口之下。

500万元以上级别的，或者说按照国际标准，拥有100万美元也就是600多万元人民币可投资金融资产的人，即使放在西方发达国家，也是高净值人群。这个概念是嫌贫爱富的银行提出来的，达到这个水平的客户就能达到私人银行服务的门槛。这时候资产保值就要比增值重要得多。身为土豪，你是万万不能让自己的资产出现大幅亏损的，甚至连轻微亏损也要尽量避免，所以定投资金的最高比例要再下降5%。这个时候，你除了定投，更需要考虑信托、私募、海外房产、海外债券、投资移民等关于理财的高级功课。

要特别注意的是，这里所说的百分比指的是你可以用于定投的最高资金比例，而不是必须配置到这个比例。如果在某一个时刻，你放眼全球，发现所有可以定投的标的价格都太贵了，下不去手，这时候，你就可以把用于定投的资金比例大幅下降。所以这个比例是为了控制风险的上限，而不是下限。

最后告诉大家一个数据，能让你更清晰地了解你在中国的财富地位。在中国目前的近14亿人口中，算上房产后的净资产超过1亿元的超级富翁大概有十多万人，万里挑一；净资产超过1000万元的高净值人群大概有200万～300万人，千里挑一，而且这个人群每年都在快速增长，在巴黎老佛爷百货眼睛不眨地"买买买"的主要就是这群人；再往下，资产在50万～200万元的新兴中产和200万～1000万元的新兴富人阶层，人数已经超过1亿，差不多十里挑一，这个人群同样每年也在快速增长。也就是说，假如你现在有个百八十万元资产，你已经比中国 90% 的人更富有了。但如果你不好好理财，让资产停滞不前，那很快就会被其他人超越了。

挑选定投基金：全天候配置策略

设定好定投的存量资金比例后，到底应该买哪些基金呢？要解决这个关键问题，我们就要用到力哥之前说的 5 大策略原理中的 2 个——全天候配置策略和低估值择时轮动策略，这也是在七步定投策略第四步——计划定投阶段需要用到的 2 个策略。

先来说全天候策略。

普通投资理论认为：想要获得高收益就要承担高风险，胆子大，就去买股票型基金；胆子小，就去买债券型基金。但实际上，更好的策略是在经济景气的时候买股票型基金用于进攻，经济低迷的时候买债券型基金用于防守，这不是比一味追求高收益或者低风险更聪明吗？

后来有人研究发现，在不同的经济周期里配置不同的大类资产能获得截然不同的表现。大类资产主要是股票、债券、现金和包括黄金在内的大宗商品，而大的经济周期也分成四个阶段：

经济上行、通胀下行的阶段，即 GDP 在不断上升，而 CPI 却依然处于低位，这叫经济复苏阶段。这时把更多的钱配置在股票上，能获得更好的超额回报，持有大宗商品则表现得最糟糕。

经济上行、通胀也上行，经济就处于过热阶段。这时市场群情激奋，持有股票依然能获得不错的收益，但持有大宗商品则能获得最理想的超额回报，相比而言，持有债券或现金的收益就显得很一般。

经济下行、通胀上行，就到了滞胀阶段，意思是一边是经济停滞，一边是通货膨胀，这是最糟糕的经济局势。这时候最好的策略是以现金为王，持币等待冬天过去，能在投资中保住本金就不错了，如果你去投资股票，往往亏损得最厉害。

最后是经济下行、通胀也下行的衰退阶段。因为这时候通胀压力下来了，政府可以放开手脚采用宽松的货币政策来刺激经济，所以债券的表现就会比较突出，而由于经济依然低迷，需求没有起色，所以大宗商品的表现最糟糕。

总之，复苏阶段、过热阶段、滞胀阶段和衰退阶段各有一类投资的表现最好，分别是股票、大宗商品、现金和债券。如果我们能够准确抓住经济运行周期，始终踩对节奏，就能够持续获得超额收益，这就叫作美林投资时钟理论。

然而，真拿这套理论去市场上赚大钱并非易事：一是因为我们很难准确预测未来一段时间经济到底会处于什么阶段。比如我们知道现在处于经济衰退阶段，应该买债券，但什么时候经济会复苏呢？这往往是已经复苏了一段时间以后经济学家才能确认的，而等到那时我们再去买股票，已经太晚了。二是2008年金融危机爆发后，美林时钟在很大程度上失灵了，因为政府为了避免经济大衰退，拼命在货币上放水刺激经济，结果重新助推了美国股市和楼市的泡沫，我们很难说现在全球经济到底处于什么阶段。从基本面上看，很多欧洲国家还处于衰退中，美国则已经在复苏中，但从美国股市的表现看，则早已处于繁荣甚至过热的状态。反观中国经济，复苏力度比美国更强劲，但我们的股市却持续萎靡，这又该怎么解释呢？

但是美林投资时钟理论给了我们一个很大的启发，那就是不管现在处于何种经济周期，总会有一些投资品表现得更加突出吧？那我们为什么不能组建一个投资组合，同时买入这几大类资产，从而获得更稳健的、确定性更高的投资回报呢？

这就是金融学里的风险平价策略，后来美国著名对冲基金桥水基金运用这种策略发行了一个产品，名字叫Bridgewater All Weather，翻译过来叫桥水全天候基金，说白了就是各大类资产都买一些，来应对各种未来可能出现的情况，这就是全天候策略的名字由来。这个名字很形象，意思是不管刮风下雨出太阳，我的投资总能失之东隅，收之桑榆，立于不败之地。雪球蛋卷基金旗下有一个基金组合就叫安睡全天候策略，就是把钱拿去买美债、亚洲债、黄金、石油、美股大盘股、美股小盘股等不同类别的基金产品。

但力哥七步定投策略所采用的全天候策略不同于美林时钟理论或现在市场上其他的全天候策略产品，因为我不需要考虑持有现金或债券这两部分资产，这些在前几步里已经配置好了，尤其是债券基金应该归到我们配置的固定收益类产品中。定投的目的是平滑高波动高风险的资产，在不损失高收益的情况下，降低投资风险，所以债券这类波动比较小的资产就没必要定投，适合定投的标的主要是股票、黄金、石油和大宗商品。

在力哥原创的基金全球配置大法中，力哥提到了"二维三核＋左右护法"的配置策略，它们本质上就是力哥对全天候配置策略的改良升级。按照这个策略，力哥把七步定投策略的候选标的分成 5 组，分别是 A 股＋印度股市，港股＋东南亚股市，美股＋德国股市，对应的是"二维三核"；还有黄金＋白银，石油＋其他大宗商品，对应的是"左右护法"。

前三组定投标的，每一组中的核心标的可以投资的比例为 0 ~ 80%，也就是说，A 股、港股和美股这三个市场中的任一市场，最多可投资我们存量资金总量的 80%，最低则可以彻底清仓。而每一组中的卫星标的，也就是印度股市、东南亚股市和德国股市的投资比例为 0 ~ 40%。另外左右护法作为资产平衡器，不是我们定投的主菜，最高可投资比例要进一步降低，建议各自的配置比例都是 0 ~ 30%。

看到这里你可能会觉得奇怪，力哥，你看人家蛋卷基金上的安睡全天候策略的配置比例都是固定的，海外债券基金配置 55%，海外股市指数基金配置 30%，黄金基金配置 10%，石油和大宗商品基金配置 5%，怎么到你这里，比例范围变得那么大了呢？

那是因为一旦你把债券、股票、黄金和大宗商品这几类资产的配置比例确定死了，基金净值的波动的确大幅下降了，你的确可以安睡了，但你的潜在收益也被大幅平均了。如果现在美股价格很高，风险很大，为什么还要坚持配置 30% 的比例呢？我为什么不能少配置点甚至清仓不玩了呢？再比如如果现在国际油价非常低，我为什么只能投 5% 呢？就算油价今后翻了一倍，我的投资也只是涨了 5%，为什么不能把石油基金的比例大幅提高到 30% 呢？现在你明白力哥这样设置比例的原因了吧？

大类资产配置：低估值择时轮动策略

美林时钟理论根据经济周期的变化来配置大类资产，难度和风险都比较高，那我能不能找一个更安全靠谱的办法来指导大类资产的配置呢？有，那就是加入估值因素。

所谓估值，通俗地说，就是当前的价格贵不贵。低估值的意思就是在资产价格比较便宜的时候下手，这时候买入，潜在风险较低而潜在收益较高。而所谓的择时轮动，意思是不同资产的价格会随着时间不断变化，现在低估的可能过段时间涨上去了就变成高估了，现在高估的可能过段时间跌下来了就变成低估了，所以聪明的投资者就会相机择时，不断地在各个低估值的资产之间轮流交替买入。

那怎么来判断我想要买的基金现在是贵了还是便宜了呢？总不能看基金净值低的就说便宜吧？

力哥前面讲解打新基金时提到过一个概念叫市盈率，就是股价和每股净利润的比率，这就是最重要的估值指标。比如 A、B 两家上市公司每年都能给股东赚每股 1 元净利润，但 A 公司股价为 10 元，B 公司股价为 20 元，那不就是 A 公司更便宜吗？但如果 B 公司每年能赚 3 元，就变成了买 B 公司更划算。因为虽然 B 的价格更高，但赚钱能力更强，买 A 公司要 10 年才能回本，但买 B 公司 20÷3=6.66 年，只要 6 年多就能回本了。

除了 PE，股市中还有其他估值指标，比如市净率（PB），意思是股价和每股净资产的比率。比如 A 公司的所有资产加起来价值每股 10 元，公司股价也是 10 元，就意味着市净率为 1 倍，你花钱买这种资产，不算贵也不算便宜。但如果 B 公司每股净资产是 20 元，而股价也是 10 元，就意味着市净率只有 0.5

倍，你花 1 元能买到价值 2 元的资产，它的估值不就比 A 公司更低吗？

另外还有市销率、股息率、净资产收益率等其他可以判断估值高低的财务指标，力哥就不展开说了。你只要知道，判断估值高低最重要的指标是市盈率，其次具有较高辅助参考价值的是市净率。然而这些指标并不是绝对客观的，因为单一上市公司未来发展的不确定性太多，就像一台苹果手机卖 6000 元，是贵还是便宜？一瓶茅台卖 2000 元，是贵还是便宜？很多业绩优异的银行股价格才几元，市盈率才两三倍，但很多军工股的市盈率却能达到 100 倍，这就能证明军工股一定比银行股更贵吗？这其中掺杂了很多个人主观判断，没有绝对的客观标准。

这就是为什么力哥不建议大家直接投资个股，也不建议对股票进行定投，假如当初你看好并坚持定投的是乐视网，现在可能想死的心都有了。

如何判断指数的估值高低？

判断指数的估值高低容易很多，我们不用再担心乐视网那样的"黑天鹅"了。

估值具体又分为绝对估值和相对估值。

绝对估值指的是就这个估值数据本身来看，是不是贵了。比如军工股的平均市盈率为 100 倍，意味着你现在买军工指数基金，按照过去 1 年的回报来推测，需要整整 100 年才能回本。有人可能会说，中国正在崛起，未来军工股的成长空间非常大，所以才会卖那么贵，如果用发展的动态眼光来看的话，其实军工股也没那么贵。这么说虽然也有道理，但我怎么敢保证未来军工股的成长一定会那么快呢？相比于之前 150 倍、200 倍的超高市盈率，现在 100 倍的市盈率的确低了很多，但从绝对值上看还是太贵了。

类似的还有创业板指数，人人都说创业板成长性高，但是不是能支撑所有创业板上市公司都达到 60 倍的市盈率呢？

所以力哥画了一条定投的绝对估值红线，指数平均市盈率超过 50 倍的，对不起，安全第一，我们一律不碰。

再来看更重要的相对估值。投资很多时候是矮子里拔高个，没有比较就没有伤害，一比较就知道哪家便宜哪家贵了。相对估值又分成两种：一种是和指数过去的历史估值进行纵向比较，一种是和其他指数进行横向比较。

然而横向比较往往有"关公战秦琼"的味道。比如你拿银行股和军工股的市盈率进行比较，很难比。比如缺乏成长性的银行股市盈率为 20 倍，极具成长性的军工股市盈率为 40 倍，光看数字军工股更贵，但懂行的老手反而会觉得军工股便宜了。

再比如你拿中国创业板指数和美国纳斯达克指数做比较，虽然都是两国最具代表性的成长股指数，但中国创业板指数的估值就是长期比美国纳斯达克指数高，因为我们是新兴市场，而人家是成熟市场，人家的投资者比咱们更理性。所以力哥更倾向于以自身的历史估值作为镜子，以史为鉴，来判断眼下估值到底高不高。

这就要说到概率学上的分位点理论了。

比如某个指数已经诞生并运行了 100 个交易日，计算每个交易日的收盘价，能得出一个当天的市盈率数值，把这 100 个数值从小到大升序排列，就有 100 个分位点，再把这个指数按照今天最新的收盘价计算得出的数值放到这 100 个分位点中，看它排在什么位置。比如说该指数在过去 100 个交易日里，市盈率最高为 50 倍，最低为 10 倍，现在的市盈率是 20 倍，过去有 30 个交易日的市盈率低于 20 倍，70 个交易日的市盈率高于 20 倍，那今天这个指数的分位点就位于 30% 左右，从历史的角度来看，今天的估值处于偏低的位置。

当然，在 100 个交易日里排第 30 位并没有太强的说服力，因为一轮牛市可能会持续 2 年，一轮熊市可能会持续五六年，所以这个指数的历史越长，分位点理论的有效性就越高。就像力哥之前分析均线策略的智能定投为什么不靠谱一样，250 日或者 500 日均线仅仅只包含了一两年的数据，远不能真实地反映这个指数的长期合理估值水平，必须要到 2000 日均线，也就是包含回顾过去 8 年的数据，才真正有说服力。

如果你觉得 8 年还不够长，我们再来看一组更神奇的数据。自从 1973 年港股历史上最疯狂的一轮牛市崩盘后，过去 40 多年，香港恒生指数的市盈率一直在 10～20 倍的区间内波动，在 1974 年、1983 年、1989 年、1997 年、2008 年和 2014 年，市盈率都一度跌破 10 倍，并随后启动了一轮新的牛市；相反，在市盈率一度突破 20 倍的 1980 年、1987 年、1994 年、1999 年、2004 年和 2007 年，随后港股都迎来了大跌。这就说明以自身估值历史走势来指导投资是真实有效的，我们只要每次在恒指市盈率逼近 10 倍时开始定投，跌破 10 倍时加码定投，而在接近 18 倍或 20 倍时提前清仓走人，在每个牛熊周期中，我们都能赚大钱。

在这套分位点理论中，在 0～100% 之间，分位点数值越小，意味着估值越低，越有投资价值。从概率上说，未来该指数估值向上回归，即价格上涨的概率远大于下跌概率，此时我们开始或加码定投，安全边际更大，未来赚钱的概率更大，赚钱的效率更高。反之，如果分位点数值很高，则说明其当下价值已被高估，未来下跌概率远大于上涨概率，此时就应该清仓定投，规避风险。

在概率学上，一般采取四分位法，即用 25%、50%、75% 这三个分位点把所有样本四等分，但力哥采取的是五分位法，把指数估值分成 5 种状态：0%～20% 为低估，20%～40% 为合理偏低，40%～60% 为合理，60%～79.99% 为合理偏高，80%～100% 为高估。

只有位于低估和合理偏低，也就是分位点低于 40% 时，才可以开始定投，分位点越低，你可以定投的比例越高，而高于 40% 则不适合现在开始定投。当然，除了市盈率，市净率的分位点也可以作为参考。如果市盈率分位点低于 40%，市净率的分位点也在 40% 以下，开始定投的安全系数更高，但这不是绝对要求，只是参考。但如果市盈率很低，而市净率非常高，比如超过了 60% 的分位点，那就坚决不能定投了。

像黄金和石油基金虽然没有市盈率的概念，但金价和油价本身的历史数据足够长，同样可以用分位点理论来判断现在的金价和油价到底是贵了还是便宜了。以 1997—2017 年长达 20 年的价格数据来看，力哥个人认为，国际金价位于每盎司 1000 美元以下是低估，1000 ～ 1500 美元是合理水平，1500 美元以上是高估。国际油价位于每桶 35 美元以下是低估，35 ～ 70 美元之间是合理水平，70 美元以上是高估。当然，力哥在此要特别声明，黄金和石油都是非常复杂的投资品种，决定它们短期和长期走势的因素非常多，足够力哥再写一本书专门讲解了，所以在这里只是抛砖引玉，告诉大家判断投资这两种商品的大致风险区间。

正是由于全天候配置策略和低估值择时轮动策略的结合，七步定投策略虽然长期收益比普通定投和其他智能定投更高，但在制定定投组合时也会相对麻烦些。时移世易，定投标的和比例也会不断轮动变化，力哥没法在本书里给出明确的基金名称和各基金的黄金配比。只能给出配置原则，具体还得你们自己去配置。

估值的数据以往只有在付费的平台，如万德资讯等地才能查到。2017 年年底，集思录也开放了这部分功能，登录集思录网站就能看到各个指数的 PE、PB、分位点等估值数据了（见图 27.1）。

定投组合中配置几只基金比较合适？

一般来说，你可用于定投的资金量越小，定投基金组合数量越少；资金量越大，定投基金组合数量也相应可以越多。但建议最少不能少于 3 只，最多不超过 12 只。按照"二维三核＋左右护法"的配置原则，"二维三核"这 6 个股市中，至少要配置 2 点，"左右护法"中，至少要在黄金、石油和大宗商品类基金里配置一只，否则就完全无法做到风险平衡对冲了，因为这已经是最基础的全天候策略模型了。

而如果"二维三核"加"左右护法"全部配置上的话，就算每个市场只投 1 只基金，也有 8 只了。如果要再做进一步细分，港股可以投恒生指数和 H 股

指数	PE值	PE百分位	PB值	PB百分位	ROE	股息率	起始日期	场内基金	场外基金
	8.60	32.44%	0.97	16.51%	11.28%	3.80%	2002-07-02		
	12.62	45.71%	1.27	18.13%	10.06%	3.38%	2002-07-02		
	11.64	42.49%	1.35	23.27%	11.65%	2.78%	2003-12-31		
	15.87	23.21%	1.71	18.46%	10.99%	1.81%	1995-01-02		
	14.31	53.74%	1.67	34.68%	11.83%	2.08%	2005-04-08		
	9.72	67.05%	1.26	37.14%	12.94%	2.61%	2009-10-03		
	14.14	45.61%	1.94	42.82%	14.04%	2.25%	2012-11-20		
	20.13	50.74%	2.11	49.28%	10.73%	1.37%	2005-12-30		

图 27.1　指数估值（来源：集思录）

指数，美股可以投标普指数和纳斯达克指数，而 A 股市场可以选择的指数基金品种就更多了，建议大家除了沪深 300 和中证 500 这些宽基指数，还可以寻找估值相对较低的行业指数进行定投，从而起到更好的定投效果。

两个关键问题

最后再说说两个在第四步的执行过程中的关键问题。

第一，存量资金定投布局期原则上是 1 年。资金量比较小的，比如一共只有几万元资金的，建议每月定投一次，把所有存量资金分成 12 份。资金量大一点的可以双周定投一次，一年有 52 周，去掉国庆和春节长假暂停定投的两周，把钱分成 25 份，一共定投 25 次。如果资金再多一些，就选择每周定投，把钱分成 50 份。比如你有 50 万元可用于存量资金定投布局，金额较多，足够每周定投一次，那么就把这笔钱分成 50 份，每份 1 万元开始定投。比如你计划定投的标的有 5 个，它们的投资比例分别是 30%、30%、20%、10%、10%，那对应第一周这 5 只基金开始定投的资金就是 3000 元、3000 元、2000 元、1000 元和 1000 元。

当然，以 1 年为定投周期把存量资金全部投入进去的方法是针对大多数普通人的。如果你的存量资金数额特别大，而你现在的收入又非常少，甚至在极端情况下，你没有工作，所有收入都来自理财，那 1 年的定投布局期就太短了，因为你后续没有足够的增量资金可以跟上，可能会让你的定投计划陷入被动。这时你的存量资金定投布局期就要适当延长，以规避中短期价格的非理性波动，但最长不超过 2 年。

有一个很简单的指标可以判定你是否需要延长布局时间，那就是你眼下可用于定投的存量资金和你现在每个月的收入之比，如果超过 100 倍，比如你现在有 50 万元可以定投，但你每个月还赚不到 5000 元，就要延长定投布局期了。

第二，大家都知道力哥最推荐的是指数基金定投，指数基金又可以分为场内基金和场外基金，它们各自的优缺点力哥之前已说过多次了。而在七步定投策略中，力哥更推荐的是场内基金，也就是 ETF、LOF 和分级 B，主要是从降低交易成本和方便策略操作两方面考虑。

从成本上看，场外开放式基金申购费就算打 1 折也要 0.1% ～ 0.15%，赎回费不打折，为 0.5%，基金管理费和托管费也明显高于 ETF，而场内基金交易免收单边 0.1% 印花税，仅收 0.01% ～ 0.03% 不等的佣金，这一差就是几十倍啊！而且随着券商竞争越来越激烈，现在许多券商都已经免收最低 5 元的投资门槛，哪怕你资金量再小，一样可以做场内基金定投。因为七步定投策略需要在全球市场中选择低估值的指数标的并不断轮动，所以买卖手续费低廉是至关重要的因素。

而从操作便利度上看，后续力哥会讲到的网格交易策略同样更适合场内基金。但是场内基金无法自动设置定投，需要你每周、每两周或者每月，主动打开股票交易软件，手动输入基金代码、买入价格和买入数量，才能完成基金定投。这就很容易诱发人性的恐惧与贪婪，给我们做到克服恐惧、战胜贪婪形成巨大的挑战。

所以，如果你对自己的定力和心性没有足够的信心，那最好的办法就是每次一提交买卖申请后就立刻关闭交易软件和行情软件，不看，不听，不想。切莫恋战，切莫犹豫，切莫贪婪，切莫恐惧，切莫因为行情和外界舆论的变化而轻易放弃你事先制定的定投计划！切记！

七步定投策略第五步

第五步是，未来一年内坚持完成存量资金定投布局。在这个布局定投阶段，主要用到的是价值平均策略。

价值平均策略，英文叫 value averaging，最早是由美国著名经济学家迈克尔·埃德尔森（Michael Edleson）在他 1991 年出版的《价值平均策略——获得高投资收益的安全简便方法》一书里提出的，你可以把它理解为一种升级版的定投策略。传统的定投，每次投入的本金是一样的，第一个月投 1000 元，第二个月投 1000 元，第三个月还是投 1000 元，我称之为本金恒定法。但力哥之前说过，只有低位多投、高位少投的智能定投策略，才能取得更好的收益，包括蚂蚁财富的慧定投等都用一系列标准把"低位多投，高位少投"这 8 个字给量化了。而价值平均策略则是另一种傻瓜式的量化，我称之为市值恒定法。

比如我有 12 万元资金，计划每个月定投 10000 元，一年完成存量资金定投布局。那在开始定投后的第一个月，就应该定投 10000 元。但这钱投下去之后可能涨也可能跌，到了第二个月，假如运气不错，涨到了 12000 元，这时候第二个月定投的金额就不再是 10000 元，而是 20000－12000=8000 元，也就是说，我不要求每月定投的本金一样，而是要求每月定投完成后的目标市值一样，也就是第一个月的目标市值是 1 万元，第二个月是 2 万元，第三个月是 3 万元，以此类推。假如到了第二个月要定投的时候，第一个月投入的 1 万元本金缩水到了 9000 元，那第二个月就需要加码定投 11000 元，以保证第二个月定投之后的市值是 2 万元。到了第三个月定投时，你的目标市值提高到了 3 万元，假如这时你手里的基金市值提高到了 23000 元，则第三个月只需要定投 7000 元；如果跌到了 16000 元，则需要定投 14000 元。

举个极端的例子，假如第一个月投了 1 万元后，股市在接下去的一个月里突然暴涨，到第二个月定投的时候，市值已经涨到了 22000 元，为了保证我的目标定投市值是 2 万元，我就需要卖掉 2000 元。

当然，实际上不太可能有一只基金在一个月的时间里就翻倍，但如果你定投的次数足够多，这种情况发生的概率就会逐渐提高，比如你定投到第十一个月的时候，正巧过去的一个月这只基金大涨了 10%，从之前的 10 万元市值涨到了 11 万元市值，达到了这个月你计划中的目标定投市值，那第十一个月你就不需要定投了，如果涨得更高，你就可以收割盈利了。

所以说，采取价值平均策略做定投，或者用力哥的说法叫目标市值恒定策略做定投，需要我们在每次定投的时候，都做两道简单的算术题。第一道算术题是用目标定投市值减去目前的定投市值，比如这次的目标定投市值是 10 万元，而当前的定投市值是 92548 元，你这次需要定投的金额就是 100000 － 92548=7452 元；第二道算术题是用这个算出来的定投金额，除以你要定投的基金最新的成交价，比如最新价格是 1.253 元，那么可以算出一共是 7452 ÷ 1.253=5947 份基金。这时候，场内基金定投就会出现一个问题：场外基金是以 100 元为最小单位申购的，而场内基金则是以 100 份基金为最小单位买入的，5947 份基金没办法买啊。这时候就需要做一个四舍五入，把买入份额精确到百位数就行了，比如算下来的数字是 5947，那就买 5900 份基金，如果数字是 5958 份，那就买 6000 份。在定投刚开始的时候，尤其是在你的资金量比较小的情况下，这样的定投难免会产生误差，但不用在意，随着定投时间拉长和定投总额的提高，误差会越来越小，对长期定投收益的影响也几乎可以忽略不计。

目标市值恒定策略的优势

目标市值恒定策略的优点在于强迫我们用最简单的机械操作方法克服人性的弱点，既做到跌了多投，涨了少投，又能做到在涨到很高的时候，自动收割盈利。这就把力哥前面说的定期不定额、止盈不止损的定投原理用最简单、直观的机械式操作给落地了。尤其值得肯定的是，这套策略让投资者聚焦在实质上，而不是投入的本金上，重要的不是账面上暂时的浮盈浮亏，而是最后市值的持续稳健增长。也就是力哥前面说过的，高手投资要做到忘记本金，只看市值。

过去 20 多年来，全球各地的信徒通过投资实践普遍证明，与传统的定期定额投资相比，这的确是一套行之有效的、风险较低而收益较高的投资策略。然而在七步定投策略中，力哥把估值因素融入后得到的升级版的价值平均策略能发挥更大的威力。

我把指数的估值分位点五等分，开始定投时，分位点必须低于 40%，而在你定投的过程中，指数本身肯定会有涨跌，如果分位点维持在 20% ~ 39.99% 的合理偏低水平，就按照既定策略进行市值恒定定投，但如果跌到 20% 以内的明显低估状态，则应该启动加码定投，即在原先计划的定投节奏基础上，额外增加一定的定投比例。

原则上，P/E 低于 20%，可把每次基准定投额提高到 1.5 倍；低于 15%，可提高到 2 倍；低于 10%，可提高到 2.5 倍；低于 5%，可提高到 3 倍。这时应该尽可能贪婪，而不是恐惧。

反过来，如果估值分位点涨到 40% 以上，则可以视情况选择继续正常定投、降低定投金额、停止定投或者抛售定投。原则上，P/E 分位点高于 45% 时，就要开始降低定投金额，减少到基准定投额的 0.75 倍；高于 50%，进一步减少到 0.5 倍；高于 55%，进一步减少到 0.25 倍；高于 60%，则建议停止定投，维持恒定市值就可以了。如果 P/E 分位点继续提高，高于 65%，则把已经定投进去的基金份额抛售 25%；高于 70%，再抛售 25%；高于 75%，再抛售 25%；高于 80%，则把最后的 25% 也抛售掉，完成清仓。注意，我这里说的是 P/E，如果 P/E 没有超过 80%，但作为辅助参考的 PB 估值分位点高于 80%，同样要清仓该基金的全部份额。

七步定投策略第六步

第六步，对提前完成存量资金定投的基金进行网格收割，这对应的是维持定投阶段。

你肯定会问，网格收割又是什么？

这其实是力哥自己创造的一个概念，它起源于网上非常流行的网格交易法则。网格交易是一种动态调仓的仓位控制策略，通俗地说，就是先设定一个锚，也就是底仓价，以这个底仓价为基准，上涨到一定比例就抛售一定比例的仓位，涨得越多，抛售的比例就越高；下跌到一定比例就买入一定比例的仓位，跌得越厉害，加码买入的比例越高。因为往下跌，有买1、买2、买3、买4等一档档的价格在下面等着，往上涨，也有卖1、卖2、卖3、卖4的价格在上面等着，然后反反复复，涨了卖跌了买，涨了卖跌了买，组合起来看，就像编织了一张网格。而且这不是涨跌完全对称的网格，而是上涨网格空隙大、下跌网格空隙小的非对称网格，也就是说如果设定跌3%加仓买，那必须涨5%才能减仓卖，设定跌8%加仓买，则要涨15%才能减仓卖。只有每次减仓的实际盈利比例大于每次加仓弥补的浮亏比例，才能通过网格交易真正获利。

网格交易法一点也不稀奇，很多散户平时都在用，力哥早年也尝试过网格交易法，但单纯的网格交易法有两个致命伤：一是没有明确的估值依托，如果你买的股票很糟糕，一直"跌跌不休"，或者突然遭遇了股灾，网格交易最后很可能买无可买；二是如果遇到了大牛市，网格交易不断通过"卖卖卖"来降低仓位获利了结，最后所有股票全部卖光了，但股市还在拼命涨，怎么办？难道在高位冲进去当"接盘侠"？

所以说，网格交易策略在面对单边的大熊市和大牛市时，往往表现都不是特别理想，但是面对震荡市，永远在它设定的区间内上下震荡，就可以左右逢源，反复收割。还记得力哥前面介绍的二八轮动策略吗？它和网格交易策略正好相反，不怕大牛市和大熊市，就怕不涨不跌、阴阳怪气的震荡市，二八轮动策略这时就会被反复"打脸"。其实传统的定投策略也最讨厌震荡市，因为震荡市不管怎么定投都不赚钱，如果震荡个两三年还没有明显的赚钱效应，很多人就会没有耐心从而放弃定投了。

网格交易法操作步骤

力哥改良后的网格交易策略和低估值择时轮动策略以及价值平均策略结合在一起之后，在震荡市里也能帮大家赚点小钱。操作方法很简单，那就是当某只基金达到了这一轮定投计划最初设定的目标定投市值之后，暂时就不需要继续定投了，但也不能闲着，而是需要通过网格交易法来反复收割。比如说某只基金计划定投10万元，现在市值已经达到10万元了，照道理说不需要再操作了，但这10万元市值不是死的，而是会继续涨跌，如果继续涨到一定比例，就可以把10万元市值以上的盈利部分卖掉，这叫收割；反过来，当跌到一定比例以后，也需要再补仓，把市值重新补回到10万元。

那么问题来了，涨跌幅度达到多少时可以进行一次网格交易呢？这并没有一定的说法。

从历史回测数据来看，在单边熊市和单边牛市中，网格应该放得大一点。单边熊市中，稍微跌一点就马上补仓，如果这只基金的趋势是持续向下走的，那就容易导致下手太早，"救援部队"死在半路上的情况，还不如放大网格，等跌得比较狠的时候再一次性多补一点，摊薄成本的效果更明显；反过来，单边牛市里如果稍微涨一点就卖了，就会少吃到很大一块肉，还不如等涨了一段时间之后再收割一波大的。

然而在震荡市里，网格就应该收得小一点，因为涨跌幅度都很小，网格太大的话，可能一年到头也收割不了一次。

关于网格的设置，力哥有两个建议：一是将最大的网格设置为20%，最小的网格设置为3%；二是同一时期，上涨时的收割网格可以设置得比下跌时的补仓网格更大一些，从而获得更大的利润空间，比如涨5%收割，跌3%就补仓，涨 20% 收割，跌 15% 补仓。

我们就以最普通的 510300 沪深 300ETF 为例，在 2014—2015 年的短命牛市中，如果我们设置 20% 的收割网格，那从 2014 年 5 月跌到 2.1 元左右开始算起，第一次收割是在 2.52 元，第二次收割是在 3.02 元，第三次收割是在 3.63 元，第四次收割是在 4.35 元，第五次收割是在 5.22 元。这一路牛市上升通道中，没有出现过一次跌幅超过 15% 需要补仓的情况。而沪深 300ETF 价格第一次涨到 5.22 元，是在 2015 年 6 月 5 日，第二天便涨到了这轮牛市里的最高价 5.35 元，随后股灾来袭，牛市终结。假如我们在这一年的"疯牛市"过程中不做任何止盈操作，任由我们定投的基金市值疯狂上涨，看起来是很爽，但等到股灾暴跌的时候就惨了，因为之前吃进去的又都吐了出来，仅仅 2 个多月后，沪深 300ETF 价格就跌破了 3 元，在 2016 年年初的股灾 3.0 中更是跌到了 2.8 元，大部分浮盈又都跌了回去。而采取网格收割策略后，先后 5 次 20% 的止盈操作，意味着我们已经把 100% 的本金全部安全转移，就算之后我们的基金价格跌到 0，依然不会亏一分钱。而在 2017 年的大盘股行情中，沪深 300ETF 的价格又重新从 3 元涨到了 4 元附近，我们一样可以继续收割。如果我们当时定投的是波动性更大的中证 500ETF，如果采取的是网格收割策略，最后的收益会差得更多，因为中证 500ETF 在那轮牛市里涨了 2 倍多，比沪深 300ETF 更狠，但后来的下跌同样更狠。用网格交易策略，一方面能够吃到牛市里的大段肥肉，另一方面又能避免牛市结束后将吃下去的又都吐出来，完美。

什么是维持定投阶段？

看到这里，你应该已经能明白七步定投策略与传统定投策略到底有什么区别了。在实际操作中，七步定投策略最大的难点在于资金的把控。传统的定投策略是：如果有 10 万元，就设计 1 年的定投周期，每周定投 2000 元，1 年后正好将 10 万元本金全部定投完毕。但七步定投策略因为采取了低估值择时轮动策略和价值平均策略，就很难定投得那么准确。如果你定投的基金持续上涨，价值平均策略就会自动减少你的定投金额，而当指数估值涨到一定水平后，又会启动低估值择时轮动策略，会进一步减少定投金额，甚至会停止定投。如果你计划定投布局 1 年，但仅不到 1 年这只基金就不需要再定投了，那这时就进入到了维持定投阶段。

反过来说，如果这只基金跌得太狠，你不得不持续加码定投，但不到 1 年，这只基金的定投比例就达到了全天候配置策略的上限，比如过去半年国际油价拼命下跌，你也一直在持续加仓买入华宝油气或华安石油这类跟踪国际油价的基金，结果很快就达到了 30% 的定投比例上限，不能再加仓了，这同样也进入到了维持定投阶段。

这时，就是网格交易策略出来帮你增厚收益的时候了。

所以，将这几个策略合在一起，你会发现，七步定投策略对后备资金量的要求比较大。在还没有定投出去的时候，"现役部队"可以暂时先放在货币基金中，如果觉得收益率太低，就放在流动性相对较高的网贷产品中。而在最开始分配可定投资金最高比例，也是在为我们的定投储备预备役部队。如果出现好多个市场同时大跌，估值都很低，满地黄金无人拾的这种小概率极端情况时，光靠定投资产内部移山填坑、自我平衡已经不够用了，就需要出动这部分后备役部队来加速"扫荡"这满地黄金。正是由于其建立在多种反复被市场验证的有效策略的基础上，又能够随机应变地调整战略布局，所以七步定投策略才能够获得那么高的潜在收益。

七步定投策略第七步

最后一步是，在完成第一年的存量资金定投布局后，继续以年为单位，对家庭财务状况重新进行统计梳理，并设置增量资金定投计划，对应的是调整定投阶段。

为什么存量资金定投布局要以一年为周期，现在做增量资金定投计划，还是以一年为周期呢？

从需求侧来看，对一个具体的人来说，年是我们生命中最长的计量单位。正所谓"年年岁岁花相似，岁岁年年人不同"。过年是我们一年中最开心的日子，每年年底，我们也都会对这一年的人生进行回顾总结，所以每年对你的家庭财务状况做一次统计，对过去一年的投资得失做一次梳理，是一个比较合适的时间周期。短于一年，比如半年总结一次，感觉太频繁了；长于一年，比如两年才总结一次，间隔又太长了。

而从供给侧来看，许多固定收益投资的回报周期都是以年为单位的，大部分人存款都存一年期，银行理财产品也买一年期，定期 P2P 产品也以一年期居多，分级 A 也是一年分配一次约定收益。所以，如果我们要对大类资产进行动态再平衡，把定投账户里的钱移入固定收益投资账户是容易的，但要把固定收益投资账户里的钱移入定投账户，就需要等固定收益产品到期，这时候，以一年为单位动态再平衡一次，在资金调度上就会比较方便。

而在设置新一年度的定投计划之前，还是得先把那几步"前戏"重新做一遍。

在搞清楚最新的家庭资产状况和收入结余情况后，先检查现金口袋、保险口袋和消费口袋是否还有欠缺，如果有，先把这几个口袋里的钱装好了，随后再统计可以放在储蓄口袋里的钱还有多少。

接着就是根据当时的各市场估值情况，确定下一年度你准备把多少比例用于定投，多少比例用于买固定收益产品。

然后根据现有的定投情况，重新设定新的定投组合和比例。

一般来说，我们的收入和资产会逐年提高，尤其是跟着力哥学完理财以后，你的投资收益会有所提高，你的劳动收入也会随着你年龄和经验的增长而不断提高。所以我们储蓄口袋里的钱也会水涨船高，你肯定会有一部分资金可以用作新一年度的增量定投。这时你需要采用的策略是动态再平衡策略和低估值择时轮动策略。

低估值择时轮动，也就是哪个便宜就应该多配置哪个，哪个贵了就应该少配置哪个。但具体怎么操作呢？这就要用到动态再平衡策略。

力哥再帮你回顾一下动态再平衡和静态再平衡的区别。简单来说，静态再平衡的比例调整是死的，比如之前A、B两只基金设定的比例是5∶5，现在一看，比例变成了7∶3，那就要卖掉2份A，买进2份B，再平衡之后重新回到5∶5；而动态再平衡是活的，去年A、B两基金设置的比例是5∶5，现在一看，实际比例变成了7∶3，觉得A基金估值太高了，风险太大，应该进一步降低比例，所以调整之后，A、B比例可以不再回到5∶5，而是变成4∶6甚至3∶7，这样一来，你的定投组合的风险收益比就进一步优化了。

要注意的是，一年一度的动态再平衡其实有两部分：一部分是以定投为代表的权益类资产和固定收益类资产这两大类资产比例的动态再平衡；另一部分是对权益类资产中各个定投标之间比例的动态再平衡。

七步定投策略总结

最后，力哥再来梳理一下七步定投策略的核心：

第一步，完成风险偏好测试，搞清楚自己到底属于哪一类投资者；

第二步，全面统计家庭财务信息，搞清楚到底有多少钱可用于投资；

第三步，做好家庭资产配置方案；

第四步，设计存量资金定投计划；

第五步，未来一年内坚持完成存量资金定投布局；

第六步，对提前完成存量资金定投的基金进行网格收割；

第七步，在完成第一年的存量资金定投布局后，继续以年为单位，对家庭财务状况重新进行统计梳理，并设置增量资金定投计划。

其中前三步为定投"前戏"；第四步是计划定投阶段，主要运用了全天候配置策略和低估值择时轮动策略；第五步是布局定投阶段，主要运用了价值平均策略；第六步是维持定投阶段，主要运用了网格交易策略；第七步是调整定投阶段，主要运用了动态再平衡策略和低估值择时轮动策略。

这样一套完整的投资策略体系，能帮我们解决很多普通定投无法解决的难题。比如普通定投成本比较高，怎么破？用超低佣金的场内基金代替就可以了；普通定投无法用量化指标做到低位多投，高位少投，怎么破？用价值平均策略就可以了；普通定投没考虑估值因素，万一价格很贵了还在拼命定投，怎么破？用低估值择时轮动策略就可以了；普通定投不会自动止盈，怎么破？用动态再平衡策略就可以了；普通定投在震荡市中不赚钱，熬不过去，怎么破？用网格交易策略就可以了；普通定投没考虑单一市场系统性风险，万一再来一次股灾，所有基金全部入坑，怎么破？用"二维三核＋左右护法"和全天候配置策略就可以了。

乍一看，力哥这套七步定投策略好像很复杂，但如果你真的愿意用心花点时间学习一下，实践一下，掌握了其中的精髓和奥妙，操作起来其实非常简单。

力哥现在就在实施这套投资策略，把将近一半的金融资产都投入到了七步定投中，但却毫无心理压力，因为我知道我已经给我的投资绑上了纵横交错的好几条保险带，不管未来市场发生多么稀奇古怪的局面，我都能够从容应对。而我需要做的，只是每周一上午打开我的股票交易软件，按照既定的定投计划操作一下就可以了，花不了几分钟。剩下的时间，就可以尽情地用来工作、学习、娱乐、休息，做任何自己想做的更有意义的事。

理财的最终目的是让我们实现财务自由，实现财务自由的最终目的是让我们脱离金钱的束缚，全身心地去追求自由自在的幸福生活。所以，理财本身也不应该是一件痛苦的、耗费我们大量时间的事，而应该是一件能让我们感到轻松和快乐的事。定投，是我能找到的这个世界上最能让我感到轻松和快乐的理财方式。

尽管我在普通定投方法的外面包裹了一层又一层看似精妙绝伦的理论外衣，但七步定投的本质依然是定投，而定投的原理依然是最朴实的：通过持续小额投资来战胜人性的弱点。我衷心希望所有看完这本书的读者都能和我一起，终生学习，终生理财，一生无悔入定投。

虽然本书绝大部分章节都在讲解最实用的基金投资技巧，但最终决定我们能否通过基金投资或者说通过理财赚到钱，以谋求更美好的生活的关键因素，并不是这些具体的技巧，因为规则会改变，产品会升级，具体的投资技巧可能会过时，但投资理财的核心理念永远不会过时，只有那些能够克服恐惧、战胜贪婪的内心强大之人，才能在理财世界中笑傲江湖。

最后送给大家一句话：合理的资产配置＋科学的定投策略＝永恒不变的投资王道。

白手起家的 80 后、90 后"逆袭"指南

我在第一本同名系列图书《力哥说理财：小白理财入门必修课》里提到过一个非常重要的概念，那就是年轻人要尽早同时启动理财收入和劳动收入的"双核复利引擎"，因为两个核一起发力，就像一架飞机的两个螺旋桨同时转起来，飞机必然会越飞越高！

在前期，你自身劳动收入的那个复利引擎的作用更大，因为年轻时可投资的本金太少，主要靠职场或创业收入"输血"，但越到后期，投资理财的复利引擎的威力就会越大。所以对 80 后、90 后年轻人来说，眼下除了要学习理财和实践理财，还要把更多的时间用来投资自己，依靠自己的劳动创造更多的增量财富。

而与职场打工赚死工资相比，抓住时代赋予的机会进行创业，能在更短的时间里实现财富的爆炸式增长，更快地实现财务自由的梦想。

然而创业和投资一样，也是一把风险与收益并存的双刃剑，缺乏充分准备，只凭一时冲动的创业往往都会失败，结果会让你的生活境遇比安心打工时更糟糕。

如何才能一边跟着我学习基金投资等理财实操技能，一边把握时代脉搏，找到自己一击必胜的创业机会呢？

在本书的最后，给你送上这个小彩蛋，希望对你有所启发。

根据福布斯发布的《2017 中国大众富裕阶层理财趋势报告》预测，我国可投资资产在 100 万～ 500 万元之间的大众富裕阶层的总人数，到 2017 年年底已达到 2092 万人。

友邦保险和 21 世纪传媒联合发布的《精英阶层的"新财富观"》报告显示，到 2015 年年底，我国可投资资产在 1000 万元以上的高净值人群规模已达 112 万人。

但这是两年多前的调查数据，中国财富阶层这几年呈爆炸式增长态势，用发展的眼光看，这个数字很快会达到 200 万。

结合多方调查数据，大致可以勾勒出今天中国财富阶层的分布图——在今天中国的 13.8 亿人口中，可投资资产超过 1 亿元的超级大富翁人数估计在 10 万人左右，可投资资产超过 1000 万元的高净值人群估计在 200 万人左右，可投资资产超过 100 万元的所谓"大众富裕阶层"估计在 2000 万人左右。

换句话说，站在 2018 年的当下，如果你的可投资资产超过 100 万元，恭喜，你在中国的财富地位超越了 98.55% 的同胞，暂时可以偷偷"小骄傲"一下。

欠发达地区的小伙伴听到 100 万元这个数字可能觉得遥不可及，但在北上广深等发达地区，你可能会觉得满大街都是百万富翁，毫不稀奇。

这其实是地产泡沫引发的财富错觉。

友邦保险的报告还指出，70% 的精英阶层受访者认为要让家庭拥有高品质的美好生活与财务自由，至少需 1000 万～ 3000 万元的资金储备，平均值为 2212 万元。

我算过 2017 年我的财务自由目标，需要 1920 万元。我不是拍脑袋瞎说的，2000 万元的确是今天在中国拥有高品质美好生活的重要门槛。

然而，今天北上广深市值超过 2000 万元的房子随处可见。

在上海，在市中心坐拥市值 600 万元"豪宅"，但口袋里只有几万元的土著比比皆是。

这就是"资产"和"可投资资产"的区别。

所以 2212 万元的财务自由标准，不能包含自住房，甚至不能包含每年现金流回报率低到 1% ～ 2% 的国内房产，而是只包含可以直接拿来花的"资金储备"。

我的粉丝中超过 85% 是 80 后、90 后年轻人，对于你们来说，知道上面这两个数据，除了"拉仇恨"没半点用。

但下面这份报告却可能会改变你一生的财富命运。

2017 年 10 月，胡润研究院发布了胡润百富榜的一个子榜单《2017 胡润 80 后富豪榜》，包括《胡润 37×37 创业领袖》和《胡润 80 后财富继承富豪榜》两部分。

胡润这个英国小伙搭上中国财富大爆炸的列车将近 20 年，如今都成大叔了，才第一次根据财富来源将榜单分成泾渭分明的两个：靠自己白手起家的年轻创业精英和靠"拼爹"的富二代。

杨惠妍、王思聪这种靠中了基因彩票荣登 80 后富豪榜的人，对我们 80 后、90 后普通年轻人来说没有多大意义。但那 99 位财富达到 20 亿元以上的 80 后富豪中，有 37 位是白手起家的——这些同龄人更值得我们研究。

与一二十年前相比，今天中国财富阶层的确更加固化了。

想当年，当第一波互联网浪潮打来时，许多 60 后、70 后年轻人白手起家，迅速成长为中国顶尖富人。

1971 年生的丁磊在 2003 年成为中国首富时才 32 岁；1969

年生的黄光裕在 2004 年成为中国首富时才 35 岁；当年的"二富"陈天桥甚至只有 31 岁。

而今天，对于白手起家的 80 后来说，别说首富，能挤入财富榜 50 强的也只有一个张邦鑫，而他今年已经 37 岁，比当年曾登上首富宝座的丁磊还大 5 岁。

一代人有一代人的宿命，80 后、90 后精英注定不可能像 60 后、70 后那么好命，可以一战登顶、一剑封喉，未来很长时间，占据中国财富阶层金字塔顶端的只能是 60 后马"爸爸"和 70 后马"叔叔"们，80 后、90 后只有望洋兴叹的份儿。

历史不但对 80 后、90 后一代关闭了短时间内登上财富顶峰的窗口，而且绝大部分行业的业态已经成熟，60 后、70 后大佬各自把持一方利益，80 后、90 后弯道超车的机会微乎其微。

但从这 37 位 80 后富豪身上，我们看到还有少数行业蕴藏着财富爆炸式增长的机会。

富豪占比最高的是在线游戏行业。代表人物是游族网络林奇和朱伟松、英雄互娱应书岭等。

这既说明游戏是一项极其赚钱的生意，也说明作为新生事物，手游市场在过去几年还没有建立起牢固的山头，所以 80 后才有"逆袭"的机会。在泛娱乐持续崛起的未来，游戏行业依然充满了暴富的机会，只不过更多的机会将从手游转向更先进的 VR（Virtual Reality，虚拟现实）和 AR（Augmented Reality，增强现实）领域。

其次是先进制造业，代表人物是大疆的汪滔。

大学期间，汪滔就醉心于研究无人机技术，在香港科技大学攻读硕士学位时就创办了大疆，随后大疆在无人机技术上一路领先。

对于 80 后来说，科技含量较低且利润微薄的传统低端制造业没什么前途，但如果有技术优势，在先进制造业上依然有"逆袭"

的机会。

第三是互联网行业。滴滴程维、美图吴欣鸿、蘑菇街陈琪……这些互联网产品直接面对大众，大家都很熟悉，就不多介绍了。

有了 BATJ（百度、阿里巴巴、腾讯和京东的简称），社交、电商、搜索等互联网基础服务领域，未来不可能再有任何机会，但其他细分领域的小机会肯定还有，就看谁能第一个发掘并把握住了。

第四是金融业。

其中最值得一说的是年仅 30 岁的团贷网创始人唐军。在风云莫测的 P2P 行业中，团贷网可以说是没有背景的草根平台中的佼佼者。

另外趣店（趣分期）创始人罗敏也榜上有名。

当然，不管是趣店还是团贷网，都是民营企业做金融，又是做最新潮的业务，市场上充满了争议，但也很正常。

尽管争议不断，互联网金融还是一个充满想象力的行业。对 80 后、90 后年轻人来说，如果想在金融行业谋求一个安稳的工作、拿一份不错的薪水，那银行依然是最好的选择。但如果想逆袭成富豪，银证保信都没什么大机会，你必须到互联网金融的浪潮中搏击。

第五是教育业。好未来一家上市公司就缔造了张邦鑫、刘亚超、白云峰三个上榜富豪。

其中张邦鑫成为白手起家的 80 后首富，不仅超越了老前辈俞敏洪，甚至超过了英孚教育创始人 Bertil Hut，成为全球教育大王。

好未来的前身是学而思——今天中国最牛的中小学课外辅导培训机构。每到周末，我家附近一家学而思培训机构的门口就被家长接送孩子的汽车堵得水泄不通。这也说明，在快速变化、人人焦虑、总担心自己或下一代阶层跌落的大环境下，中国的泛教育行业未来依然有巨大的发展空间。

第六是传媒，代表人物是今年排名上升幅度最大的今日头条张一鸣。

在互联网新媒体战场上，今日头条是个巨大的异数，其根本原因在于当腾讯、新浪、搜狐、网易还只是把自家的媒体板块看成是一个新闻客户端时，张一鸣就敏锐地察觉到依靠算法学习进行个性化机器推荐的媒体新时代即将来临。当其他大佬幡然醒悟想跟风时已经晚了，今日头条已大到打不倒。

今日头条只是新媒体造富的一个缩影，在新媒体尤其是自媒体行业，未来依然有大量的致富机会。

还有就是共享经济。ofo共享单车的CEO戴威是唯一上榜的90后，年仅26岁。

说实话，我一直对共享单车乃至整个共享经济的底层商业逻辑持保留态度，所谓共享单车，实际上就是随借随停的自由度极高的单车分时租赁服务，既没有高精尖的创新技术，也不需要开多大的"脑洞"，但所有人都觉得这事不靠谱时，只有戴威坚持相信这事能成，于是风口到了，他就被吹上天了。

对80后特别是90后来说，戴威是个很重要的标杆，他的成功告诉我们，哪怕我们没资本、没技术、看起来一无所有，但只要我们能提前看到未来的趋势，并且在大家都不看好的情况下坚持做下去，当风口起来的时候，你就成功了。

还有一点值得注意，在这37个白手起家的80后富豪中，有14个在北京起家，6个在上海起家，深圳、广州、杭州各有4个，这5个城市的数量之和已占86%，再把属于三大都市圈范畴内的东莞的2人、天津的1人和绍兴的1人算上，占97%，最后一个也是在东南沿海强二线的厦门起家。

也就是说,在一线城市或三大都市圈内奋斗,虽然不是80后、90后创业获得大成功的充分条件,但几乎是必要条件。

最后送给大家三句话——

第三等赚钱智慧靠努力奋斗;

第二等赚钱智慧靠才干卓越;

第一等赚钱智慧靠把握趋势。

而最大的趋势,叫时代。

加油!与君共勉!

图书在版编目(CIP)数据

力哥说理财：手把手教你玩转基金 / 邢力著. — 杭州：浙
江大学出版社，2018.5（2021.4重印）
ISBN 978-7-308-18167-9

Ⅰ．①力… Ⅱ．①邢… Ⅲ．①基金－投资－基本知识
Ⅳ．①F830.59

中国版本图书馆CIP数据核字(2018)第080960号

力哥说理财：手把手教你玩转基金

邢力 著

策　　划	杭州蓝狮子文化创意股份有限公司	
责任编辑	杨　茜	
责任校对	戴依依　杨利军	
封面设计	零创意文化	
出版发行	浙江大学出版社	
	（杭州市天目山路148号　　邮政编码　310007）	
	（网址：http://www.zjupress.com）	
排　　版	杭州林智广告有限公司	
印　　刷	杭州钱江彩色印务有限公司	
开　　本	710mm×1000mm　1/16	
印　　张	19.75	
字　　数	280千	
版 印 次	2018年5月第1版　2021年4月第6次印刷	
书　　号	ISBN 978-7-308-18167-9	
定　　价	52.00元	